中度偏离单位根过程前沿理论研究

Frontier Research on Moderate Deviation from Unit Root Process

郭刚正　著

经济管理出版社

ECONOMY & MANAGEMENT PUBLISHING HOUSE

图书在版编目（CIP）数据

中度偏离单位根过程前沿理论研究/郭刚正著. —北京：经济管理出版社，2021.2

ISBN 978-7-5096-7814-5

Ⅰ.①中…　Ⅱ.①郭…　Ⅲ.①计量经济学—检验　Ⅳ.①F224.0

中国版本图书馆 CIP 数据核字（2021）第 040893 号

组稿编辑：宋　娜

责任编辑：宋　娜　亢文琴　张鹤溶

责任印制：黄章平

责任校对：董杉珊

出版发行：经济管理出版社

　　　　　（北京市海淀区北蜂窝 8 号中雅大厦 A 座 11 层　100038）

网　　址：www. E-mp. com. cn

电　　话：(010) 51915602

印　　刷：唐山昊达印刷有限公司

经　　销：新华书店

开　　本：720mm×1000mm/16

印　　张：17.25

字　　数：247 千字

版　　次：2021 年 3 月第 1 版　2021 年 3 月第 1 次印刷

书　　号：ISBN 978-7-5096-7814-5

定　　价：98.00 元

第九批《中国社会科学博士后文库》编委会及编辑部成员名单

序　言

　　博士后制度在我国落地生根已逾 30 年，已经成为国家人才体系建设中的重要一环。30 多年来，博士后制度对推动我国人事人才体制机制改革、促进科技创新和经济社会发展发挥了重要的作用，也培养了一批国家急需的高层次创新型人才。

　　自 1986 年 1 月开始招收第一名博士后研究人员起，截至目前，国家已累计招收 14 万余名博士后研究人员，已经出站的博士后大多成为各领域的科研骨干和学术带头人。其中，已有 50 余位博士后当选两院院士；众多博士后入选各类人才计划，其中，国家百千万人才工程年入选率达 34.36%，国家杰出青年科学基金入选率平均达 21.04%，教育部"长江学者"入选率平均达 10% 左右。

　　2015 年底，国务院办公厅出台《关于改革完善博士后制度的意见》，要求各地各部门各设站单位按照党中央、国务院决策部署，牢固树立并切实贯彻创新、协调、绿色、开放、共享的发展理念，深入实施创新驱动发展战略和人才优先发展战略，完善体制机制，健全服务体系，推动博士后事业科学发展。这为我国博士后事业的进一步发展指明了方向，也为哲学社会科学领域博士后工作提出了新的研究方向。

　　习近平总书记在 2016 年 5 月 17 日全国哲学社会科学工作座谈会上发表重要讲话指出：一个国家的发展水平，既取决于自然科学发展水平，也取决于哲学社会科学发展水平。一个没有发达的自然科学的国家不可能走在世界前列，一个没有繁荣的哲学社会科学的国家也不可能走在世界前列。坚持和发展中国特色社会主义，需要不断在实践中和理论上进行探索、用发展着的理论指导发展着的实践。在这个过程中，哲学社会科学具有不可替代的重要地位，哲学社会科学工作者具有不可替代的重要作用。这是党和国家领导人对包括哲学社会科学博士后在内的所有哲学社会科学领域的研究者、工作者提出的殷切希望！

中国社会科学院是中央直属的国家哲学社会科学研究机构，在哲学社会科学博士后工作领域处于领军地位。为充分调动哲学社会科学博士后研究人员科研创新的积极性，展示哲学社会科学领域博士后的优秀成果，提高我国哲学社会科学发展的整体水平，中国社会科学院和全国博士后管理委员会于 2012 年联合推出了《中国社会科学博士后文库》（以下简称《文库》），每年在全国范围内择优出版博士后成果。经过多年的发展，《文库》已经成为集中、系统、全面反映我国哲学社会科学博士后优秀成果的高端学术平台，学术影响力和社会影响力逐年提高。

下一步，做好哲学社会科学博士后工作，做好《文库》工作，要认真学习领会习近平总书记系列重要讲话精神，自觉肩负起新的时代使命，锐意创新、发奋进取。为此，需做到：

第一，始终坚持马克思主义的指导地位。哲学社会科学研究离不开正确的世界观、方法论的指导。习近平总书记深刻指出：坚持以马克思主义为指导，是当代中国哲学社会科学区别于其他哲学社会科学的根本标志，必须旗帜鲜明加以坚持。马克思主义揭示了事物的本质、内在联系及发展规律，是"伟大的认识工具"，是人们观察世界、分析问题的有力思想武器。马克思主义尽管诞生在一个半多世纪之前，但在当今时代，马克思主义与新的时代实践结合起来，越来越显示出更加强大的生命力。哲学社会科学博士后研究人员应该更加自觉地坚持马克思主义在科研工作中的指导地位，继续推进马克思主义中国化、时代化、大众化，继续发展21世纪马克思主义、当代中国马克思主义。要继续把《文库》建设成为马克思主义中国化最新理论成果宣传、展示、交流的平台，为中国特色社会主义建设提供强有力的理论支撑。

第二，逐步树立智库意识和品牌意识。哲学社会科学肩负着回答时代命题、规划未来道路的使命。当前中央对哲学社会科学愈加重视，尤其是提出要发挥哲学社会科学在治国理政、提高改革决策水平、推进国家治理体系和治理能力现代化中的作用。从2015年开始，中央已启动了国家高端智库的建设，这对哲学社会科学博士后工作提出了更高的针对性要求，也为哲学社会科学博士后研究提供了更为广阔的应用空间。《文库》依托中国社会科学院，面向全国哲学社会科学领域博士后科研流动站、工作站的博士后征集优秀成果，入选出版的著作也代表了哲学社会科学博士后最高的学术研究水平。因此，要善于把中国社会科学院服务党和国家决策的大智库功能与《文库》的小智库功能结合起来，进而以智库意识推动品牌意识建设，最终树立《文库》的智库意识和品牌意识。

第三，积极推动中国特色哲学社会科学学术体系和话语体系建设。改革开放30多年来，我国在经济建设、政治建设、文化建设、社会建设、生态文明建设和党的建设各个领域都取得了举世瞩目的成就，比历史上任何时期都更接近中华民族伟大复兴的目标。但正如习近平总书记所指出的那样：在解读中国实践、构建中国理论上，我们应该最有发言权，但实际上我国哲学社会科学在国际上的声音还比较小，还处于"有理说不出、说了传不开"的境地。这里问题的实质，就是中国特色、中国特质的哲学社会科学学术体系和话语体系的缺失和建设问题。具有中国特色、中国特质的学术体系和话语体系必然是由具有中国特色、中国特质的概念、范畴和学科等组成。这一切不是凭空想象得来的，而是在中国化的马克思主义指导下，在参考我们民族特质、历史智慧的基础上再创造出来的。在这一过程中，积极吸纳儒、释、道、墨、名、法、农、杂、兵等各家学说的精髓，无疑是保持中国特色、中国特质的重要保证。换言之，不能站在历史、文化虚无主义立场搞研究。要通过《文库》积极引导哲学社会科学博士后研究人员：一方面，要积极吸收古今中外各种学术资源，坚持古为今用、洋为中用。另一方面，要以中国自己的实践为研究定位，围绕中国自己的问题，坚持问题导向，努力探索具备中国特色、中国特质的概念、范畴与理论体系，在体现继承性和民族性、体现原创性和时代性、体现系统性和专业性方面，不断加强和深化中国特色学术体系和话语体系建设。

新形势下，我国哲学社会科学地位更加重要、任务更加繁重。衷心希望广大哲学社会科学博士后工作者和博士后们，以《文库》系列著作的出版为契机，以习近平总书记在全国哲学社会科学座谈会上的讲话为根本遵循，将自身的研究工作与时代的需求结合起来，将自身的研究工作与国家和人民的召唤结合起来，以深厚的学识修养赢得尊重，以高尚的人格魅力引领风气，在为祖国、为人民立德立功立言中，在实现中华民族伟大复兴中国梦的征程中，成就自我、实现价值。

是为序。

王京清

中国社会科学院副院长

中国社会科学院博士后管理委员会主任

2016 年 12 月 1 日

摘　要

　　近年来，由著名计量经济学家 Peter Phillips 提出的中度偏离单位根过程引起了计量经济学界的广泛关注。所谓中度偏离单位根过程，是指自回归系数偏离于单位根但其偏离成分随着样本长序推移而逐渐回复至单位根的时间序列自回归过程。于是，中度偏离单位根过程不仅能够有效捕捉资产价格偏离随机游走而形成的非理性泡沫，而且能精确地刻画泡沫的性质和大小，也为认识市场、监管市场提供了新的计量工具。因此，研究中度偏离单位根过程，就成了一个重要的理论与应用问题。

　　然而，就现有文献而言，中度偏离单位根过程依然不可检验，其自回归系数估计量的收敛速度和渐近分布均在某种程度上依赖于未知的冗杂参数，这极大地限制了中度偏离单位根过程的实证应用。基于这一背景，本书致力于从方法论层面对中度偏离单位根过程进行研究，力求将中度偏离单位根过程实质性发展为可应用的系列计量经济学检验。

　　考虑到时间序列过程通常带有序列相关现象，而序列相关新息往往意味着自回归过程是一个高阶自回归过程，因此本书首先定义了一类增广中度偏离单位根过程，并通过定义广义差分算子而将这一过程转化为误差项存在序列相关的中度偏离单位根过程。书中推导了增广中度偏离单位根过程相关样本统计量的收敛速度以及渐近分布。结果表明，增广中度偏离单位根过程的样本统计量的渐近性质依赖于误差项的长期方差。为了检验增广中度偏离单位根过程，本书第二章建立了 Wald 检验、LM 检验和 LR 检验。结果表明，在中度偏离单位根假设下，Wald 统计量、LM 统计量和 LR 统计量的渐近分布为标准卡方分布，并不依赖于维纳过程的泛函，也不依赖于随机误差项的长期方差。这意味着我们不需要事先知道或者估计长期方差。蒙特卡洛仿真实验从数值的角度验证了我们的理论结果。在此基础上，本书应用新提出的增广中度偏离单位根理论研究了我国一二线城市房地产市场的非理性泡沫。结果表明，2008年金融危机后，我国一二线城市房地产市场经历了三轮泡沫：2010年初到2010年下半年（由我国政府针对金融危机出台强刺激性财政政策后我国经济的触底反弹而催生）、2013年初到同年年底（源于住房刚性需求被释放以及市场预期的失效）、2016年初到次年下半年（体现了经济新常态下减速换挡所带来的结构性行情）。在这三轮泡沫中，一线城市的房地产泡沫均领先于二线城市房地产泡沫，并且前者偏离于经济基本面的程度略高于后者；另外，第三轮泡沫相比前两轮而言表现更为坚挺和严重。因此，稳定房地产市场参与者预期，促使地产市场泡沫的"软着陆"，将是我国政府今后房地产调控政策实施的方向。

不难理解，在中度偏离单位根的累积效应下，中度偏离单位根过程实质上是由随机误差项经中度偏离单位根的指数形式加成而形成的随机累积趋势。根据经济理论和计量经济的文献可知，这种随机累积趋势度量了经济增长的潜力（通常来源于实际冲击对经济产生的持久性作用），却忽视了技术进步和经济结构升级所带来的冲击，因而不足以反映现实经济增长的内在逻辑。基于此，本书第三章在原始中度偏离单位根过程中引入漂移项，将"随机累积趋势单驱动"的中度偏离单位根过程扩展到"随机累积趋势和非线性确定性趋势双驱动"的中度偏离单位根过程，并推导了漂移项的不同性质对相关样本统计量在渐近性质上的影响。在误差项存在自相关或者条件异方差情形下，为消除残差项相关对检验的影响，本书应用Sieve思想下的固定平滑参数方法，选取傅里叶基函数的前若干个周期的简单平均，来构建长期方差的估计量，并基于此构造中度偏离单位根检验。经证明，新提出的中度偏离单位根检验具有双重稳健性：检验的渐近稳健性既不依赖于漂移项的强弱，也不依赖于随机误差项是否存在序列相关或条件异方差。这一对残差项相关具有稳健性的检验填补了国内外文献的空白，具有突出的理论创新和应用价值。此外我们还讨论了最优平滑参数的选取准则。蒙特卡洛仿真实验证实了上述理论推导。在理论研究的基础上，本书提出了一套两步实证检验策略，并将其应用于2008年金融危机前夕重要股票价格指数的非理性增长和2020年新冠肺炎疫情暴发初期受影响严重国家的病例爆发式增长特征。2008年金融危机的实证结果表明，十个全球主要股指中有七个股指序列可以由偏离于经济基本面程度较轻的中度偏离单位根过程所刻画，并且它们偏离于基本面的程度随着时间的推移逐渐衰减至零。这意味着，2008年金融危机前夕的非理性泡沫并没有想象中的那么剧烈，甚至可能如美国联邦储备委员会（以下简称美联储）前主席Greenspan（2008）所言，2008年金融危机前夕全球资本市场的非理性泡沫被过分演绎、夸大，甚至被过度反应。新冠肺炎疫情的实证结果表明，中国、韩国、日本等东亚国家，以及意大利、德国、法国等欧洲国家的疫情感染情况相对严重，属于疫情集中暴发的重灾区；美国、伊朗和印度的疫情蔓延时间长，疫情暴发的急促性相对温和，但严重性依然强烈，这也符合事实情况以及各国权威机构对此次疫情的基本判断。

　　进一步，本书第四章将结构突变理论引入中度偏离单位根过程从而允许主导中度偏离单位根过程的非线性确定性趋势和随机累积趋势存在结构性突变。这一研究具有明显的现实意义。本书从理论上证明了自回归系数结构突变以及随机误差项方差结构突变对自回归系数估计量渐近性质的影响，并介绍了内生结构突变点的一致估计方法。特别地，本书研究了自回归系数从中度偏离单位根突变为单位根的情形，而这种情形往往被视为偏离于基本面的泡沫的破灭（Phillips et al., 2011；Harvey et al., 2016）。结果表明，不论何种情形的结构突变、不论结构突变位置发生在何处、不论随机误差项是否存在自相关或条件异方差，基于自回归系数的检验统计量均具有渐近稳健性。这一结果无疑将现有中度偏离单位根过程的理论研究向前推进了一大步，同时意味着中度偏离单位根过程及其检验具有广阔的应用前景。一系列蒙特卡洛仿真实验从数值的角度证实了

中度偏离单位根过程前沿理论研究

上述结论。

关键词：中度偏离单位根；非理性繁荣；随机累积趋势；非线性确定性趋势；长期方差；结构突变；渐近理论

Abstract

In recent years, the moderate deviation from unit root process proposed by Peter Phillips, a famous econometrician, has attracted extensive attention in the econometric field. The so-called moderate deviation from unit root process refers to the time series autoregression process in which the autoregressive coefficient deviates from a unit root but the deviation component gradually reverts to unity with the passage of sample length. Such triangular array data processes can not only effectively capture the irrational bubbles formed by the random walk of asset price deviation, but also accurately describe the nature and size of bubbles, and also provide a new measurement tool for understanding and supervising the market. Therefore, it is an important theoretical and practical problem to study the process of moderate deviation from unit root.

However, as far as available literature is concerned, moderate deviation from unit root process is still unverifiable, and the convergence rate and asymptotic distribution of the autoregressive coefficient estimator depend to some extent on unknown nuisance parameters, which greatly limits the empirical application of moderate deviation from unit root process. Based on this background, the book is devoted to the methodology study, and strives to develop the moderate deviation from unit root process into a series of applicable econometric tests.

Considering that times series processes usually have serial correlation and a high-order autoregressive process often means a first-order autoregressive process with autocorrelated errors (under some primitive assumptions), this book first defines a class of augmented moderate deviation from unit root process, and by defining a quasi difference operator, the augmented process can be transformed into a first-order moderate deviation from unit root process with autocorrelated errors. In the second chapter, the book derives the convergence rates and liming distributions of the relevant sample statistics, and finds that the asymptotic behavior of the augmented moderate deviation process depends on the long-run variance of the error term. Wald test, LM test and LR test are established to examine the augmented moderate deviation process. The results show that under the moderate deviation from unit root hypothesis, the asymptotic distributions of Wald, LM and LR statistics are standard Chi-square distributions and do not depend on the functional of the Wiener process, nor on the long-run variance parameter. This means we do not need to know or estimate the long-run variance in advance. The Monte Carlo simulation verifies our theoretical results from a numerical point of view. On this basis, this book applies the newly proposed test to study the irrational bubbles of the real estate market in China's first-tier cities and second-tier cities. The results show that after the 2008 financial crisis, the real estate market in China's first-tier cities and second-tier cities experienced three rounds of bubbles: from the beginning of 2010 to the second half of 2010 (triggered by the bottoming out of China's economy after the government introduced strong stimulus fiscal policies in response to the financial crisis), from the beginning of 2013 to the end of the same year (due to the release of rigid housing demand and the failure of market expectations), from the beginning of 2016 to the second half of the next year (reflecting the structural market caused by decelerating and shifting gears under the new normal of the economy). In these three rounds of bubbles, the real estate bubbles in first-tier cities are all ahead of those in second-tier cities, and the former is slightly more deviated from the economic fundamentals than the latter.

In addition, the third round of bubbles is stronger and more severe than the first two. Therefore, to stabilize the expectation of participants in the real estate market and promote the soft landing of the bubble in the real estate market will be the future direction of the Chinese government's real estate regulation policy implementation.

It is not difficult to understand that under the accumulative effect of autoregressive root, the moderate deviation from unit root process is essentially driven by the stochastic trend formed by the addition of the random error term. According to economic theory and econometric literature, this stochastic trend measures the potential for economic growth (usually derived from the persistent effect of actual shocks on the economy), but ignores the impact of technological progress and economic structural upgrading, so it is insufficient to reflect the inherent logic of real economic growth. Based on this, in the third chapter of the book, we generalize the moderate deviation from unit root process to allow for a drift, and then the process is driven by two trends: the stochastic trend and the nonlinear deterministic trend. Both trends can render the process explosive. When the error term has autocorrelation or conditional heteroskedasticity, in order to eliminate the influence of residual term correlation on the test, this book applies the fixed−smoothing method based on the Sieve idea to construct long−run variance estimators by employing the simple average of the first few periodograms of the Fourier basis function. The newly proposed moderate deviation test has been shown to be doubly robust: the asymptotic robustness of the test does not depend either on the strength of the drift term or on the existence of sequence correlation or conditional heteroskedasticity of the random error term. The robust test fills the gap of domestic and foreign literature, which has outstanding theoretical innovation and application value. In addition, we also discuss the selection criteria of the optimal smoothing parameters. The Monte Carlo simulation shows that the proposed test has satisfactory size and power performances in finite samples. On the basis of theoretical results, this book proposes a two −step empirical test strategy, and applies it to the irrational growth of key stock price indexes in the run−up to the 2008 financial crisis and to the explosive growth of cases in the countries severely affected by the COVID−19 outbreak in 2020. The empirical results of the financial crisis show that seven of the ten major stock indexes are only slightly explosive or not explosive at all, which implies that the bout of the irrational rise was not as serious as previously thought. It may even be overinterpreted, exaggerated or even overreacted to the irrational bubble in the global capital market on the eve of the 2008 financial crisis, as former Chairman of the Federal Reserve Greenspan (2008) said. The empirical results of COVID−19 show that China, the Republic of Korea, Japan and other East Asian countries, as well as European countries such as Italy, Germany and France, are relatively severely affected by COVID−19, and are among the worst−hit areas with concentrated outbreak. The outbreak in the US, Iran and India has spread for a long time; the outbreak in these three countries is more mild from the viewpoint of moderate deviation from unit root, but the severity is still very strong. The above results are consistent with the facts and the basic judgments made by the authorities.

Furthermore, the fourth chapter of this book develops the moderate deviation from unit root process to allow for structural breaks in the nonlinear deterministic trend and the stochastic trend. This research has obvious practical significance. This book theoretically proves the influence of structural break of autoregressive coefficient and random error variance on the asymptotic property of autoregressive coefficient estimator. The book also introduces how to find the consistent estimators of endogenous structural break point. In particular, this book studies the scenario where the autoregressive coefficient structurally changes from a moderate deviation from unit root to a unit root, which is often seen as the bursting of a bubble that deviates from the fundamentals (Phillips et al., 2011; Harvey et al., 2016). The results show that the test statistics based on the autoregressive coefficient have asymptotic robustness with respect to the structural breaks. This finding undoubtedly advances the theoretical research on the moderate deviation from unit root process. A series of Monte Carlo simulation experiments confirm the above conclusions from the perspective of numerical values.

Key Words: Moderate deviation from unit root; Irrational exuberance; Stochastic trend; Nonlinear deterministic trend; Long–run variance; Structural breaks; Asymptotic theory

目　录

Contents

第一章 绪 论

第一节 研究背景与意义

资产价格序列的过度波动和非理性上涨一直以来都是计量经济学尤其是金融计量经济学研究的热点议题。近年来，著名计量经济学家 Peter C. B. Phillips 与其合作者们提出了一类新的非平稳时间序列过程——中度偏离单位根过程（Moderate Deviation from Unit Root），并基于此来刻画和描述资产价格的非理性上涨现象。所谓中度偏离单位根过程，是指自回归系数从爆炸侧（explosive side）偏离于单位根但偏离成分随着样本长度推移而逐渐回复到单位根的时间序列自回归过程[①]。因此，中度偏离单位根过程往往具有快速发散的数据直观形态。正是基于上述特征，越来越多的经济学家尝试利用中度偏离单位根过程来刻画资本市场中度偏离于基本面价值的非理性泡沫。这是因为，有效市场理论下市场是一个鞅（Fama, 1965），也即一个单位根过程，而当市场偏离于弱有效状态时，价格序列的实质是在有限样本下与单位根过程的偏离。随着样本量的增加，这种偏

[①] 严格意义上，自回归系数从平稳侧偏离于单位根、但偏离成分随着样本长度推移而逐渐回复到单位根的时间序列自回归过程也可被称为中度偏离单位根过程（Phillips and Magdalinos, 2007a）。这一类的中度偏离单位根过程本质上是一种平稳过程，不是本书研究的重点。因此，本书中出现的中度偏离单位根过程均特指爆炸侧中度偏离单位根过程。

离会逐渐衰减，这也符合价格不可能长期偏离基本面价值的传统共识（Blanchard and Watson，1982）。一个典型的例子是，2008 年金融危机前夕，上证综合指数从 2007 年 4 月的 3800 点以相对平缓到近乎垂直地上升至 2007 年 10 月的 6124 点，而后，由于金融危机的冲击，上证综合指数从 6124 点下跌至 2000 点。因此，对中度偏离单位根过程理论的进一步深入研究，有助于我们科学地认识市场运行的状态、精确地刻画资产价格偏离随机游走的程度，也将为监管市场提供新的计量工具。

中度偏离单位根的概念最早是由 Phillips 和 Magdalinos（2007a）提出的。依照 Phillips 和 Magdalinos（2007a）的计量表示，中度偏离单位根过程被定义为 $y_t = \rho_T y_{t-1} + \varepsilon_t$，$t = 1，2，\cdots，T$。其中，自回归系数 $\rho_T = 1 + c/k_T$，且满足 $c > 0$ 和 $k_T = o(T) \to \infty$ 的条件。自回归系数 $\rho_T = 1 + c/k_T$ 的设定有三点明确的模型含义。其一，参数 $\rho_T > 1$，这意味着自回归系数落在爆炸侧区域而非传统意义上的平稳侧区域。相较于平稳根（$|\rho| < 1$）所对应的数据生成过程而言，中度偏离单位根会驱动数据呈现指数发散式增长，从而形成泡沫"尖峰"效应。其二，参数 $k_T = o(T) \to \infty$ 对中度偏离单位根过程的发散速度施予了一定程度的限制。特别地，我们可以取 $k_T = T^{\alpha}$，$\alpha \in (0，1)$。当 $\alpha \to 0$ 时，数据发散速度趋近于 $O((1+c)^T)$，这一发散速度远非现实经济数据所能达到；当 $\alpha \to 1$ 时，数据发散速度趋近于 $O(\sqrt{T})$，与单位根过程的发散速度相一致。从这一角度来说，中度偏离根落在中度爆炸区域，该区域所对应的数据生成过程相较于单位根过程而言更为发散，但并未达到 $O((1+c)^T)$ 的发散速度。其三，在有限样本下，中度偏离根与随机游走单位根存在一定的偏离（c/k_T），但这样的偏离随着样本的增加而收敛于零，进而中度偏离单位根过程回复至单位根过程、市场回复至弱有效状态。由文献可知，当自回归时间序列过程的自回归系数大于 1 时，其最小二乘估计量的渐近性质依赖于随机误差项的理论分布。White（1958）证明了当随机误差项为高斯新息时，上述自回归系数的估计偏误以合适的收敛速度收敛到标准柯西分布。然而，Anderson（1959）指出，当正态新息假定不成立时，相应的估计偏误不存在统一的理论分布。中度

偏离单位根理论的提出和发展正是着眼于解决这一理论问题。Phillips 和 Magdalinos（2007a）证明了，在 $\rho_T = 1 + c/k_T$ 的中度偏离单位根设定下，自回归系数的最小二乘估计量的渐近性质对随机误差项的分布具有不变性。不论随机误差项是否服从正态分布，统计量 $k_T \rho_T^T (\hat{\rho}_T - \rho_T) / (2c)$ 都依分布收敛到标准柯西分布。这一渐近不变性让爆炸过程（Explosive Process，其标志为自回归系数 $\rho > 1$）的统计推断变为可能，并推动了一系列的后续发展。

如前所述，中度偏离单位根过程是单位根过程的延伸。中度偏离单位根过程通常设定自回归系数为 $\rho_T = 1 + c/k_T$，而单位根过程设定自回归系数为 $\rho = 1$。当 $k_T \to \infty$ 时，中度偏离单位根 $\rho_T \to 1$，中度偏离单位根过程退化到单位根过程。然而，尽管中度偏离单位根过程和单位根过程在模型设定上有诸多相似之处，但这两者的样本统计量渐近性质却存在显著的差异。众所周知，单位根过程的自回归系数估计偏误是以 T 的超一致速度收敛到一个基于维纳过程的泛函分布（Dickey and Fuller，1979，1981）。然而 Phillips 和 Magdalinos（2007a）的研究则表明，中度偏离单位根过程的自回归系数估计偏误以 $k_T \rho_T^T / 2c$ 的速度收敛到标准柯西分布。因此，如何从样本统计量收敛速度和极限分布层面衔接起中度偏离单位根过程和单位根过程，已然成为目前计量经济学前沿理论研究所关注的焦点。

然而，就目前的文献而言，中度偏离单位根过程依然不可检验。不论随机误差项是否具有高斯性（White，1958；Anderson，1959）、不论随机误差项是否存在序列相关（Phillips and Magdalinos，2007a，2007b）、不论中度偏离单位根偏离于单位根的程度是轻度还是重度（Liu and Peng，2019），中度偏离单位根自回归系数估计量的收敛速度和渐近分布均在某种程度上依赖于未知的冗杂参数。这极大地妨碍了中度偏离单位根理论的应用。基于这一背景，本书在解读前沿文献的基础上，致力于提出一系列不依赖于冗杂参数的、渐近分布临界值易于获取的标准检验，继而让中度偏离单位根过程的检验变为可能。这些新检验方法的提出，不仅将突破当前文献的框架，也将是中度偏离单位根检验理论实质性的扩展与创新，具有重要的理论和现实意义。

注意到，Phillips 和 Magdalinos（2007a）所定义的中度偏离单位根过程的主导驱动力是由随机误差项经中度偏离单位根 ρ_T 的指数形式加成而形成的随机累积趋势。根据经济理论和计量经济的文献可知，这种随机累积趋势度量了经济增长的潜力，通常来源于实际冲击对经济产生的持久性作用（王少平、胡进，2009；欧阳志刚、史焕平，2010；王少平、孙晓涛，2013；王少平、杨洋，2017）。然而，不可观测和不可预见的随机因素对经济的冲击效应还不足以反映现实经济增长的内在逻辑。源自于技术进步和经济结构升级的确定性趋势成分不容被忽视。于是，扩展现有中度偏离单位根过程的模型设定，使中度偏离单位根过程由"随机累积趋势单驱动"变为"随机累积趋势与非线性确定性趋势双驱动"，并基于这一模型提出中度偏离单位根检验，不仅体现出理论创新，对我国而言，亦有可能作为我国经济弱供给与供给侧结构性改革的辅助证据，有助于描述或界定中国经济新常态的数量特征。

现实经济中，主导中度偏离单位根过程的随机累积趋势成分和非线性确定性趋势成分并非恒定不变。随着经济的发展、技术的进步以及体制的改革，中度偏离单位根过程的两类主导趋势成分均有可能在不同时期发生结构突变。如前所述，呈现泡沫特征的价格序列通常同时包含单位根过程和中度偏离单位根过程。Harvey 等（2016）和 Phillips 等（2015a，2015b）更是将价格泡沫的破灭视为中度偏离单位根过程向单位根过程的突变。即便价格泡沫并未破灭，泡沫过程也有可能从某一中度偏离单位根过程突变为另一中度偏离单位根过程。因此，研究中度偏离单位根过程的结构突变非常有意义。本书致力于研究不同结构突变情形对中度偏离单位根自回归系数的估计和检验所带来的影响。事实上，在若干非平稳时间序列文献里，结构突变的研究一直占据着重要地位。本书考虑带结构突变的中度偏离单位根检验，无疑处在了这一领域的最前沿。

上述分析清晰地显示，本书关于中度偏离单位根过程的理论和应用研究体现了前沿理论的扩展和创新，同时也是针对现实经济问题的需要。从政府监管的角度来看，如果资本市场的价格指数为随机游走，那么这个市场是弱有效的，监管的目的则是延续市场的有效性，而不应直接干预市场；如果资本市场存在非理性泡沫且偏离经济基本面太远，那么政府应及时施以实质性干预，迫使市场从泡沫状态折返回有效运行的状态；如果资本市场的价格指数为中度偏离单位根过程，则可进行适当干预或者等待市场的转化。然而，忽视真实数据过程中的确定性趋势、忽视潜在的结构变化，则意味着错误地评价市场，也将引导政府做出错误的干预决策。因此，研究不同情形下的中度偏离单位根过程及其检验，不仅具有重要的方法论价值，而且对现实政策的制定与评估也意义重大。

第二节　国内外文献综述

中度偏离单位根过程是近十多年才提出来的计量经济学新概念，其标志性的论文是 Phillips 和 Magdalinos 于 2007 年在计量经济学权威期刊 *Journal of Econometrics* 上发表的 *Limit Theory for Moderate Deviations from a Unit Root*。该文开创性地提出中度偏离单位根 $\rho_T = 1 + c/k_T$ 的设定（c 为大于零的常数，k_T 趋向于正无穷且满足 k_T 是 T 的高阶无穷小），成为这一领域具有里程碑意义的突破。文章从理论上证明了中度偏离单位根自回归系数估计偏误以 $k_T \rho_T^T / 2c$ 的速度收敛到标准柯西分布。这一理论分布不依赖于随机误差项的高斯性，也不依赖于维纳过程的泛函形式，因而从理论上衔接起了单位根过程与爆炸过程。注意到，Phillips 和 Magdalinos（2007a）所研究的中度偏离单位根过程具有独立同分布（independent and identically distributed，简记为 i.i.d.）新息。在此基础上，Phillips 和 Magdalinos（2007b）、Aue 和 Horváth（2007）、Magdalinos（2012）、Huang 等（2014）、Oh 等（2018）、Arvanitis 和 Magdalinos（2018）、Lee（2018）分别从不同的角度放松了关于新息的假定。Phillips 和 Magdalinos（2007b）假定随机误差项具有线性弱相依结构（weak dependence），Aue 和 Horváth（2007）假定随机误差项属于 α 型稳态新息（α-stable distribution）的吸收域（domain of attraction），Magdalinos（2012）假定随机误差项具有强相依结构（strong dependence）而且具有长记忆性（long memory），Huang 等（2014）假定随机误差项的截断二阶矩方差不存在，Oh 等（2018）假定随机误差项具有强混合性（strong mixing），Arvanitis 和 Magdalinos（2018）、Lee（2018）假定随机误差项具有条件异方差（GARCH）特征。在上述六种情形下，中度偏离单位根自回归系数估计偏误被证明依然具有渐近不变性，即估计偏误依然以 $k_T \rho_T^T / 2c$ 的速度收敛到标准柯西分布。

中度偏离单位根设定在其他时间序列理论模型中也有广泛的应用。Magdalinos 和 Phillips（2009）研究了多个中度偏离单位根过程构成的协整系统。结果表明，当构成协整系统的每个变量均为中度偏离单位根过程时（第 i 个变量的自回归系数为 $\rho_{T,i} = 1 + c_i / k_T$，而 $c_i > 0$、$k_T = o(T) \to \infty$），自回归系数估计量向量具有中度偏离的收敛速度和柯西尾部特征的混合正态性[1]。Zhou 和 Lin（2014）研究了中度偏离单位根过程自回归系数的最小绝对偏差估计量的渐近性质。与上述若干文献所使用的最小二乘估计不同，最小绝对偏差估计量的渐近性质并不能利用鞅中心极限定理得到。结果表明，中度偏离单位根自回归系数的最小绝对偏差估计偏误的收敛速度与最小二乘估计偏误的收敛速度相同，但前者的极限分布依赖于误差项密度函数和误差项方差 σ^2。Zhou 和 Lin（2015）[2] 进一步研究了当随机误差项的截断二阶矩方差可能不存在时，中度偏离单位根过程自回归系数的分位数回归估计量的渐近性质。当误差项方差存在时，分位数回归估计结果可看作 Phillips 和 Magdalinos（2007a）已有结果的推广；当误差项方差不存在时，分位数回归估计结果被证明比 Huang 等（2014）的最小二乘估计结

---

[1] 标准柯西分布实际上就是一种混合正态分布。一个标准柯西变量依分布等价于两个独立同分布的正态变量之比。

[2] Zhou 和 Lin（2014，2015）两篇文章的主要内容被收录在作者之一周志永（2016）的博士论文中。

果更稳健。Phillips 和 Lee（2015）研究了含有中度偏离单位根过程的向量自回归（VAR）模型。Wang 和 Yu（2016）将中度偏离单位根应用于连续时间的 Lévy 过程。Chen 等（2017）将中度偏离单位根应用于连续时间的协整系统。

中度偏离单位根过程本质上是一种爆炸过程，两者的自回归系数均在单位根的右侧（爆炸侧）。White（1958）最早提出了爆炸过程的定义并从理论上推导了自回归系数为爆炸根情形时估计量偏误的收敛速度和极限分布。根据 White（1958）的理论结果，在独立同分布误差项前提下，爆炸根自回归系数估计量偏误以一定的速度渐近收敛到标准柯西分布，这一结果直接指导了后续中度偏离单位根过程的研究。然而，Anderson（1959）、Basawa 和 Brockwell（1984）指出，上述柯西分布结果依赖于随机误差项的高斯性。当随机误差项的理论分布不统一时，爆炸根自回归系数估计量不存在统一的理论分布。基于这一事实，Sethuraman 和 Basawa（1994）推导了爆炸根自回归系数已知和未知时最小二乘估计以及最大似然估计偏误的极限分布。结果表明，当新息项不具有正态性时，估计偏误的极限分布均为非正态且非标准。Mijnheer（1997）给出了爆炸根自回归系数最小二乘估计偏误极限分布的明确形式。结果表明，上述极限分布可看作两个依赖于随机误差项分布的稳定过程（stable process）之比。特别地，当随机误差项服从正态分布时，爆炸根自回归系数最小二乘估计偏误的极限分布为两个独立同分布的正态变量之比，而两个独立同分布的正态变量之比依分布等价于标准柯西分布。显然，这一特例回到了 White（1958）、Anderson（1959）的结果。此后，Phillips 和 Magdalinos（2008）将爆炸根推广到协整系统。结果表明，当构成协整系统的每个变量均为爆炸过程时，自回归系数估计量向量的渐近性质依赖于新息的极限分布以及协整系统共同的爆炸根；当不存在共同的爆炸根且新息为高斯新息时，自回归系数估计量向量具有混合正态性。Phillips 和 Magdalinos（2008）的研究结果既是爆炸过程向协整系统的推广，也与 Magdalinos 和 Phillips（2009）所研究的中度偏离单位根协整系统联系紧密。Nielson（2009）考虑具有共同爆炸根的向量自回归模型，其结果表明自回归系数向量的最小二乘估计不再具有一致性。Phillips 和 Magdalinos（2013）对上述不一致性给予了具体的解释。他们认为，这种不一致性是源自于共同爆炸根行为所引起的内生性。基于这种认识，Phillips 和 Magdalinos（2013）提出了针对爆炸根自回归系数向量的工具变量估计，并证明了工具变量估计量的一致性。爆炸过程在格兰杰因果检验（Fanelli，2007）、bootstrap 抽样（Swensen，2006；Cavaliere et al.，2010，2012）等方面也有诸多应用。

主流文献还存在另一个研究爆炸过程的方向，即设定原假设为单位根（H_0：$\rho = 1$），而设定备择假设为爆炸根（H_1：$\rho > 1$）。文献通常将此类以单位根为原假设、以爆炸根为备择假设的假设检验称为泡沫检验（bubble test）。与传统的单位根检验不同，泡沫检验是一个右侧检验。因此，早期文献建议直接使用单位根检验并使用右侧临界值来检验泡沫过程。例如，Diba 和 Grossman（1988）认为，泡沫序列本身具有极强的非平稳性。他们指出，就单个变量而言（如美国标准普尔综合指数等），只有其水平值和各阶差分值都被证明是非平稳过程，才可认为该变量序列存在泡沫。然而，Evans（1991）对右侧单位根检验的功效性提出了质疑。他认为，普通的单位根和协整检验对周期性破灭泡沫而言是一种错误的手段，周期性破灭泡沫将导致价格表现出高度的非线性而损失了检验功效。Evans（1991）的蒙特卡洛模拟结果表明，右侧单位根检验在识别周期性破灭泡沫时可能将其误判为带有高度非线性特征的平稳过程或单位根过程而出现低检验功效。随着周期性破灭泡沫过程的反复膨胀和收缩，右侧单位根检验只能进行事后检验，无法实时监控泡沫产生和破灭的时点。针对这一缺陷，Phillips 等（2011）在右侧单位根检验的基础上，结合向前递归回归，在 ADF 框架内提出了一种新的泡沫检验方法——Supremum Augmented Dickey-Fuller（SADF）检验。这种方法对于 Evans 提出的周期性破灭泡沫具有较高的检验功效，因而将泡沫检验的研究向前推动了一大步，也成为近年文献的主流方法。此外，Phillips 等（2011）的 SADF 泡沫检验体系还能够估计出泡沫起始和破灭的时点，而使用 SADF 检验所得到的泡沫起始和破灭时点估计量被 Phillips 和 Yu（2009，2011）证明具有一致性。自 SADF 检验提出后，众多学者在此基础上进行了进一步的扩展研究。Homm 和 Breitung（2012）通过蒙特卡洛模拟验证了 SADF 检验方法在检验可能存在多个泡沫的序列时比其他方法更优越，同时也提出将递归思想运用到 Chow 检验的 Sup DF-type Chow（SDFC）检验方法，并证明该方法比 SADF 有更高的有限样本检验优势和更准确的泡沫起点估计，但该方法仅针对单个泡沫且泡沫出现在样本后期的情况。简志宏和向修海（2012）改进了 SADF 检验对泡沫起止时点的估计，在保证时点估计量一致的前提下，解决了首个泡沫破灭所带来的均值回转的影响。Harvey 等（2015）对比分析了 SADF 和 SDFC 检验方法，发现当泡沫出现在样本早期或中期时，SADF 较优，而当泡沫出现在样本晚期时，SDFC 较优，并基于此提出一种结合 SADF 和 SDFC 方法的 Union Strategy（UR）检验。邓伟和唐齐鸣（2013）将向前递归回归思想与 KSS 单位根检验相结合，在指数平滑转移（Exponential Smooth Transition Auto-regression，ESTAR）模型框架下检验泡沫过程。Phillips 等（2014）考虑了不同的模型设定和不同的检验方程形式，并推导了不同情形下检验统计量的极限分布。Phillips 等（2015a，2015b）进一步将 SADF 扩展到适用于检验和识别多个周期性破灭泡沫的广义 SADF（Generalized SADF，GSADF）检验，并提出了多个泡沫起始和破灭时点的一致估计量，极大地扩宽了泡沫检验的应用范围和应用效力，并推动了诸多应用研究（Yiu et al.，2013；Jiang et al.，2015；Tsai et al.，2015；崔文学，2015；欧阳志刚、崔文学，2015；Lee and Phillips，2016；Phillips and Shi，2018）。

不论是中度偏离单位根过程，还是爆炸过程，均是一种从爆炸侧对单位根过程的偏离。众所周知，对偏离于单位根的时间序列过程的研究，最早起源于近单位根（Local-to-Unity）过程。近单位根过程的标志是自回归系数 $\rho_T = 1 + c/T$。同中度偏离单位根一样，近单位根也具有偏离于单位根但偏离成分随着样本长度推移而逐渐回复到单位根的特点。但相对于中度偏离单位根过程而言，近单位根过程偏离于单位根过程的程度更轻。Chan

和 Wei（1987）最早对近单位根过程做出研究，并推导了近单位根自回归系数估计偏误的渐近性质。Phillips（1987）、Phillips 和 Perron（1988）证明了近单位根过程的自回归系数估计偏误以超一致的收敛速度收敛到一个基于 Ornstein-Uhlenbeck 过程的非标准分布。当 $c = 0$ 继而自回归系数 $\rho_T = 1$ 时，上述 Ornstein-Uhlenbeck 过程将退化为标准维纳过程。这意味着，近单位根过程和单位根过程具有非常相似的大样本性质。Stock（1991）构建了近单位根自回归系数的渐近置信区间，并将其应用于检验 Nelson 和 Plosser（1982）的宏观经济变量。Cavanagh 等（1995）的研究表明，当模型的自变量为一个近单位根过程时，最小二乘回归估计及相关检验具有严重的检验尺度扭曲。为解决这一问题，作者根据 Bonferroni 和 Scheffe 的方法对估计量进行了修正。结果表明，修正后的有限样本检验尺度和检验功效表现良好。Moon 和 Phillips（2000）与前面的研究不同。他们从面板数据的角度出发，着力估计未知参数 c。Phillips 等（2001）对近单位根过程的估计方法做了完整的综述和进一步的演进。结果表明，在某些特定条件下，近单位根过程（$c > 0$）[①] 的自相关估计偏误收敛速度可等价表示为爆炸过程的自相关估计偏误收敛速度，而此时，近单位根过程自相关估计偏误的极限分布是一个标准的柯西分布。这一结果有针对性地将单位根过程和爆炸过程衔接起来。事实上，解决单位根过程和爆炸过程样本统计量收敛速度和极限分布的不连续性正是研究中度偏离单位根过程的重要动机之一。Phillips 等（2010）基于分组的思想，提出了一种介于近单位根和中度偏离单位根之间的中间形态。当样本被分成固定组数时，该时间序列过程可视为近单位根过程；当样本所分组数趋于无穷时，该时间序列过程可视为中度偏离单位根。这一分组的思想正是来源于 Phillips 等（2001）的研究结果。Phillips 等（2010）给出了依赖于组数的渐近结果。当组数固定时，自回归系数估计偏误的收敛速度和极限分布逼近于近单位根情形；当组数趋于无穷时，自回归系数估计偏误的收敛速度和极限分布逼近于中度

[①] 本书仅讨论 $c > 0$（爆炸侧）的近单位根情形。

偏离单位根情形。从这一角度来说，Phillips 等（2010）通过变化样本分组个数，来磨平近单位根过程与中度偏离单位根过程渐近性质的不连续性。关于近单位根过程的后续发展，还可参见：Elliott 和 Stock（2001）、Rossi（2005）、Campbell 和 Yogo（2006）、Giraitis 和 Phillips（2006）、Jansson 和 Moreira（2006）、Mikusheva（2007）、Andrews 和 Guggenberger（2012）、Moon 和 Velasco（2014）、Müller（2014）、Miao（2015）、Lee（2018）。

在模型中引入漂移项是时间序列分析的一个重要领域。当模型包含漂移项时，主导全样本的趋势成分将不仅包含由随机误差项累积形成的随机累积趋势成分，同时也包含由漂移项累积形成的确定性趋势成分。以 Dickey 和 Fuller（1979，1981）、MacKinnon（1996）为代表的大量文献讨论了模型引入漂移项给单位根检验带来的影响。以 Phillips（1987）、Phillips 和 Perron（1988）为代表的大量文献讨论了模型引入漂移项给近单位根检验带来的影响。以 Phillips 等（2011）、Phillips 等（2015a，2015b）为代表的若干文献则讨论了模型引入漂移项给周期性破灭泡沫检验带来的影响。从文献结果来看，若漂移项为非零常数，那么模型引入漂移项会导致单位根检验、近单位根、泡沫检验的检验统计量极限分布含有"去均值"（de-meaning）成分。若依然使用不含漂移项情形下的极限分布临界值分别检验含有漂移项的单位根过程、近单位根过程或泡沫过程，那么相应的检验会产生明显的检验尺度扭曲和检验功效损失。另外，对于中度偏离单位根过程和爆炸过程，漂移项的引入也会对样本统计量的极限分布产生影响。Wang 和 Yu（2015）的研究表明，对于一个含有非零常数漂移项的 AR（1）爆炸过程，其自回归系数估计偏误将不再收敛到标准柯西分布，而是收敛到一个依赖于漂移项的混合正态分布，并且收敛速度也较 White（1958）、Anderson（1959）的收敛速度发生了较明显的变化。Fei（2018）的研究表明，对于一个含有非零常数漂移项的 AR（1）中度偏离单位根过程，其自回归系数估计偏误的收敛速度和极限分布也与 Phillips 和 Magdalinos（2007a）的结果不同：当含有非零常数漂移项时，自回归系数估计偏误的极限分布依赖于漂移项。只有当漂移项退化为零的时候，其收敛速度和极限分布才会由量变到质变。Liu 和 Liu（2018）、Liu 和 Peng（2019）集中讨论了常数漂移项情形下，近单位根过程、中度偏离单位根过程以及爆炸过程的自回归系数估计偏误的收敛速度与极限分布。结果表明，当漂移项未知时，上述三类过程的自回归系数估计偏误极限分布均依赖于漂移项这一未知的冗杂参数。基于这一背景，已有部分文献转而讨论弱漂移项模型。在弱漂移模型中，漂移项依赖于样本量且随着样本量的增大而向零衰减。Phillips 等（2014）讨论了弱漂移项设定下，单位根检验所使用的 ADF 统计量和泡沫检验所使用的 SADF 统计量的渐近分布。结果表明，错误地识别真实数据过程的主导趋势会严重引发单位根检验和泡沫检验的检验尺度扭曲。然而，还没有文献将弱漂移项设定引入中度偏离单位根模型。因此，本书将致力于考虑不同强度的漂移项对中度偏离单位根检验渐近性质的影响。

以上梳理了中度偏离单位根过程及相关时间序列过程的文献。标准的时间序列往往假定真实数据生成过程的参数不发生变化。但是由于现实经济所存在的技术进步、制度变革、环境变化等因素，大多经济金融变量都表现出明显的结构变化特征。Perron（1989）正是基于此提出了结构突变的单位根问题，突破和发展了结构突变领域的研究。Perron（1989）指出，当真实数据生成过程是带有结构突变的趋势平稳过程时，传统的不含结构突变的单位根检验（即使用不含结构突变时检验统计量的渐近分布和临界值）存在较为明显的取伪概率，极易将这一带有结构突变的平稳过程错误地识别为一个单位根过程。Perron 的发现也被称为"Perron 现象"。在此基础上，Zivot 和 Andrews（1992）、Leybourne 等（1998）考虑了"逆 Perron 现象"，即当真实数据生成过程为带有结构突变的单位根过程时，不含结构突变的单位根检验也存在过度拒绝的可能性，从而导致检验功效的大幅下降。显而易见，结构突变的存在将显著地影响检验方法的统计性质和检验信度。现有文献已形成了关于单位根过程结构突变现象研究的成熟理论体系（Perron，1989；Zivot and Andrews，1992；Stock and Watson，1996，1999，2005；Leybourne et al.，1998；Leybourne and Newbold，2000；Perron and Zhu，2005；Kim and Perron，2009），具有结构突变的单位根检验也被广泛应用到各类实际问题（Hakkio and Rush，1991；Burdekin and Siklos，1999；王少平、李子奈，2003；梁琪、滕建州，2006；王宏磊、赵一夫，2016）。然而，几乎没有文献研究结构突变对中度偏离单位根过程及其检验的影响。因此，如果能推导出可能存在于自回归系数或者随机误差项方差中的结构突变对中度偏离单位根检验的影响，就有可能标志性引领这一领域的学术发展与应用。

第三节　研究思路与主要创新点

中度偏离单位根的实质是在有限样本下与随机游走单位根存在一定的偏离，但这样的偏离随着样本的增加而收敛于零。从现有文献来看，中度偏离单位根依然不可检验，大多数文献所提出的渐近结果均依赖于未知的冗杂参数，这导致中度偏离单位根过程难以真正被应用。本书致力于从方法论上对中度偏离单位根过程进行研究，力求将中度偏离单位根过程实质性发展为系列计量经济学检验。

对中度偏离单位根过程进行扩展的第一步，须是将一阶自回归中度偏离单位根过程推广到高阶自回归中度偏离单位根过程，后者在时间序列分析中更为常见。对于单位根过程而言，高阶自回归时间序列过程可以写成一个含有增广差分项的单位根过程，并在一定条件下可改写为误差项存在自相关的随机游走过程。那么，一个含有中度偏离单位根的高阶自回归过程是否也能改写为一个含有增广项的中度偏离单位根过程？是否需要重新定义差分算子来描述中度偏离单位根过程的差分过程？进一步地，含有增广项的中度偏离单位根过程是否也能改写为一阶中度偏离单位根过程，而通过后者误差项的序列相关来体现前者滞后项的影响？改写的条件是什么？若增广中度偏离单位根过程可改写为误差项含有序列相关的一阶中度偏离单位根过程，那么，当误差项含有自相关时，中度偏离单位根过程的样本统计量会相应地发生什么变化？能否针对增广中度偏离单位根过程提出行之有效的统计检验？若错误地使用基于独立同分布新息所构造的中度偏离单位根检验会造成多大程度的有限样本检验尺度扭曲和功效损失？

由前所述，目前对中度偏离单位根过程的研究仍然局限于不含漂移项的框架，也即所生成的数据主要由随机累积趋势所驱动。但是实际经济数据大多包含确定性趋势。这是由于随机累积趋势反映了不可观测和不可预见的随机因素对经济的冲击效应，也即经济增长的潜力，而无法描述技术进步和经济结构升级对经济的冲击效应。后者通常被认为由确定性趋势所反映。基于此，拟研究的问题为：其一，当中度偏离单位根模型引入漂移项时，对自回归系数的估计会产生什么影响？标准柯西分布是否能有效逼近中度偏离单位根自回归系数估计偏误？其二，不同的漂移项强度，是否会引致不同的中度偏离单位根检验？当真实数据过程带有漂移项而检验回归式被误设为不带截距项时，错误地使用原有中度偏离单位根检验是否会造成渐近的以及有限样本下的检验尺度扭曲？其三，随机误差项若存在自相关或者条件异方差偏误，是否会对带有漂移项的中度偏离单位根检验产生影响？实际中，如何估计带有自相关或条件异方差的随机误差项的长期方差，以及如何依据误差项长期方差估计量来修正中度偏离单位根的检验统计量？

最后，本书考虑了中度偏离单位根过程中非线性确定性趋势和随机累积趋势的结构突变所带来的影响。本书拟研究的问题为：其一，如果自回归系数由中度偏离单位根突变为另一中度偏离单位根，结构突变前后自回归系数的估计偏误渐近性质是否会发生变化？其极限分布是否会依赖于结构突变前后的中度偏离单位根大小以及结构突变所发生的位置？进一步地，自回归系数的结构突变会给中度偏离单位根检验统计量的渐近分布函数和有限样本性质带来何种影响？如何得到结构突变位置参数的一致估计量？其二，如果自回归系数由中度偏离单位根突变为单位根，突变前后的自回归系数估计偏误是否会发生统计性质上的变化？此类情形常常被解读为泡沫过程的突变性破灭，因而具有重要的研究意义。其三，随机误差项方差的结构突变是否会影响中度偏离单位根过程样本统计量的渐近性质？更重要的是，当随机误差项方差不再满足统一假设时，如何得到结构突变前后误差项方差的一致估计量？

综上所述，中度偏离单位根过程的研究不仅是极为重要的理论问题，也具有重要的应用价值。本书的研究致力于解决上述问题，本书研究的计量经济学方法论创新之处体现在：

第一，针对中度偏离单位根过程，以 Phillips 和 Magdalinos（2007a）为代表的诸多文献所给出的统计理论并不能直接用于检验。本书提出了可行的中度偏离单位根检验，并证明了检验的统计性质，使得中度偏离单位根过程变成可检验、可应用的计量经济学理论。

第二，定义了增广中度偏离单位根过程并通过定义广义差分算子而将这一过程转化为误差项存在序列相关的中度偏离单位根过程。在 Phillips 和 Magdalinos（2007b）的基础上，本书推导了增广中度偏离单位根过程相关样本统计量的收敛速度以及渐近分布。结果表明，增广中度偏离单位根过程的样本统计量的渐近性质依赖于误差项的长期方差。为了检验增广中度偏离单位根过程，本书建立了经典联合检验理论：Wald 检验、LM 检验和 LR 检验。结果表明，中度偏离单位根假设下，Wald 统计量、LM 统计量和 LR 统计量的渐近分布均为标准分布，并不依赖于维纳过程的泛函，也不依赖于随机误差项的长期方差。这意味着我们不需要事先知道或者估计长期方差。在此基础上，本书设计了一系列蒙特卡洛模拟实验评估 Wald 检验、LM 检验和 LR 检验的有限样本性质。结果表明，不论数据生成过程的随机误差项是否含有自相关偏误，Wald 检验、LM 检验和 LR 检验的有限样本检验尺度都接近于名义水平。因此三大联合检验对于序列相关而言是稳健的。

第三，引入漂移项因而将"随机累积趋势单驱动"的中度偏离单位根过程扩展到"随机累积趋势和非线性确定性趋势双驱动"的中度偏离单位根过程，并推导了漂移项的不同性质（大小或强弱）对相关样本统计量在渐近性质上的影响。结果表明，中度偏离单位根自回归系数估计偏误的收敛速度和极限分布均与漂移项的强弱有关。当漂移项为强漂移项时，自回归系数估计偏误的收敛速度要强于弱漂移项下自回归系数估计偏误的收敛速度。特别地，当漂移项为弱漂移项时，自回归系数估计偏误的渐近性质与不含漂移项时 Phillips 和 Magdalinos（2007a，2007b）所推导的渐近性质相同。进一步地，本书定义了检验中度偏离单位根的 t 检验，并推导了独立同分布误差项情形和自相关或条件异方差误差项情形下 t 统计量的渐近逼近。在自相关及条件异方差误差项情形下，为消除残差项相关对检验的影响，本书应用 Sieve 思想下的固定平滑参数方法，选取傅里叶基函数的前若干个周期的简单平均，来构建长期方差的估计量，并基于此修正标准的 t 统计量。经证明，修正的 t 统计量渐近收敛于学生 t 分布而具有双重稳健性：检验的渐近稳健性既不依赖于漂移项的强弱，也不依赖于随机误差项是否存在序列相关或者条件异方差。这一对残差项相关具有稳健性的检验填补了国内外文献的空白，具有突出的理论创新和应用价值。蒙特卡洛仿真实验从数值的角度验证了上述理论结果。

第四，从国内外文献来看，本书首次将结构突变研究引入中度偏离单位根理论，从而允许主导中度偏离单位根过程的非线性确定性趋势和随机累积趋势存在结构性突变。本书从理论上证明了自回归系数结构突变以及随机误差项方差结构突变对自回归系数估计偏误收敛速度和极限分布的影响。特别地，本书研究了自回归系数从一个中度偏离根突变为一个单位根的情形。结果表明，不论何种情形的结构突变、不论结构突变位置发生在何处，基于自回归系数的 t 统计量均渐近稳健地服从标准分布。当随机误差项为独立同分布时，这一标准分布为高斯分布；当随机误差项带有自相关或条件异方差时，这一标准分布为学生 t 分布。为进一步解决内生结构突变给上述检验带来的不可行性，本书介绍了一致估计内生结构突变时点位置参数的准则和方法。此外，本书还设计了一系列蒙特卡洛模拟实验评估不同形式的结构突变给中度偏离单位根检验带来的影响，为更好地认识中度偏离单位根过程中的结构突变现象提供了重要的数值佐证。

中度偏离单位根过程因其独特的模型设定和优良的统计性质而具有广阔的应用前景。具体而言，本书的应用创新可以概述为：

第一，应用新提出的增广中度偏离单位根理论研究了我国一二线城市房地产市场的非理性泡沫。结果表明，2008 年金融危机后，我国一二线城市房地产市场经历了三轮泡沫。第一轮泡沫是从 2010 年初到 2010 年下半年，由我国政府针对金融危机出台强刺激性财政政策后我国经济的触底反弹、快速增长而催生。"国十条"的出台，在一定程度上遏制了房地产价格的过快上涨，刺破了 2008 年金融危机时期的第一轮房地产泡沫。第二轮泡沫是从 2013 年初到同年底，源于住房刚性需求被释放以及市场预期的失效。"新国五条"的出台，对熨平这一轮的房地产泡沫起到了关键性作用。随着这一时间段国内宏观经济增速的放缓，房地产市场价格也相应地增长乏力。第三轮泡沫是从 2016 年初到次年下半年，更多地体现了经济新常态下减速换挡所带来的结构性行情。中央政府出台的"930 新政""不动产登记"等新政都在刺激住房需求，加快去库存化。这一轮房地产泡沫持续时间长、增长势头足，羊群效应明显。在这三轮泡沫中，我们发现，一线城市的房地产泡沫均领先于二线城市房地产泡沫，并且前者偏离于经济基本面的程度略高于后者；另外，第三轮泡沫相比前两轮而言表现更为坚挺和严重。因此，我们的建议是，在当前我国宏观经济面临结构转型和产业升级的背景下，政府有关部门需采取积极有效的调控措施，构建房地产长期有效机制，稳定房地产市场参与者预期，促使房地产市场泡沫的软着陆，尽量避免不合理的监管行为，保持房地产市场与现有宏观经济协调发展，将房价泡沫自然挤出。

第二，将新提出的中度偏离单位根检验应用到 2008 年金融危机期间美国道琼斯指数、沪深 300 指数等十个全球资本市场（涵盖各大洲）的重要股票价格指数。为深入研究价格指数序列的中度爆炸性，本书提出了一套两步实证检验策略。两步实证检验策略的第一步在于应用右侧单位根检验和 SADF 等泡沫检验，检验价格序列是否存在爆炸增长区段；第二步则针对爆炸过程滚动实施渐近 t 检验，并基于此构建中度偏离单位根的置信区间。结果表明，十个全球主要股指中有七个股指序列可以由偏离于经济基本面程度较轻的中度偏离单位根过程所刻画，并且这种偏离会随着时间推移而回复至消失。这表明，2008 年金融危机前夕的非理性泡沫并没有想象中的那么剧烈。正如 Greenspan（2008）所言，2008 年金融危机前夕全球资本市场的非理性泡沫被过分演绎、夸大，并被过度反应。这一实证结果充分体现出本书所提出的中度偏离单位根检验的实用价值。

第三，将中度偏离单位根检验策略应用到 2020 年初暴发的新型冠状病毒肺炎疫情（简称"新冠肺炎疫情"），分析了受新冠疫情影响严重国家的每日新增确诊病例数的爆发式增长特征。结果表明，受疫情影响较严重的国家经历了一轮非理性、持续发散式的疫情暴发，中国、韩国、日本等东亚国家，以及意大利、德国、法国等欧洲国家的疫情感染情况相对严重，属于疫情集中暴发的重灾区，但以中国为代表的东亚国家疫情控制效果较好，爆发式增长势头很快见顶；美国、伊朗和印度的疫情蔓延时间长，体现出疫情防控力度的相对不足，但蔓延时间长并不意味着疫情暴发的程度温和，相反更长的蔓延期和更大规模的日新增确诊病例数体现出美国、伊朗和印度疫情暴发的严峻性，这也符合事实情况以及各国权威机构对此次疫情的基本判断。

中度偏离单位根过程作为时间序列分析的最前沿课题之一，某种程度上代表了近若干年相关文献在爆炸侧时间序列过程领域的新方向和新思路。本书对中度偏离单位根过程的研究，既是对现有高难度前沿计量经济学理论和方法的扩展和创新，又具有广泛的实证应用价值，具有引领这一方向后续研究的意义。

第二章 增广中度偏离单位根过程的联合检验理论及其应用

　　中度偏离单位根过程是单位根过程的发展，其本质为自回归系数偏离于单位根但偏离成分随着时间（样本长度）推移而逐渐回复到单位根的时间序列自回归过程。事实上，寻找精确的非平稳时间序列表述一直是计量经济学者和金融经济学者研究的方向。现实经济变量并非只有平稳形态（在平稳形态下，经济变量围绕其均值做回复性波动）和单位根形态（在单位根形态下，市场在基本面层面随机游走而呈现弱有效状态）。当随机现象 y_t 由前一时间的随机现象 y_{t-1} 和当前的随机干扰 ε_t 共同合成时，中度偏离单位根 ρ_T 会放大 y_{t-1} 的影响而使得经济变量呈现爆炸性发散趋势。进一步，当随机现象 y_t 由前面多期的随机现象和当前的随机干扰项共同合成时，中度偏离单位根 ρ_T 会对随机现象 y_t 造成多重影响。但需注意的是，当一个自回归过程含有大于 1 的特征根时，其最小相位条件将不再成立，这意味着这一高阶自回归过程不具有平稳性和可逆性。基于此，本章定义一类增广中度偏离单位根过程，将含有中度偏离型特征根的高阶自回归过程转化为增广中度偏离单位根过程，以达到将非平稳的随机过程 $\{y_t\}$ 转化为某类平稳过程的目的。

　　类似于增广单位根过程（聂巧平、张晓峒，2007；张凌翔、张晓峒，2009，2010；左秀霞，2019），本章所研究的增广中度偏离单位根过程也可建立相应的 Beveridge-Nelson 分解，并构建基于中度偏离单位根的联合检验：Wald 检验、拉格朗日乘子（Lagrange Multiplier，LM）检验以及似然比（Likelihood Ratio，LR）检验。区别之处在于，前者在其原假设下是一个纯随机游走过程，而后者在其原假设下是一个与 Phillips 和 Magdalinos（2007b）数据生成过程相同的中度偏离单位根过程。Wald 检验、LM 检验和 LR 检验是计量经济学三大经典的联合假设检验。Wald 检验的基本思想是，如果模型中约束条件是成立的，那么我们对无约束模型进行参数估计，并用相应的参数估计量代替真实参数时，约束条件向量会很接近于零向量；而如果约束条件不成立，则使用无约束模型的参数估计量代替真实参数后，约束条件向量会显著地偏离于零向量。与 Wald 检验只对无约束模型进行估计不同，LM 检验（又称得分检验，score test）只针对约束模型进行估计。其基本思想是，当约束条件成立时，施加约束条件下的参数估计量应与不施加约束条件下的参数估计量非常接近。换言之，如果约束条件成立，则对数似然函数关于参数向量的偏导数应近似于零。当对数似然函数关于参数向量的偏导数显著不为零时，说明约束条件不成立。基于上述特点，当无约束模型容易估计而约束模型难以估计时，我们倾向于使用 Wald 检验；当约束模型容易估计而无约束模型难以估计时，我们倾向于使用 LM 检验；当无约束模型和约束模型都容易估计时，我们往往使用更为简便的 LR 检验。LR 检验的基本思想是，如果约束条件为真，则无约束对数似然函数极大值和有约束对数似然函数极大值应当非常接近。若两者存在显著差异，则认为约束条件不成立。根据这一思想，LR 检验实际上同时估计了无约束模型和约束模型。

根据已有文献可知，当数据生成过程为单位根过程时，基于原假设构建的 Wald 统计量、LM 统计量和 LR 统计量均具有非标准的渐近分布（Dicker and Fuller，1981；Schmidt and Phillips，1992；Oya and Toda，1998；张凌翔、张晓峒，2009，2010）。然而本章的研究表明，当数据生成过程为中度偏离单位根过程时，基于原假设构建的 Wald 统计量、LM 统计量和 LR 统计量具有渐近相等的极限分布，并且该极限分布为一个标准卡方分布。这一不依赖于冗杂参数、不依赖于维纳过程的标准分布为中度偏离单位根过程的检验提供了理论上的便利性。为证实本章的理论推导结果，我们设计了一系列的蒙特卡洛仿真实验。实验结果表明，基于 Wald

统计量、LM 统计量和 LR 统计量的渐近卡方检验在对中度偏离单位根过程的识别上具有出色的有限样本性质。

最后，本章应用新提出的增广中度偏离单位根理论研究我国一二线城市房地产市场的非理性泡沫。2008 年金融危机后，我国房地产市场，尤其是一二线城市房地产市场，经历了几轮明显的泡沫。一个典型的例子是，以北上广深为代表的一线城市在 2016 年上半年经历了一次集体攀升，平均新建住宅价格指数从 5.823 快速上涨至 20.759。由此产生的直觉是，这种非理性上涨形成了房地产市场泡沫。从文献来看，苑德宇和宋小宁（2008）对我国 35 个大中城市进行房价泡沫测度后，发现我国一二线城市间房地产价格泡沫大小存在明显的差异。史兴杰和周勇（2014）使用马尔可夫区制转换方法测算我国直辖市房价泡沫后发现：京沪房地产市场存在明显泡沫，而津渝房地产市场却不存在泡沫。王天雨（2018）使用状态空间模型对我国 31 个省级单位相关宏观数据进行测算后，发现我国东、中、西部房价泡沫水平呈现逐年收拢的趋势。然而，现有泡沫文献只能识别出房地产泡沫的存在性（且大部分文献只能识别单个房价泡沫的存在），无法对房地产泡沫对经济基本面的偏离程度做出定量描述。针对现有研究的局限性，本章的实证部分以我国一二线城市新建住宅价格指数为研究对象，应用我们所提出的中度偏离单位根检验以及前沿文献中的泡沫检验，测度 2008 年金融危机后我国一二线城市房地产市场的泡沫特征，并从多个层面（如政府调控政策、宏观经济背景等）解读房地产市场泡沫背后的机制。

本章的主要内容安排如下：本章的第一节介绍中度偏离单位根过程理论基础；第二节推导增广中度偏离单位根过程的极限理论；第三至第五节推导三个经典联合检验 Wald 检验、LM 检验和 LR 检验的渐近性质；第六节为增广中度偏离单位根过程联合检验的有限样本性质；第七节应用本章理论部分提出的新方法对我国一二线城市房地产市场泡沫做出检验和剖析；第八节是本章小结。本章的附录给出了本章所有引理和定理的详细证明过程。

第一节　中度偏离单位根过程理论基础

依照 Phillips 和 Magdalinos（2007a）的设定，中度偏离单位根过程定义为：

$$y_t = \rho_T y_{t-1} + \varepsilon_t, \quad t = 1, 2, \cdots, T \tag{2-1}$$

$$\rho_T = 1 + \frac{c}{k_T}, \quad c > 0, \quad k_T = o\,(T) \to \infty \tag{2-2}$$

我们假设模型的随机误差项和初始值服从如下的条件：

假设 2-1　（a）随机误差项 $\{\varepsilon_t\}$ 独立同分布且满足零均值同方差条件 $E\varepsilon_t = 0$ 和 $E\varepsilon_t^2 = \sigma^2 < \infty$；（b）对 $l \geqslant 4$ 有 $E|\varepsilon_t|^l < \infty$。

假设 2-2　初始值 $y_0 = o_p(\sqrt{k_T})$ 且独立于 $\{\varepsilon_t, t = 1, 2, \cdots, T\}$。

迭代式（2-1）可得：

$$y_t = \rho_T^t y_0 + \sum_{j=1}^{t} \rho_T^{t-j} \varepsilon_j \tag{2-3}$$

对初始值的限定保证了主导时间序列 $\{y_t\}$ 增长的趋势成分是"中度偏离型"随机累积趋势 $\sum_{j=1}^{t} \rho_T^{t-j} \varepsilon_j$，而由初始值所累积的趋势成分 $\rho_T^t y_0$ 对 $\{y_t\}$ 增长的影响将会渐近消失。

定义随机序列：

$$X_T := \frac{1}{\sqrt{k_T}} \sum_{t=1}^{T} \rho_T^{-(T-t)-1} \varepsilon_t \tag{2-4}$$

$$Y_T := \frac{1}{\sqrt{k_T}} \sum_{t=1}^{T} \rho_T^{-t} \varepsilon_t \tag{2-5}$$

我们理解，随机序列 $\sqrt{k_T}\,X_T$ 和 $\sqrt{k_T}\,Y_T$ 本质上是随机趋势在中度偏离情形下的广义化。当中度偏离根退化到单位根情形时，随机序列 $\sqrt{k_T}\,X_T$

和 $\sqrt{k_T}\,Y_T$ 将退化到 $\sum\limits_{t=1}^{T}\varepsilon_t$，而后者是随机游走过程中的随机趋势。在中度偏离单位根情形下，Phillips 和 Magdalinos（2007a）借助 Lindeberg 中心极限定理证明了随机序列 X_T 和 Y_T 联合收敛到两个独立的正态变量：

$$(X_T,\ Y_T)\Rightarrow(X,\ Y) \tag{2-6}$$

其中，$X,\ Y\sim i.i.d.N\ (0,\ \sigma_c^2)$，此处 σ_c^2 定义为 $\sigma_c^2:=\sigma^2/(2c)$。在此基础上，他们证明了：

$$(k_T\rho_T^T)^{-2}\sum_{t=1}^{T}y_{t-1}^2=\frac{1}{2c}Y_T^2+o_p\ (1) \tag{2-7}$$

$$(k_T\rho_T^{ii})^{-1}\sum_{t=1}^{T}y_{t-1}\varepsilon_t=X_T\,Y_T+o_p\ (1) \tag{2-8}$$

且式（2-7）和式（2-8）所给的两个随机序列 $\sum\limits_{t=1}^{T}y_{t-1}^2$ 和 $\sum\limits_{t=1}^{T}y_{t-1}\varepsilon_t$ 相互独立，这意味着 $\left((k_T\rho_T^T)^{-2}\sum\limits_{t=1}^{T}y_{t-1}^2,\ (k_T\rho_T^T)^{-1}\sum\limits_{t=1}^{T}y_{t-1}\varepsilon_t\right)\Rightarrow(Y^2/(2c),\ XY)$。因此，中度偏离单位根过程的自回归系数估计量偏误 $(\hat\rho_T-\rho_T)$ 会以 $O\ (k_T\rho_T^T)$ 的收敛速度收敛到标准柯西分布 $C\ (0,\ 1)$：

$$\frac{k_T\rho_T^T}{2c}(\hat\rho_T-\rho_T)\Rightarrow\frac{X}{Y}=^d C\ (0,\ 1) \tag{2-9}$$

式（2-9）的渐近结果并不违背 White（1958）、Anderson（1959）的理论结果。对于 White（1958）、Anderson（1959）的统计量 $\rho^T(\hat\rho-\rho)/(\rho^2-1)$，若我们将 ρ 替换为 $\rho=\rho_T=1+c/k_T$，则相应地，$\rho^2-1=\ (2c/k_T)(1+o(1))$，因而有 $\rho^t(\hat\rho-\rho)/(\rho^2-1)=(k_T\rho_T^T/(2c))\ (\hat\rho_T-\rho_T)\ (1+o(1))\Rightarrow C\ (0,\ 1)$。这一结果不但符合 White（1958）、Anderson（1959）的极限分布，同时也证明了，在中度偏离单位根的设定下，自回归系数估计量的渐近结果并不依赖于模型随机误差项的正态性假定。

然而，式（2-9）的统计量并不可行。实际中，我们并不能先验地知道参数 ρ_T 和 k_T 的真实值，因而无法计算出自回归系数估计量偏误的收敛速度，这也是中度偏离单位根过程一直没得到广泛应用的重要原因。为了能有效地对中度偏离单位根过程做出推断，本书构造了基于中度偏离根的 t 统计量。具体而言，本书选取 $\hat{\sigma}_\rho^2 = s_T^2 \left(\sum_{t=1}^{T} y_{t-1}^2 \right)^{-1}$ 作为自回归系数估计量 $\hat{\rho}_T$ 的标准误的平方，其中 $s_T^2 = (T-1)^{-1} \sum_{t=1}^{T} (y_t - \hat{\rho}_T y_{t-1})^2$，在此基础上构造如下所示的 t 统计量：

$$t_{PM} := \frac{\hat{\rho}_T - \rho_T}{\hat{\sigma}_\rho} \qquad (2\text{--}10)$$

根据式（2-7）、式（2-8）可得 t_{PM} 统计量的渐近分布：

$$t_{PM} \Rightarrow \frac{2cX/Y}{\sigma/(Y/\sqrt{2c})} = \frac{X}{\sigma_c} =^d N(0, 1) \qquad (2\text{--}11)$$

式（2-11）的渐近结果表明，基于中度偏离单位根过程的 t 统计量渐近服从标准正态分布。这一结果为中度偏离单位根过程的应用提供了重要的理论依据。一方面，我们不需要依赖于参数 ρ_T 和 k_T 的真实值，不需要知道自回归系数估计量的收敛速度。正则化的 t 统计量让中度偏离单位根过程变为可检验。另一方面，不同于标准柯西分布以及单位根检验的 Dickey-Fuller 非标准分布，式（2-11）中的渐近分布是标准的正态分布，其临界值容易获取，不需要借助蒙特卡洛仿真来模拟。

第二节　增广中度偏离单位根过程的极限理论

上一节里，式（2-1）是一个一阶自回归模型，它表明当前的随机现象 y_t 由前一时间的随机现象 y_{t-1} 和当前的随机干扰 ε_t 共同造成，其中，中度偏离单位根 ρ_T 的作用在于放大前一时间随机现象 y_{t-1} 的影响。本节考虑高阶自回归过程，即假设当前的随机现象 y_t 由前面多期的随机现象和当前的随机干扰项共同造成。我们假定该高阶自回归过程的特征多项式含有一个式（2-2）所示的中度偏离单位根：

$$y_t = \rho_T y_{t-1} + \xi_1 \widetilde{\Delta} y_{t-1} + \xi_2 \widetilde{\Delta} y_{t-2} + \cdots + \xi_p \widetilde{\Delta} y_{t-p} + \varepsilon_t \tag{2-12}$$

其中，ρ_T 满足式（2-2）的条件，随机误差项 $\{\varepsilon_t\}$ 依然满足独立同分布条件 $\varepsilon_t \sim i.i.d\ (0,\ \sigma^2)$，$\widetilde{\Delta}$ 为广义差分算子 $\widetilde{\Delta} := 1 - \rho_T L$，$L$ 为滞后算子（对任意序列 $\{s_t\}_{t=1}^{\infty}$，有 $Ls_t = s_{t-1}$）。本书将式（2-12）的模型定义为增广中度偏离单位根过程。

事实上，任意一个高阶自回归过程，若其特征多项式含有中度偏离根，则该高阶自回归过程可以写成一个增广中度偏离单位根过程。具体而言，对于 AR（p + 1）模型：

$$y_t = \varphi_1 y_{t-1} + \varphi_2 y_{t-2} + \cdots + \varphi_p y_{t-p} + \varphi_{p+1} y_{t-(p+1)} + \varepsilon_t \tag{2-13}$$

当其特征多项式包含中度偏离根 $\rho_T = 1 + c/k_T$ 时，我们有：

$$\rho_T^{p+1} - \rho_T^p \varphi_1 - \rho_T^{p-1} \varphi_2 - \cdots - \rho_T \varphi_p - \varphi_{p+1} = 0 \tag{2-14}$$

对 i = 1，2，$\cdots$，p，定义：

$$\xi_i := \varphi_i + \rho_T \varphi_{i-1} + \cdots + \rho_T^{i-1} \varphi_1 - \rho_T^i \tag{2-15}$$

根据式（2-14）和式（2-15）可以得到：

$$(1 - \rho_T L) - (\xi_1 L + \xi_2 L^2 + \cdots + \xi_p L^p)(1 - \rho_T L)$$

$$= 1 - (\xi_1 + \rho_T) L - (\xi_2 - \rho_T \xi_1) L^2 - \cdots - (\xi_p - \rho_T \xi_{p-1}) L^p - (-\rho_T \xi_p) L^{p+1}$$

$$= 1 - \varphi_1 L - \varphi_2 L^2 - \cdots - \varphi_p L^p - \varphi_{p+1} L^{p+1}$$

因而式（2-12）所示的 p 阶增广中度偏离单位根过程可等价写为式（2-13）所示的（p + 1）阶自回归过程。换言之，任意一个包含中度偏离型特征根 $\rho_T = 1 + c/k_T$ 的自回归过程均可改写为一个增广中度偏离单位根过程。

定义 $u_t := \widetilde{\Delta} y_t = (1 - \rho_T L) y_t$。增广中度偏离单位根过程式（2-12）可改写为：

$$[C(L)]^{-1} u_t = \varepsilon_t, \quad [C(L)]^{-1} = 1 - \xi_1 L - \xi_2 L^2 - \cdots - \xi_p L^p \tag{2-16}$$

一般情形下，如果没有平稳性的要求，式（2-16）中的参数向量

$(\xi_1, \xi_2, \cdots, \xi_p)'$ 没有任何限制，它们可以取遍 p 维欧式空间的任意一点。但是我们定义广义差分算子 $\widetilde{\Delta}$ 并将式（2-12）转化为式（2-16）的目的在于，我们希望式（2-16）中的算子 $[C(L)]^{-1}$ 可逆，也即算子 C（L）本身存在，从而将非平稳的随机过程 $\{y_t\}$ 转化为某类平稳过程。然而算子 $[C(L)]^{-1}$ 可逆意味着，参数向量 $(\xi_1, \xi_2, \cdots, \xi_p)'$ 需要落在平稳域内。参考 Phillips 和 Solo（1992），我们假设算子 C（L）存在且具有如下假设所示的线性表述：

假设 2-3 （a）$u_t = C(L)\varepsilon_t$，$C(L) = \sum_{j=0}^{\infty} c_j L^j$，$c_0 = 1$；（b）$C(L) \in (0, \infty)$；

（c）$\sum_{j=0}^{\infty} j \cdot |c_j| < \infty$。

假设 2-3 保证了 $\{u_t\}$ 过程的弱平稳性和可逆性，其中假设 2-3（b）的最小相位条件以及假设 2-3（c）的绝对可和条件保证了如下的鞅分解（或称 Beveridge-Nelson 分解）成立：

$$u_t = C(1)\varepsilon_t + \tilde{\varepsilon}_{t-1} - \tilde{\varepsilon}_t \tag{2-17}$$

其中，$\tilde{\varepsilon}_t = \sum_{j}^{\infty} \tilde{c}_j \varepsilon_{t-1}$，而 $\tilde{c}_j = \sum_{k=j+1}^{\infty} c_k$。显然，我们有 $\sum_{j=0}^{\infty} \tilde{c}_j^2 < \infty$，这意味着 $var(\tilde{\varepsilon}_t) < \infty$。具体推导过程可参见 Phillips 和 Solo（1992）、Phillips 和 Magdalinos（2007b）。当假设 2-3（a）中的 Wold 表述成立时，模型（2-12）实际上被改写为了一个存在自相关结构的 AR（1）过程：

$$y_t = \rho_T y_{t-1} + u_t \tag{2-18}$$

其中，随机误差项 $\{u_t\}$ 满足假设 2-3（a）~假设 2-3（c）所描述的线性弱相依性。

参考 Phillips（1987），我们定义随机误差项 $\{u_t\}$ 的长期方差为：

$$\lambda^2 := \lim_{T \to \infty} T^{-1} E\left(\sum_{t=1}^{T} u_t\right)^2 = \sigma^2 C(1)^2 \tag{2-19}$$

式（2-19）所定义的长期方差包含了随机误差项的即期方差 [定义为

$\gamma_0 := E(u_t^2)$] 和协方差 [定义为 $\gamma_j := E(u_t u_{t-j})$，其中 $j \neq 0$]。当随机误差序列存在自相关偏误时，协方差并不为 0，这意味着长期方差并不等于即期方差：

$$\lambda^2 = \lim_{T \to \infty} T^{-1} E\left(\sum_{t=1}^{T} u_t\right)^2 \neq \underset{T \to \infty}{plim} \, T^{-1} \sum_{t=1}^{T} u_t^2 = E(u_t^2)$$

而应有如下关系成立：

$$\lambda^2 = \lim_{T \to \infty} T^{-1} \sum_{t=1}^{T} E(u_t^2) + 2 \cdot \lim_{T \to \infty} T^{-1} \sum_{t=1}^{T} \sum_{j=1}^{\infty} E(u_t u_{t-j}) = \gamma_0 + 2 \sum_{j=1}^{\infty} \gamma_j$$

事实上，根据中心定理，长期方差 λ^2 刻画了随机序列 $T^{-1/2} \sum_{t=1}^{T} u_t$ 的渐近方差，即：

$$\frac{1}{\sqrt{T}} \sum_{t=1}^{T} u_t \Rightarrow N\ (0,\ \lambda^2) \tag{2-20}$$

在推导增广中度偏离单位根的样本统计量性质之前，我们先给出如下引理：

引理 2-1　在 $\rho_T = 1 + c/k_T$ 以及 $c > 0$ 和 $1/k_T + k_T/T = o\ (1)$ 成立的条件下，对任意正整数 a 和正整数 b，我们有 $\rho_T^{-aT} = o\ (k_T^b/T^b)$。进一步，若条件 $k_T \to \infty$ 和 $k_T/T \to 0$ 同时成立，则对任意正整数 a 和正整数 b，有 $\rho_T^{-aT} = o\ (1/T^b)$。

引理 2-1 表明，对于满足式（2-2）条件的中度偏离单位根 ρ_T，其幂函数 ρ_T^T 的发散速度远远快于 T/k_T，也快于 T/k_T 的任意幂函数（幂为正数）。这一引理将在后续定理的证明过程中反复使用。

定义 $\lambda_c^2 := \lambda^2/2c$。定义两个随机序列：

$$\tilde{X}_T := \frac{1}{\sqrt{k_T}} \sum_{t=1}^{T} \rho_T^{-(T-t)-1} u_t \tag{2-21}$$

$$\tilde{Y}_T := \frac{1}{\sqrt{k_T}} \sum_{t=1}^{T} \rho_T^{-t} u_t \tag{2-22}$$

当随机误差项 $\{u_t\}$ 不存在自相关偏误而退化到 $\{\varepsilon_t\}$ 时，式（2-21）

和式（2-22）定义的随机序列 $\widetilde{X}_T$ 和 $\widetilde{Y}_T$ 退化到式（2-4）和式（2-5）定义的随机序列 X_T 和 Y_T。当中度偏离根 $\rho_T = 1 + c/k_T$ 退化到单位根情形时，随机序列 $\sqrt{k_T}\,\widetilde{X}_T$ 和 $\sqrt{k_T}\,\widetilde{Y}_T$ 将退化到随机游走的累积趋势 $\sum\limits_{t=1}^{T} u_t$。

根据式（2-17）中的鞅分解以及引理 2-1，我们可以得到如下定理：

定理 2-1 在假设 2-1 和假设 2-3 成立的条件下，我们可以得到：

（a） $\widetilde{X}_T = C(1)k_T^{-1/2}\sum\limits_{t=1}^{T}\rho_T^{-(T-t)-1}\varepsilon_t + o_p(1)$；

（b） $\widetilde{Y}_T = C(1)k_T^{-1/2}\sum\limits_{t=1}^{T}\rho_T^{-t}\varepsilon_t + o_p(1)$；

（c） $(\widetilde{X}_T, \widetilde{Y}_T) \Rightarrow (\widetilde{X}, \widetilde{Y})$，其中 $\widetilde{X}$ 和 $\widetilde{Y}$ 是相互独立的正态 $N(0, \lambda_c^2)$ 变量。

定理 2-1（a）和定理 2-1（b）表明，当随机误差项存在线性弱相依结构时，随机累积趋势 $\widetilde{X}_T$ 和 $\widetilde{Y}_T$ 的渐近分布实际上是无自相关时的随机累积趋势 X_T 和 Y_T 的渐近分布在常数算子 $C(1)$ 下的重构。根据定理 2-1（a）和定理 2-1（b）以及式（2-6），随机序列 $\widetilde{X}_T$ 和 $\widetilde{Y}_T$ 的渐近分布相互独立。定理 2-1（c）表明 $\widetilde{X}_T$ 和 $\widetilde{Y}_T$ 渐近服从两个独立且同以 λ_c^2 为方差的正态分布。

进一步，我们给出如下引理：

引理 2-2 在假设 2-1 和假设 2-3 成立的条件下，我们可以得到：

（a） $(k_T\rho_T^T)^{-1}\sum\limits_{t=1}^{T}\sum\limits_{j=t}^{T}\rho_T^{t-1-j}u_ju_t = o_p(1)$；

（b） $(k_T^{3/2}\rho_T^T)^{-1}\sum\limits_{t=1}^{T}\sum\limits_{j=t}^{T}\rho_T^{t-1-j}u_j = o_p(1)$。

在引理 2-1 和引理 2-2 以及定理 2-1 的基础上，我们推导出如下定理：

定理 2-2 在假设 2-1、假设 2-2 和假设 2-3 成立的条件下，对模型（2-12），我们可以得到：

（a）$(k_T \rho_T^T)^{-2} \sum_{t=1}^{T} y_{t-1}^2 \Rightarrow \frac{1}{2c} \widetilde{Y}^2$；

（b）$(k_T^{3/2} \rho_T^T)^{-1} \sum_{t=1}^{T} y_{t-1} \Rightarrow \frac{1}{c} \widetilde{Y}$；

（c）$(k_T \rho_T^T)^{-1} \sum_{t=1}^{T} y_{t-1} u_t \Rightarrow \widetilde{X}\widetilde{Y}$；

（d）$(k_T \rho_T^T)^{-1} \sum_{t=1}^{T} y_{t-1} \widetilde{\Delta} y_{t-j} \Rightarrow \widetilde{X}\widetilde{Y}$ for $j = 1$，2，$\cdots$；

（e）$(k_T \rho_T^T)^{-1} \sum_{t=1}^{T} y_{t-1} \varepsilon_t \Rightarrow \frac{\sigma}{\lambda} \widetilde{X}\widetilde{Y}$。

定理 2-2 展示了当随机误差项存在线性弱相依时增广中度偏离单位根过程的样本统计量性质。定理 2-2（a）和定理 2-2（c）的结果是对式（2-7）和式（2-8）的扩展，同时也是对 Phillips 和 Magdalinos（2007a，2007b）的扩展。结果表明，即便存在自相关偏误，样本方差统计量 $\sum_{t=1}^{T} y_{t-1}^2$ 和样本协方差统计量 $\sum_{t=1}^{T} y_{t-1} u_t$ 依然保持 $(k_T \rho_T^T)^2$ 和 $k_T \rho_T^T$ 的收敛速度不变，而它们的渐近分布由原先的混合正态变量（$Y^2/2c$，XY）变为了经长期方差修正后的混合正态变量（$\widetilde{Y}^2/2c$，$\widetilde{X}\widetilde{Y}$），其差异来源依然在于随机误差项的累积趋势不同。定理 2-2（b）展示了中度偏离单位根过程的样本均值统计量 $\sum_{t=1}^{T} y_{t-1}$ 的收敛速度和相应的渐近分布。该样本均值统计量以 $k_T^{3/2} \rho_T^T$ 的速度收敛到正态变量 $\widetilde{Y}/c$，这一结果是对 y_t 过程本身的一种累积。根据式（2-18）的分解，这种累积本质上是对主导成分 $\sum_{j=1}^{t} \rho_T^{t-j} u_j$ 的累积。定理 2-2（d）展示了滞后一期的随机现象 y_{t-1} 与其广义差分项 $\widetilde{\Delta} y_{t-j}$ 的样本协方差统计量的大样本性质，该结果反映了中度偏离单位根过程内涵的长期动态关系。结果表明，该样本协方差的收敛速度与样本协方差 $\sum\limits_{t=1}^{T} y_{t-1} u_t$ 的收敛速度相同

（均为 $k_T \rho_T^T$），且两者的渐近分布也相同（均为混合正态变量 $\widetilde{X}\widetilde{Y}$）。事实上，定理 2-2（c）是定理 2-2（d）当 $j=0$ 的一种特殊形式，这是因为广义滞后算子 $\widetilde{\Delta}y_t$ 等于随机误差项 u_t。最后，定理 2-2（e）展示了滞后一期的随机现象 y_{t-1} 与 ε_t 的样本协方差统计量的大样本性质，该样本协方差统计量的结果与定理 2-2（c）是相平行的。与定理 2-2（c）相比，定理 2-2（e）中的样本协方差统计量以相同的收敛速度收敛到一个经长期方差修正后的混合正态分布，因而该结果也可以看作 Phillips 和 Magdalinos（2007a，2007b）结果的派生结果。

事实上，根据 Cramér–Wold 定理，定理 2-2（a）~定理 2-2（e）的渐近结果均相互独立。由定理 2-2（a）和定理 2-2（c），以及定理 2-1（c）中正态变量 $\widetilde{X}$ 和 $\widetilde{Y}$ 的相互独立性，我们可以推出：

$$\left((k_T \rho_T^T)^{-2} \sum_{t=1}^{T} y_{t-1}^2, \ (k_T \rho_T^T)^{-1} \sum_{t=1}^{T} y_{t-1} u_t \right) \Rightarrow \left(\frac{\widetilde{Y}^2}{2c}, \ \widetilde{X}\widetilde{Y} \right) \tag{2-23}$$

因此，当随机误差项存在假设 2-3 所描述的线性自相关结构时，中度偏离单位根过程的自回归系数估计量偏误（$\hat{\rho}_T - \rho_T$）会以 $O(k_T \rho_T^T)$ 的收敛速度收敛到两个独立的正态变量 $\widetilde{X}$ 和 $\widetilde{Y}$ 之比：

$$\frac{k_T \rho_T^T}{2c} (\hat{\rho}_T - \rho_T) \Rightarrow \frac{\widetilde{X}}{\widetilde{Y}} \tag{2-24}$$

其中，正态变量 $\widetilde{X}$ 和 $\widetilde{Y}$ 之比依分布等价于一个标准的柯西分布。这一结果十分有意义，它表明，不论是否存在自相关偏误，中度偏离单位根过程的自回归系数估计量都会以一个相同的收敛速度收敛到一个相同的渐近分布。因此，我们不需要在实际中对其收敛速度或渐近分布作任何修正。

第三节　增广中度偏离单位根过程的 Wald 检验

对于增广中度偏离单位根过程式（2-12），我们可以使用如下带有广义差分算子的增广项的回归式来进行检验：

$$y_t = \mu + \rho y_{t-1} + \xi_1 \widetilde{\Delta} y_{t-1} + \xi_2 \widetilde{\Delta} y_{t-2} + \cdots + \xi_p \widetilde{\Delta} y_{t-p} + \varepsilon_t \tag{2-25}$$

式（2-25）本质是一个多元线性无约束模型。当我们将 μ 限制为 0、将 ρ 限制为一个满足式（2-2）的中度偏离单位根时，式（2-25）变为一个多元线性约束模型，也即一个增广中度偏离单位根过程。本节使用 Wald 检验来检验线性约束 $\mu = 0$，$\rho = \rho_T$。这一线性约束条件也可写成如下等式（原假设）：

$$H_0: R\beta = q \tag{2-26}$$

其中，$R_{2\times(p+2)} = (I_{2\times2}, \ 0_{2\times p})$，$\beta_{(p+2)\times1} = (\mu, \ \rho, \ \xi_1, \ \xi_2, \ \cdots, \ \xi_p)'$，$q_{2\times1} = (0, \ \rho_T)'$。

Wald 检验是针对无约束模型来实施的。对于待检验的约束条件式（2-26），我们构建 Wald 统计量：

$$W := (\hat{\beta} - \beta)' \left[Var(\hat{\beta}) \right]^{-1} (\hat{\beta} - \beta) \tag{2-27}$$

其中，$\hat{\beta}$ 是无约束条件下参数向量 β 的极大似然估计，$Var(\hat{\beta})$ 是向量估计量 $\hat{\beta}$ 的方差—协方差矩阵。Wald 检验统计量可以看作是 $(\hat{\beta} - \beta)$ 中各元素通过方差—协方差逆矩阵加权以后的平方和。显然，如果原假设式（2-26）成立，那么，Wald 统计量的值会有较大的取值。

定义回归元向量 $x_t = (1, \ y_{t-1}, \ \widetilde{\Delta} y_{t-1}, \ \widetilde{\Delta} y_{t-2}, \ \cdots, \ \widetilde{\Delta} y_{t-p})'$。对无约束模型（2-25），我们给出它的对数似然函数（log-likelihood function），记为 $L(\beta, \ \sigma^2)$：

$$L(\beta, \sigma^2) = -\frac{T}{2}\log 2\pi - \frac{T}{2}\log \sigma^2 - \frac{1}{2\sigma^2}\sum_{t=1}^{T}(y_t - x_t'\beta)^2 \tag{2-28}$$

最大化对数似然函数（2-28）可求得参数向量 β 和参数 σ^2 的无约束极大似然估计量：

$$\hat{\beta} = \left(\sum_{t=1}^{T} x_t x_t'\right)^{-1}\sum_{t=1}^{T} x_t' y_t \tag{2-29}$$

$$\hat{\sigma}^2 = \frac{1}{T}\sum_{t=1}^{T}(y_t - x_t'\hat{\beta})^2 \tag{2-30}$$

因此，当原假设（2-26）成立时，式（2-27）所示的 Wald 统计量可以被写为：

$$W = (\hat{\beta} - \beta)'\left[\hat{\sigma}^2\left(\sum_{t=1}^{T} x_t x_t'\right)^{-1}\right]^{-1}(\hat{\beta} - \beta)$$

$$= \left[R(\hat{\beta} - \beta)\right]'\left\{\hat{\sigma}^2\left[R\left(\sum_{t=1}^{T} x_t x_t'\right)^{-1}R'\right]^{-1}\right\}\left[R(\hat{\beta} - \beta)\right] \tag{2-31}$$

其中，$\hat{\beta} - \beta = \left(\sum_{t=1}^{T} x_t x_t'\right)^{-1}\left(\sum_{t=1}^{T} x_t \varepsilon_t\right)$。定义尺度矩阵：

$$D_T = \begin{pmatrix} \sqrt{T} & 0 & 0 \\ 0 & k_T\rho_T^T & 0 \\ 0 & 0 & \sqrt{T}\, I_{p\times p} \end{pmatrix} \tag{2-32}$$

定义两个由尺度矩阵重构的随机序列：

$$A_T := D_T^{-1}\left(\sum_{t=1}^{T} x_t x_t'\right)D_T^{-1} \tag{2-33}$$

$$B_T := D_T^{-1}\left(\sum_{t=1}^{T} x_t \varepsilon_t\right) \tag{2-34}$$

式（2-31）所示的 Wald 统计量可被进一步写为：

$$W = \hat{\sigma}^{-2}(RA_T^{-1}B_T)'(RA_T^{-1}R')^{-1}(RA_T^{-1}B_T) \tag{2-35}$$

为推导 Wald 统计量的渐近分布，我们首先来看随机序列 A_T 和 B_T 的大样本性质。我们注意到：

$$\sum_{t=1}^{T} x_t x_t' = \begin{pmatrix} T & \sum_{t=1}^{T} y_{t-1} & \cdots & \sum_{t=1}^{T} \widetilde{\Delta} y_{t-p} \\ \sum_{t=1}^{T} y_{t-1} & \sum_{t=1}^{T} y_{t-1}^2 & \cdots & \sum_{t=1}^{T} (y_{t-1} \cdot \widetilde{\Delta} y_{t-p}) \\ \sum_{t=1}^{T} \widetilde{\Delta} y_{t-1} & \sum_{t=1}^{T} (y_{t-1} \cdot \widetilde{\Delta} y_{t-1}) & \cdots & \sum_{t=1}^{T} (\widetilde{\Delta} y_{t-1} \cdot \widetilde{\Delta} y_{t-p}) \\ \vdots & \vdots & \cdots & \vdots \\ \sum_{t=1}^{T} \widetilde{\Delta} y_{t-p} & \sum_{t=1}^{T} (y_{t-1} \cdot \widetilde{\Delta} y_{t-p}) & \cdots & \sum_{t=1}^{T} (\widetilde{\Delta} y_{t-p})^2 \end{pmatrix}$$

$$= \begin{pmatrix} T & \sum_{t=1}^{T} y_{t-1} & \cdots & \sum_{t=1}^{T} u_{t-p} \\ \sum_{t=1}^{T} y_{t-1} & \sum_{t=1}^{T} y_{t-1}^2 & \cdots & \sum_{t=1}^{T} y_{t-1} u_{t-p} \\ \sum_{t=1}^{T} u_{t-1} & \sum_{t=1}^{T} y_{t-1} u_{t-1} & \cdots & \sum_{t=1}^{T} u_{t-1} u_{t-p} \\ \vdots & \vdots & \cdots & \vdots \\ \sum_{t=1}^{T} u_{t-p} & \sum_{t=1}^{T} y_{t-1} u_{t-p} & \cdots & \sum_{t=1}^{T} u_{t-p}^2 \end{pmatrix} \qquad (2-36)$$

以及

$$\sum_{t=1}^{T} x_t \varepsilon_t = \begin{pmatrix} \sum_{t=1}^{T} \varepsilon_t \\ \sum_{t=1}^{T} y_{t-1} \varepsilon_t \\ \sum_{t=1}^{T} (\varepsilon_t \cdot \widetilde{\Delta} y_{t-1}) \\ \vdots \\ \sum_{t=1}^{T} (\varepsilon_t \cdot \widetilde{\Delta} y_{t-p}) \end{pmatrix} = \begin{pmatrix} \sum_{t=1}^{T} \varepsilon_t \\ \sum_{t=1}^{T} y_{t-1} \varepsilon_t \\ \sum_{t=1}^{t} u_{t-1} \varepsilon_t \\ \vdots \\ \sum_{t=1}^{T} u_{t-p} \varepsilon_t \end{pmatrix} \qquad (2-37)$$

定理 2-2（a）~（e）已经给出了样本统计量 $\sum\limits_{t=1}^{T} y_{t-1}$、$\sum\limits_{t=1}^{T} y_{t-1}^2$、$\sum\limits_{t=1}^{T} y_{t-1} u_{t-j}$ 和 $\sum\limits_{t=1}^{T} y_{t-1}\varepsilon_t$ 的渐近性质。同时，根据大数定律和中心极限定理可以得到，对于 i，j = 0，1，2，…，p，我们可以得到：

$$\frac{1}{T} \sum_{t=1}^{T} u_{t-j} \Rightarrow E(u_{t-j}) = 0 \tag{2-38}$$

$$\frac{1}{T} \sum_{t=1}^{T} u_{t-i} u_{t-j} \Rightarrow \gamma_{|i-j|} \tag{2-39}$$

$$\frac{1}{\sqrt{T}} \sum_{t=1}^{T} \varepsilon_t \Rightarrow N(0, \sigma^2) \tag{2-40}$$

$$\begin{pmatrix} \sum\limits_{t=1}^{T} u_{t-1} \varepsilon_t \\ \sum\limits_{t=1}^{T} u_{t-2} \varepsilon_t \\ \vdots \\ \sum\limits_{t=1}^{T} u_{t-p} \varepsilon_t \end{pmatrix} = \begin{pmatrix} \sum\limits_{t=1}^{T} u_{t-1} (u_t - \xi_1 u_{t-1} - \cdots - \xi_p u_{t-p}) \\ \sum\limits_{t=1}^{T} u_{t-2} (u_t - \xi_1 u_{t-1} - \cdots - \xi_p u_{t-p}) \\ \vdots \\ \sum\limits_{t=1}^{T} u_{t-p} (u_t - \xi_1 u_{t-1} - \cdots - \xi_p u_{t-p}) \end{pmatrix} \Rightarrow \begin{pmatrix} \gamma_t - \xi_1 \gamma_0 - \cdots - \xi_p \gamma_{p-1} \\ \gamma_2 - \xi_1 \gamma_1 - \cdots - \xi_p \gamma_{p-2} \\ \vdots \\ \gamma_p - \xi_1 \gamma_{p-1} - \cdots - \xi_p \gamma_0 \end{pmatrix} := H$$

$$\tag{2-41}$$

结合式（2-32）至式（2-41）可以得到：

$$A_T \Rightarrow \begin{pmatrix} Q & 0 \\ 0 & \Lambda \end{pmatrix} \tag{2-42}$$

$$B_T \Rightarrow \left(Z, \ \frac{\sigma}{\lambda} \widetilde{X}\widetilde{Y}, \ H' \right)' \tag{2-43}$$

其中：

$$Q = \begin{pmatrix} 1 & 0 \\ 0 & \dfrac{\widetilde{Y}^2}{2c} \end{pmatrix}, \quad \Lambda = \begin{pmatrix} \gamma_0 & \gamma_1 & \cdots & \gamma_{p-1} \\ \gamma_1 & \gamma_0 & \cdots & \gamma_{p-2} \\ \vdots & \vdots & \cdots & \vdots \\ \gamma_{p-1} & \gamma_{p-2} & \cdots & \gamma_0 \end{pmatrix}, \quad Z \sim N(0, \sigma^2)$$

矩阵 Q 是一个对角阵。它的非主对角线元素为 0，意味着经由尺度矩

阵 D_T 重构之后的 $\sum_{t=1}^{T} y_{t-1}$ 项具有渐近消失的效应。这使得矩阵 A_T 的逆等于

以矩阵 A_T 各个主对角线的逆为主对角线元素的对角阵。同时，Wang 和

Yu（2015）对三个正态变量（Z，$\tilde{X}$，$\tilde{Y}$）之间的独立性给出了证明。因

此，自回归系数 ρ_T 的 OLS 估计量以 $O（k_T \rho_T^T）$ 的速度收敛到标准柯西分

布，这与式（2-24）的结果是相一致的。

将式（2-42）至式（2-43）的渐近结果代入式（2-35）的 Wald 统计

量，我们可以推出 Wald 统计量渐近收敛到如下变量：

$$W \Rightarrow \frac{Z^2}{\sigma^2} + \frac{\tilde{X}^2}{\lambda^2 / (2c)} \qquad (2\text{-}44)$$

如前所述，Z 是一个正态 $N（0，\sigma^2）$ 变量，$\tilde{X}$ 是一个正态 $N（0，\lambda^2 /$

$(2c)）$ 变量，并且变量 Z 和 $\tilde{X}$ 相互独立。因此，针对增广中度偏离单位根

过程的 Wald 统计量渐近收敛到自由度为 2 的卡方分布。

式（2-44）的结果与单位根情形下 Wald 统计量的渐近分布明显不同。

在单位根原假设下，Wald 统计量的极限分布是维纳过程的泛函（张凌翔、

张晓峒，2009）。具体而言，若此时原假设变为二元线性约束 $\mu = 0$，$\rho = 1$，

那么，基于回归式（2-25）构造的 Wald 统计量渐近收敛到如下变量：

$$\begin{pmatrix} W(1) \\ \frac{1}{2}\{[W(1)]^2 - 1\} \end{pmatrix}' \begin{pmatrix} 1 & \int_0^1 W(r)dr \\ \int_0^1 W(r)dr & \int_0^1 [W(r)]^2 dr \end{pmatrix}^{-1} \begin{pmatrix} W(1) \\ \frac{1}{2}\{[W(1)]^2 - 1\} \end{pmatrix}$$

$$(2\text{-}45)$$

如式（2-45）所示的变量服从一个非标准分布，其分布形态呈现右移

和低峰后尾的特征。然而在中度偏离单位根的框架下，Wald 统计量回复

到了一个标准的卡方分布，因而在实际分析中更能体现出便利性和实用性。

第四节 增广中度偏离单位根过程的 LM 检验

由前所述，当无约束模型的估计较为容易时，采用 Wald 检验较方便。然而，当无约束模型的估计难以实现时，LM 检验更为适合。当约束条件式（2-26）成立时，我们定义拉格朗日函数（Lagrangean Function）为：

$$\widetilde{L}(\beta,\ \sigma^2,\ l) = -\frac{T}{2}\log 2\pi - \frac{T}{2}\log \sigma^2 - \frac{1}{2\sigma^2}\sum_{t=1}^{T}(y_t - x_t'\beta)^2 + l'(R\beta - q)$$

(2-46)

其中，l 为拉格朗日乘子（Lagrangean Multiplier）。对参数向量 β 和参数 σ^2 的估计思想即为，约束条件式（2-26）下拉格朗日函数 $\widetilde{L}(\beta,\ \sigma^2,\ l)$ 最大。记参数向量 β、参数 σ^2 和参数向量 l 的约束极大似然估计量分别为 $\widetilde{\beta}$、$\widetilde{\sigma}^2$ 和 $\widetilde{l}$。根据一阶条件，我们可以推导得出：

$$\widetilde{\beta} = \hat{\beta} - \left(\sum_{t=1}^{T}x_t x_t'\right)^{-1}R'\left[R\left(\sum_{t=1}^{T}x_t x_t'\right)^{-1}R'\right]^{-1}(R\hat{\beta} - q)$$

(2-47)

$$\widetilde{\sigma}^2 = \frac{1}{T}\sum_{t=1}^{T}(y_t - x_t'\widetilde{\beta})^2$$

(2-48)

$$\widetilde{l} = -\frac{1}{\widetilde{\sigma}^2}\left[R\left(\sum_{t=1}^{T}x_t x_t'\right)^{-1}R'\right]^{-1}(R\hat{\beta} - q)$$

(2-49)

式（2-47）表明了约束极大似然估计量 $\widetilde{\beta}$ 和无约束极大似然估计量 $\hat{\beta}$ 之间的关系。由于约束条件的存在，约束极大似然估计量是无约束极大似然估计量加上一个调整项。当无约束极大似然估计量被正确识别，也即 $R\hat{\beta} - q = 0$ 时，这一调整项退化为 0，约束极大似然估计量和无约束极大似然估计量相等。事实上，我们后面可以证明，当样本量趋于无穷时，约束极大似然估计量和无约束极大似然估计量之间的调整项会渐近趋于零。式

（2-48）给出了参数 σ^2 的约束极大似然估计量，该估计量基于约束极大似然估计量 $\tilde{\beta}$ 而求得。

构造 LM 统计量的通用做法是计算当拉格朗日乘子向量 $\tilde{l}$ 等于零向量时的 Wald 统计量（Greene，2003）。因此，我们定义如式（2-50）所示的 LM 统计量：

$$LM := \tilde{l}'\big[\,\mathrm{var}(\tilde{l})\,\big]^{-1}\,\tilde{l} \qquad (2-50)$$

其中，$\mathrm{var}(\tilde{l})$ 是参数向量估计量 $\tilde{l}$ 的方差—协方差矩阵。则有：

$$(R\hat{\beta} - q) \sim N\left(0,\ \tilde{\sigma}^2\, R\left(\sum_{t=1}^{T} x_t x_t'\right)^{-1} R'\right) \qquad (2-51)$$

将式（2-51）代入式（2-49）可得：

$$\tilde{l} \sim N\left(0,\ \tilde{\sigma}^{-2}\left[R\left(\sum_{t=1}^{T} x_t x_t'\right)^{-1} R'\right]^{-1}\right) \qquad (2-52)$$

结合式（2-50）至式（2-52）可得：

$$LM = \tilde{l}'\left\{\left[\tilde{\sigma}^{-2} R\left(\sum_{t=1}^{T} x_t x_t'\right)^{-1} R'\right]^{-1}\right\}^{-1} \tilde{l}$$

$$= (R\hat{\beta} - q)'\left\{\tilde{\sigma}^2\left[R\left(\sum_{t=1}^{T} x_t x_t'\right)^{-1} R'\right]\right\}^{-1}(R\hat{\beta} - q) \qquad (2-53)$$

根据式（2-33）和式（2-34）的定义，式（2-53）所示的 LM 统计量可被进一步写为：

$$LM = \tilde{\sigma}^{-2}(RA_T^{-1} B_T)'(RA_T^{-1} R')^{-1}(RA_T^{-1} B_T) \qquad (2-54)$$

式（2-54）的 LM 统计量和式（2-35）的 Wald 统计量的区别在于对误差项方差 σ^2 的估计。LM 统计量和 Wald 统计量分别是基于约束模型和非约束模型的估计而构建的。由于非约束模型使用的真实信息更少，其残差平方和不大于约束模型的残差平方和，这意味着误差项方差的约束极大似然估计量 $\tilde{\sigma}^2$ 往往不小于无约束极大似然估计 $\hat{\sigma}^2$。根据式（2-35）和式（2-54）的构造可知，通常 LM 统计量不大于 Wald 统计量。当样本量趋于无穷时，在约束条件下极大似然估计量 $\tilde{\sigma}^2$ 是误差项方差 σ^2 的一致估计量。

因此，LM 统计量与 Wald 统计量具有相同的渐近分布：

$$\text{LM} \Rightarrow \frac{Z^2}{\sigma^2} + \frac{\widetilde{X}^2}{\lambda^2/(2c)} =^d \chi^2(2) \tag{2-55}$$

式（2-55）表明，针对增广中度偏离单位根过程的 LM 统计量渐近收敛到自由度为 2 的卡方分布。该式的结果与单位根情形下 LM 统计量的渐近分布明显不同。在单位根原假设下，LM 统计量的极限分布是维纳过程的泛函，并且与式（2-45）中 Wald 统计量的极限分布相同（张凌翔、张晓峒，2010）。这并不奇怪，因为 Wald 统计量和 LM 统计量在大样本情形下通常是依分布相等的。

第五节　增广中度偏离单位根过程的 LR 检验

当无约束模型和约束模型都容易估计时，我们还可以使用 LR 检验。具体而言，LR 统计量等于对数似然函数的无约束极大值和有约束极大值之差的两倍：

$$\text{LR} := 2\left[L(\hat{\beta}, \hat{\sigma}^2) - \widetilde{L}(\widetilde{\beta}, \widetilde{\sigma}^2, \widetilde{1})\right] \tag{2-56}$$

其中，$L(\hat{\beta}, \hat{\sigma}^2)$ 是用无约束参数估计量 $\hat{\beta}$ 和 $\hat{\sigma}^2$ 替代真实参数 β 和 σ^2 后的无约束对数似然函数值，$\widetilde{L}(\widetilde{\beta}, \widetilde{\sigma}^2, \widetilde{1})$ 是用约束参数估计量 $\widetilde{\beta}$、$\widetilde{\sigma}^2$ 和 $\widetilde{1}$ 替代真实参数 β、σ^2 和 1 后的约束对数似然函数值。

结合式（2-28）至式（2-30）以及式（2-46）至式（2-49），我们可推出：

$$\text{LR} = 2\left(-\frac{T}{2}\log\hat{\sigma}^2 + \frac{T}{2}\log\widetilde{\sigma}^2\right) = T\log\left(1 + \frac{\widetilde{\sigma}^2 - \hat{\sigma}^2}{\hat{\sigma}^2}\right) \tag{2-57}$$

注意到：

$$\widetilde{\sigma}^2 - \hat{\sigma}^2 = \frac{1}{T}\sum_{t=1}^{T}(y_t - x_t'\widetilde{\beta})^2 - \frac{1}{T}\sum_{t=1}^{T}(y_t - x_t'\hat{\beta})^2 \tag{2-58}$$

而 $\hat{\beta}$ 是无约束条件下的极大似然估计量，这意味着 $y_t = x_t'\hat{\beta}$。因此，我们有：

$$\tilde{\sigma}^2 - \hat{\sigma}^2 = \frac{1}{T}\sum_{t=1}^{T}(x_t'\hat{\beta} - x_t'\tilde{\beta})^2 = \frac{1}{T}(\hat{\beta} - \tilde{\beta})'\sum_{t=1}^{T}x_t x_t'(\hat{\beta} - \tilde{\beta})$$

$$= \frac{1}{T}(R\hat{\beta} - q)'\left[R\left(\sum_{t=1}^{T}x_t x_t'\right)^{-1}R'\right](R\hat{\beta} - q)$$

$$= \frac{1}{T}(RA_T^{-1}B_T)'(RA_T^{-1}R')^{-1}(RA_T^{-1}B_T) \tag{2-59}$$

当样本量 $T \to \infty$ 时，根据式（2-42）和式（2-43）可以推出 $\tilde{\sigma}^2 - \hat{\sigma}^2 = O_p(1/T)$。将这一结果代入式（2-57）可得：

$$LR = \frac{T(\tilde{\sigma}^2 - \hat{\sigma}^2)}{\hat{\sigma}^2} + o_p(1) = \hat{\sigma}^{-2}(RA_T^{-1}B_T)'(RA_T^{-1}R')^{-1}(RA_T^{-1}B_T) + o_p(1)$$

$$\tag{2-60}$$

因此，LR 统计量与 Wald 统计量具有相同的渐近分布，与 LM 统计量的渐近分布也相同：

$$LR \Rightarrow \frac{Z^2}{\sigma^2} + \frac{\tilde{X}^2}{\lambda^2/(2c)} =^d \chi^2(2) \tag{2-61}$$

Wald 统计量、LM 统计量和 LR 统计量均依分布收敛到自由度为 2 的卡方分布。在有限样本情形下，这三个检验统计量的区别在于极大似然估计量上，也即使用的极大似然估计量是基于约束模型还是无约束模型获得。事实上，我们可以将 Wald 统计量、LM 统计量和 LR 统计量写成如下形式：

$$W = \frac{T(\tilde{\sigma}^2 - \hat{\sigma}^2)}{\hat{\sigma}^2}, \quad LM = \frac{T(\tilde{\sigma}^2 - \hat{\sigma}^2)}{\tilde{\sigma}^2}, \quad LR = T\log\left(1 + \frac{(\tilde{\sigma}^2 - \hat{\sigma}^2)}{\hat{\sigma}^2}\right)$$

在大样本情形下，估计量 $\hat{\sigma}^2$ 和 $\tilde{\sigma}^2$ 均为误差项方差 σ^2 的一致估计量，因此 Wald 统计量、LM 统计量和 LR 统计量渐近相等；而在有限样本情形下，根据不等式 $x/(1+x) \leq \log(1+x) \leq x$（当条件 $x > -1$ 成立时该不等式成立），我们有：

$$LM \leq LR \leq W \tag{2-62}$$

在样本容量相同的情况下，LM 统计量的值最小，LR 统计量的值次之，Wald 统计量的值最大。究其原因，是因为 LM 统计量依据约束模型而构建，更多的真实信息在模型估计中表现为残差平方和更小。

式（2-44）、式（2-55）和式（2-61）还表明，Wald 统计量、LM 统计量和 LR 统计量的渐近分布并不依赖于长期方差 λ^2。这意味着我们不需要事先知道或者估计长期方差，避免因估计长期方差而带来的不确定性。因此，我们所提出的三种检验方法对存在线性弱相依或条件异方差等广泛形式的新息具有稳健性。

第六节　增广中度偏离单位根过程联合检验的有限样本性质

在这一节中，我们通过蒙特卡洛模拟的方法来评估 Wald 检验、LM 检验和 LR 检验三个联合检验的有限样本性质。在实验[①] 中，我们设定数据生成过程为：

$$y_t = \rho y_{t-1} + u_t, \quad t = 1, \ 2, \ \cdots, \ T \tag{2-63}$$

其中，$\rho = 1 + 1/\sqrt{T}$，而初始值 $y_0 = 0$。为展示数据生成过程（2-63）中随机误差项 $\{u_t\}$ 潜在的自相关性，我们设计两组实验：AR（Autoregressive）组实验和 MA（Moving Average）组实验。在 AR 组实验中，随机误差项服从一个 AR(1) 过程：$u_t = \theta u_{t-1} + \sqrt{1-\theta^2}\,\varepsilon_t$，其中，$\varepsilon_t \sim$ i.i.d.N（0，1）。在 MA 组实验中，随机误差项服从一个 MA(1) 过程：$u_t = \theta \varepsilon_{t-1} + \sqrt{1-\theta^2}\,\varepsilon_t$，同样有 $\varepsilon_t \sim$ i.i.d.N（0，1）。上述构造保证了随机误差项具有单位方差。

我们测试三个联合检验 Wald 检验、LM 检验和 LR 检验的有限样本检

---

① 本书的蒙特卡洛仿真实验均由 R-3.5.1 软件实现。

验尺度（test size）和检验功效（test power）。所谓检验尺度，是指当原假设成立时，拒绝原假设的概率。所谓检验功效，是指当备择假设成立时，拒绝原假设的概率。Wald 检验是基于无约束模型构造而得，LM 检验是基于约束模型构造而得，而 LR 检验的构造同时用到了无约束极大似然估计量和约束极大似然估计量。检验回归式使用式（2-25）。由式（2-44）、式（2-55）和式（2-61）可知，Wald 检验、LM 检验和 LR 检验均为渐近卡方检验。因此，检验所使用的临界值均为自由度为 2 的卡方分布在 5% 显著性水平下的标准临界值。计算检验尺度时，真实数据过程基于原假设 H_0：$\mu = 0$，$\rho = 1 + 1/\sqrt{T}$ 而生成。计算检验功效时，真实数据过程基于备择假设 H_1：$\mu = 0$，$\rho = 1 + 1/T$ 而生成。实验中我们测试五组样本量参数 $T \in \{100, 200, 300, 400, 500\}$ 和四组自相关参数 $\theta \in \{0.00, 0.25, 0.50, 0.75\}$。所有蒙特卡洛模拟的实验次数为 $N = 5000$ 次。表 2-1 和表 2-2 分别给出了 AR 组实验和 MA 组实验中 Wald 检验、LM 检验和 LR 检验的有限样本检验尺度和检验功效计算结果。

表 2-1　Wald 检验、LM 检验和 LR 检验的检验尺度和检验功效：AR 组实验

样本量	自相关参数	检验尺度 （H_0：$\mu = 0$，$\rho = 1 + 1/\sqrt{T}$）			检验功效 （H_1：$\mu = 0$，$\rho = 1 + 1/T$）		
		Wald	LM	LR	Wald	LM	LR
$T = 100$	$\theta = 0.00$	0.081	0.070	0.076	1.000	1.000	1.000
	$\theta = 0.25$	0.097	0.084	0.090	1.000	1.000	1.000
	$\theta = 0.50$	0.090	0.079	0.083	1.000	1.000	1.000
	$\theta = 0.75$	0.110	0.095	0.103	1.000	1.000	1.000
$T = 200$	$\theta = 0.00$	0.065	0.059	0.062	1.000	1.000	1.000
	$\theta = 0.25$	0.071	0.065	0.069	1.000	1.000	1.000
	$\theta = 0.50$	0.071	0.066	0.069	1.000	1.000	1.000
	$\theta = 0.75$	0.080	0.075	0.078	1.000	1.000	1.000
$T = 300$	$\theta = 0.00$	0.061	0.058	0.060	1.000	1.000	1.000
	$\theta = 0.25$	0.063	0.059	0.062	1.000	1.000	1.000
	$\theta = 0.50$	0.064	0.060	0.062	1.000	1.000	1.000
	$\theta = 0.75$	0.067	0.062	0.064	1.000	1.000	1.000

续表

样本量	自相关参数	检验尺度 (H_0: $\mu=0$, $\rho=1+1/\sqrt{T}$)			检验功效 (H_1: $\mu=0$, $\rho=1+1/T$)		
		Wald	LM	LR	Wald	LM	LR
T=400	$\theta=0.00$	0.055	0.052	0.054	1.000	1.000	1.000
	$\theta=0.25$	0.055	0.054	0.054	1.000	1.000	1.000
	$\theta=0.50$	0.057	0.055	0.055	1.000	1.000	1.000
	$\theta=0.75$	0.062	0.060	0.061	1.000	1.000	1.000
T=500	$\theta=0.00$	0.062	0.061	0.062	1.000	1.000	1.000
	$\theta=0.25$	0.062	0.060	0.061	1.000	1.000	1.000
	$\theta=0.50$	0.065	0.064	0.064	1.000	1.000	1.000
	$\theta=0.75$	0.069	0.067	0.068	1.000	1.000	1.000

注：此表报告了 5%显著性水平下，AR 组实验中 Wald 检验、LM 检验和 LR 检验的有限样本检验尺度和检验功效。实验中，随机误差项 $u_t=\theta u_{t-1}+\sqrt{1-\theta^2}\,\varepsilon_t$，其中 $\varepsilon_t \sim i.i.d.N$（0，1）。仿真实验是在不同参数组合下针对联合原假设 H_0: $\mu=0$, $\rho=1+1/\sqrt{T}$ 和备择假设 H_1: $\mu=0$, $\rho=1+1/T$ 来实施的。模拟的次数均为 5000 次。

表 2-2　Wald 检验、LM 检验和 LR 检验的检验尺度和检验功效：MA 组实验

样本量	自相关参数	检验尺度 (H_0: $\mu=0$, $\rho=1+1/\sqrt{T}$)			检验功效 (H_1: $\mu=0$, $\rho=1+1/T$)		
		Wald	LM	LR	Wald	LM	LR
T=100	$\theta=0.00$	0.081	0.069	0.075	1.000	1.000	1.000
	$\theta=0.25$	0.089	0.080	0.085	1.000	1.000	1.000
	$\theta=0.50$	0.096	0.084	0.091	1.000	1.000	1.000
	$\theta=0.75$	0.113	0.097	0.105	1.000	1.000	1.000
T=200	$\theta=0.00$	0.065	0.059	0.062	1.000	1.000	1.000
	$\theta=0.25$	0.066	0.062	0.064	1.000	1.000	1.000
	$\theta=0.50$	0.075	0.069	0.073	1.000	1.000	1.000
	$\theta=0.75$	0.086	0.080	0.084	1.000	1.000	1.000
T=300	$\theta=0.00$	0.061	0.058	0.060	1.000	1.000	1.000
	$\theta=0.25$	0.061	0.057	0.059	1.000	1.000	1.000
	$\theta=0.50$	0.065	0.060	0.063	1.000	1.000	1.000
	$\theta=0.75$	0.075	0.072	0.073	1.000	1.000	1.000

续表

样本量	自相关参数	检验尺度 (H_0: $\mu=0$, $\rho=1+1/\sqrt{T}$)			检验功效 (H_1: $\mu=0$, $\rho=1+1/T$)		
		Wald	LM	LR	Wald	LM	LR
T=400	$\theta=0.00$	0.055	0.052	0.054	1.000	1.000	1.000
	$\theta=0.25$	0.055	0.052	0.054	1.000	1.000	1.000
	$\theta=0.50$	0.058	0.055	0.056	1.000	1.000	1.000
	$\theta=0.75$	0.074	0.070	0.072	1.000	1.000	1.000
T=500	$\theta=0.00$	0.062	0.061	0.062	1.000	1.000	1.000
	$\theta=0.25$	0.061	0.059	0.060	1.000	1.000	1.000
	$\theta=0.50$	0.063	0.061	0.062	1.000	1.000	1.000
	$\theta=0.75$	0.080	0.078	0.079	1.000	1.000	1.000

注：此表报告了 5%显著性水平下，MA 组实验中 Wald 检验、LM 检验和 LR 检验的有限样本检验尺度和检验功效。实验中，随机误差项 $u_t=\theta\varepsilon_{t-1}+\sqrt{1-\theta^2}\,\varepsilon_t$，其中 $\varepsilon_t\sim i.i.d.N$（0，1）。仿真实验是在不同参数组合下针对联合原假设 H_0：$\mu=0$，$\rho=1+1/\sqrt{T}$ 和备择假设 H_1：$\mu=0$，$\rho=1+1/T$ 来实施的。模拟的次数均为 5000 次。

由表 2–1 和表 2–2 的结果可以得出如下几点结论：

第一，在 AR 组实验和 MA 组实验中，Wald 检验、LM 检验和 LR 检验都表现出精确的有限样本性质，而且随着样本量增大，三个联合检验的检验尺度越来越靠近名义检验尺度 5%。例如，当样本量 T = 100 而自相关参数 $\theta=0.00$ 时，Wald 检验、LM 检验和 LR 检验在 AR 组实验中的有限样本检验尺度分别为 8.1%、7.0%和 7.6%，在 MA 组实验中的有限样本检验尺度分别为 8.1%、6.9%和 7.5%。随着样本量增加到 T = 400，相同自相关参数情形下，Wald 检验、LM 检验和 LR 检验在 AR 组实验中的有限样本检验尺度变为 5.5%、5.2%和 5.4%，在 MA 组实验中的有限样本检验尺度也变为 5.5%、5.2%和 5.4%。其他自相关参数情形下，三大联合检验的有限样本检验尺度也都在 5%附近变动。从这个角度来说，自由度为 2 的卡方分布对 Wald 检验、LM 检验和 LR 检验三大联合检验分布的逼近显得非常精确。

第二，Wald 检验、LM 检验和 LR 检验的有限样本检验尺度对自相关

参数 θ 具有较强的稳健性。以样本量 T = 400 和 AR 组实验为例（其他组合下的结果也都有相似的表现），实验中，随着自相关参数 θ 从 0.0 依次上升到 0.75，Wald 检验的检验精度的确存在一定的下降，但下降的程度很小。具体而言，Wald 检验的检验尺度从 5.5%（θ = 0.00）、5.5%（θ = 0.25）、5.7%（θ = 0.50）上升到 6.2%（θ = 0.75）。LM 检验和 LR 检验的有限样本检验尺度结果也经历了相似的变化。检验尺度精度下降的原因在于，自相关参数增大在理论上会导致检验模型中广义滞后项期数的增多，继而给联合检验的有限样本精度带来一些损失。但这些精度损失渐近上是可忽略的。式（2-44）、式（2-55）和式（2-61）从理论上证明了 Wald 统计量、LM 统计量和 LR 统计量的渐近分布不依赖于误差项中的自相关（即不依赖于误差项的长期方差）。我们的蒙特卡洛仿真实验结果完全符合前述理论：不论自相关的程度如何，Wald 检验、LM 检验和 LR 检验依然有很好的检验尺度控制。

第三，在三大联合检验中，LM 检验的有限样本检验尺度最精确，而 Wald 检验的有限样本检验尺度最不精确。举例而言，在 T = 200，θ = 0.25 的情形下，LM 检验在 AR 组实验中的检验尺度为 6.5%，小于 LR 检验的检验尺度 6.9%，更小于 Wald 检验的检验尺度 7.1%。在 MA 组实验中，Wald 检验、LM 检验和 LR 检验的检验尺度分别为 6.6%、6.2% 和 6.4%。很明显，上述情形下，LM 检验的有限样本检验尺度最接近 5%，而 Wald 检验的有限样本检验尺度则相反。出现上述情形的原因是，LM 检验是基于约束模型而构造，因此使用了更多的真实信息；而 Wald 检验是完全基于无约束模型而构造，故相比 LM 检验和 LR 检验而言，其检验尺度的扭曲最大。但是需要说明的是，三大检验的有限样本检验尺度差异依然是微小的。

第四，Wald 检验、LM 检验和 LR 检验三个检验的有限样本检验功效均表现非常好。从表中结果来看，不论误差项自相关程度的强度如何，三个联合检验在 AR 组实验和 MA 组实验中的检验功效结果均达到 100%。这一结果为三大检验的功效性质提供了强有力的数值支撑。

综上所述，从 Wald 统计量、LM 统计量和 LR 统计量出发所构造的渐近卡方检验在对中度偏离单位根过程的识别上有着非常令人满意的有限样本性质。

第七节　我国一二线城市房地产市场的中度泡沫特征研究

近十多年来，特别是 2008 年金融危机后，我国一二线城市住房市场得到了快速发展，居民居住水平显著提高，与此同时，房地产市场价格也表现出增长失控的态势，房价收入比失衡严重，房地产市场价格泡沫已成为社会各界广泛关注的焦点问题。一方面，中低收入群体面临无力购房、居无定所的困境，这严重影响了社会稳定。另一方面，房价快速上涨无疑对实体经济产生了显著的挤出效应（孟庆斌、荣晨，2017）。2010 年 4 月 17 日，国务院为了坚决遏制"国十条"发布[1]以来部分城市房价的过快上涨，发布了《国务院关于坚决遏制部分城市房价过快上涨的通知》（以下简称"新国十条"）。随后，国务院又相继发布了《关于进一步做好房地产市场调控工作有关问题的通知》（以下简称"新国八条"）以及国务院常务会议确定的五项加强房地产市场调控的政策措施（以下简称"新国五条"）等一系列调控措施。为进一步搞好房地产市场引导和调控，2016 年中央经济工作会议明确提出"房子是用来住的，不是用来炒的"的方针和定位，严格限制信贷流向投资投机性购房，试图综合运用金融、土地、立法等手段，抑制我国房地产市场泡沫。然而，尽管我国政府相关部门纷纷采取了调控房地产价格的各项政策，但房地产价格上涨态势依然强劲，

---

[1] 2008 年在全球金融危机的影响下，国务院出台了扩大内需等十项措施增加千亿元投资，简称房地产行业"国十条"。

2009~2012 年房地产价格年均涨幅依然达到了 11%。因此，准确识别和测算房地产市场泡沫对进一步建立健全政策调控机制、促进我国房地产市场健康有效发展等都具有显著的现实意义。

学术界常将包括房地产价格在内的资产价格泡沫定义为资产价格与其内在价值相背离的投机表现。资产价格泡沫的前期常常表现为价格经历突然的快速上涨（Shiller，2008）。Muellbauer 和 Murphy（1997）、Wong（2001）认为，这一上涨过程是由市场参与者过度乐观的预期而刺激形成的，并不是由经济基本面所支撑。因此，泡沫对经济基本面的背离并非一种常态。价格在快速上涨过后，往往伴随着陡峭下落。当资产价格大大超过由资产所有权产生的现金流预期折现值所确定的基本价值时，通常就会出现泡沫现象。泡沫现象的一个重要特征是，在上涨和下跌期间，资产都受到大量交易的影响，其变化方向被广泛预期。弱有效市场条件下，资产价格接近于鞅行为。然而在泡沫时期，其所表现出的非理性价格与鞅行为的偏差事实上意味着一种偏离于单位根时间序列的动态行为。目前，国内外文献针对房地产价格偏离于单位根时间序列的研究相对较少，大多数研究成果主要集中于对房地产价格的解读，如 Demary（2010）、Plazzi 等（2010）、况伟大（2010a，2010b）、陈国进和刘金娥（2011）、李梦玄和曹阳（2013）、陆铭等（2014）。

在泡沫检验与识别方面，现有文献通常有三个主要流派。第一个流派以 Shiller（1981）、LeRoy 和 Porter（1981）提出的方差界检验为代表。其主要思想在于，如果不存在价格泡沫，实际价格的变动（用对数价格的方差来衡量）与理性预期价格的变动差别并不显著，对数价格的方差和理性预期对数价格的方差都遵循卡方分布，所构造的 Shiller 统计量服从 F 分布。若由样本所求的 F 统计量的值在给定置信水平下大于临界值，就表明存在资产价格的过度变异。方差界对泡沫的检验得到了较多的应用（周爱民，1998），但也存在一些问题，例如，方差界检验方法所识别的事后理性价格会过度拒绝资产价格泡沫的存在性（Flavin，1983；Flood et al.，1984），方差界条件的成立在某些特定情形下可能不依赖于泡沫的存在与否（Mankiw et al.，1985）。第二个流派以 Diba 和 Grossman（1988）提出的单位根—协整泡沫检验为代表。他们认为，从交易首日起，理性泡沫就已经孕育，其一旦破灭就失去了重新开始的机理。单凭市场的力量无法引发经济沿泡沫式的爆炸路径运行（Stiglitz，1990），价格泡沫不可能形成于资产交易过程中，这从理论上证明了泡沫序列本身就具有极强的非平稳性。就单个变量而言（如美国标准普尔综合指数等），只有其水平值和各阶差分值都被证明是非平稳过程，才可认为该变量序列存在泡沫。就多变量而言（如股价与股利），在不存在泡沫时，变量之间应为协整关系；泡沫的出现会打破这一协整关系。此外，West（1987）放松了价格和股利的稳定性假设，提出两步法，间接检验泡沫的存在性。Froot 和 Obstfeld（1991）从内在泡沫的角度出发，将过高或过低的资产估计归因于决定股票基本值的具有高度稳态的内在因素。Mcqueen 和 Thorley（1994）认为，价格序列增长或下降的过程一定会被反向依赖机制引导下一步走势，如果股价含有正向超额回报泡沫，其趋向会呈现负的持续依赖性。单位根—协整泡沫检验也得到了广泛的实证应用（Grossman and Yanagawa，1993；Fukuta，1998；White，2000；Futagami and Shibata，2000；Koustas and Serletis，2005；Chan and Woo，2008）。然而，Evans（1991）的蒙特卡洛模拟结果表明，上述泡沫检验方法在处理周期性破灭泡沫时通常出现检验低势，单位根—协整检验在识别周期性破灭泡沫时可能将其误判为带有高度非线性特征的平稳过程或单位根过程。随着周期性破灭泡沫过程的反复膨胀和收缩，单位根—协整检验只能进行事后检验，无法实时监控泡沫起始和破灭的时点，这一特性严重制约了第一个和第二个泡沫检验流派方法的时效性和政策意义。针对这一缺陷，Phillips 等（2011）、Phillips 等（2015a，2015b）在右侧单位根检验的基础上，结合向前递归回归，在 ADF 框架内提出了一种新的泡沫检验方法，他们形成了第三个流派。他们所提出的这种向前递归回归的方法对于 Evans 提出的周期性破灭泡沫具有较高的检验优势，并且可以得到泡沫起始和破灭时点的一致估计量，因而将泡沫检验的研究向前推动了一大步，他们的方法也因此成为近年来泡沫检验相关文献的主流方法（黄鹏，2009；Phillips and Yu，2009；Homm and Breitung，2012；简志宏、向修海，2012；Harvey et al.，2015；邓伟，2013；邓伟、唐齐鸣，2013；崔文学，2015；欧阳志刚、崔文学，2015）。

然而，上述三大类泡沫检验方法虽然能科学地识别资产价格泡沫现象，但无法定量地解析泡沫阶段价格序列偏离于弱有效市场的程度。换言之，现有泡沫检验方法无法准确判断非理性泡沫过程对理性基本面的偏离。为解决这一问题，本节拟将现有泡沫检验方法和本章所提出的中度偏离单位根检验方法结合起来，既从泡沫存在性的角度识别我国一二线城市房地产市场是否存在非理性泡沫，又从中度偏离单位根检验的视角评估房地产市场泡沫阶段对弱有效市场的偏离程度。其结果将有助于准确掌握一二线城市房地产泡沫信息，从而起到实时监控房地产市场、针对性治理非理性泡沫等重要作用。

一、我国一二线城市房地产市场存在非理性泡沫吗？

依据传统金融理论，泡沫由资产价格的基本面所决定。记第 t 期（t = 1，2，…，T）的资产价格为 p_t，该价格等于远期收益（记为 d_t）以一定的贴现率（记为 r）贴现为现值的总和。对于无套利条件来讲，

$$p_t = \frac{1}{1+r} E_t(p_{t+1} + d_{t+1}) \tag{2-64}$$

Campbell 和 Shiller（1989）对这一模型取对数线性逼近，并通过递归替换将资产价格 p_t 分解为：

$$p_t = p_t^f + b_t \tag{2-65}$$

其中，$p_t^f = \sum_{i=1}^{\infty} (1+r)^{-i} E_t(d_{t+i})$ 是基本面成分，b_t 满足 $E_t(b_{t+1}) = (1+r)b_t$，是远期股息收益贴现到当期的价格成分，因而也通常被定义为泡沫成分。在无泡沫情形下，$p_t = p_t^f$，此时基本面成分 p_t^f 符合弱有效市场假说，其本质是一个单位根过程。

当非理性泡沫存在时，价格序列 p_t 及其泡沫成分 b_t 同时呈现爆炸式快速增长或下落。由于这两个序列存在长期均衡的协整关系（Diba and Grossman，1988），因而 Phillips 等（2011）建议，对泡沫成分 b_t 的检验，可直接依赖于对价格序列 p_t 的检验。如前所述，Phillips 等（2011）将一个泡沫过程分为三个阶段：泡沫前的理性阶段；泡沫阶段；泡沫破灭后价格序列回复到理性阶段。Phillips 等（2015a）将其扩展到多个泡沫情形。具体而言，对于第 i 个泡沫，假定泡沫的产生和破灭时点分别为 $T_{i,0}$ 和 $T_{i,1}$，则区间 $[T_{i,0}, T_{i,1}]$ 描述了泡沫时段，而区间 $(T_{i-1,1}, T_{i,0})$ 和 $(T_{i,1}, T_{i+1,0})$ 分别描述了泡沫起始之前和破灭之后的两个弱有效市场状态。在泡沫前的理性阶段 $(T_{i-1,1}, T_{i,0})$ 和泡沫破灭后理性阶段 $(T_{i,1}, T_{i+1,0})$，价格序列 p_t 的自回归系数为单位根。在泡沫阶段 $[T_{i,0}, T_{i,1}]$，价格序列 p_t 的自回归系数为泡沫爆炸根（即自回归系数 $\rho > 1$）。当 $t = T_{i,0}$ 继而自回归系数由单位根突变为泡沫爆炸根时，尽管此时基本面成分依旧是一个 I（1）过程，但 p_t 及其主导成分 b_t 均进入爆炸发散路径，泡沫行为随即开始。随着泡沫的增长，其发散速度（二阶矩）下降，爆炸根向单位根衰减。当 $t = T_{i,1}$ 时，b_t 回复到 0，泡沫成分消失，价格序列重新回复至鞅过程。

　　因此，泡沫检验的实质是对价格序列建立单位根原假设和泡沫爆炸根备择假设。现有金融计量经济学文献中，最前沿的泡沫检验理论是 Phillips 等（2015a）提出的向前递归回归的 GSADF 检验。其实施步骤为：对于价格序列 $\{p_t : t = 1, 2, \cdots, T\}$，首先对前 $[r_0 T]$ 个样本做回归估计①，得到相应的 ADF 统计值，此处 r_0 表示初始样本比例。固定样本区间的起始点，逐个向前移动样本区间的终止点；通过逐次增加回归的样本量，可得到一组 ADF 统计量，取其上确界并记为 supADF。随后，改变样本区间的起始点，逐个向前移动起始点并得到一组 supADF 统计量。取这组统计值的上确界，即得到 GSADF 统计量。GSADF 统计量依赖于初始样本比例

---

① 检验方程设定为动态滞后项增广形式。实际中，最优滞后阶可由 AIC（Akaike Information Criterion）准则确定。

的设定，式（2-66）给出了 GSADF 统计量的极限分布。由于 GSADF 统计量的极限分布是非标准分布，因此常用仿真模拟的方法求得临界值。将 GSADF 统计量与式（2-66）所对应的右侧临界值相比较，可检验价格序列全样本中是否存在非理性泡沫。事实上，GSADF 检验策略使用上确界形式意味着：当 GSADF 统计值小于临界值时，全部子样本区间均为理性阶段；反之，当 GSADF 统计量大于临界值时，必然存在至少某一子样本区间满足自回归系数大于单位根的条件。

$$
GSADF := \sup_{\substack{r_2 \in [r_0,\ 1] \\ r_1 \in [0,\ r_2-r_0]}} \left\{ DF_{r_1}^{r_2} \right\} \Rightarrow \sup_{\substack{r_2 \in [r_0,\ 1] \\ r_1 \in [0,\ r_2-r_0]}} \left| \frac{\int_{r_1}^{r_2} W(s) dW(s)}{\left\{ \int_{r_1}^{r_2} [W(s)]^2 ds \right\}^{\frac{1}{2}}} \right| \tag{2-66}
$$

在 GSADF 泡沫检验的基础上，我们使用倒向 supADF 策略，来进一步识别泡沫起始和破灭的时点。具体来讲：首先固定样本区间的终止点，逐个向前移动样本区间的起始点并实施回归检验，可得到一组 ADF 统计量，取其上确界并记为 BSADF。BSADF 统计量由初始样本比例和样本终止点所共同决定［见式（2-67）］。随后，逐个向前移动样本区间的终止点。当 BSADF 统计值第一次超过相应的临界值时，意味着价格序列的自回归系数由理性阶段的单位根转变为泡沫繁荣阶段的爆炸根，学者们选取该时点作为泡沫阶段产生时点的一种估计。在泡沫状态下，价格序列初期表现为持续、快速地增长。这一阶段 BSADF 值不断增大并持续大于临界值。泡沫繁荣阶段过后常常紧随着迅速衰落，价格向基本面回复，其对应的 BSADF 值也逐渐向临界值回复。当 BSADF 值第一次小于其临界值时，与基本面相背离的泡沫过程结束，价格回复到理性状态；相应地，这一时点也被选取为泡沫阶段破灭时点的一种估计。考虑到在泡沫阶段，价格指数可能短暂出现大幅变动从而导致 BSADF 值在短期内小于 1，为排除这一非常状态，BSADF 检验策略规定泡沫的持续时长不短于 log(T)/2。Phillips 等（2015a，2015b）证明了 BSADF 策略所得到的泡沫起始和破灭时点估计量具有一致性。

$$\mathrm{BSADF}^{r_2} := \sup_{r_1 \in [0,\, r_2 - r_0]} \left\{ \mathrm{DF}_{r_1}^{r_2} \right\} \tag{2-67}$$

本节应用 GSADF 检验和 BSADF 策略，对我国一二线城市房地产价格的非理性泡沫行为做出分析。我们选取 4 个直辖市和 15 个副省级市作为一二线城市。其中，北京、上海、广州、深圳为一线城市；天津、重庆、南京、武汉、沈阳、西安、成都、济南、杭州、哈尔滨、长春、大连、青岛、厦门、宁波为二线城市。根据模型的需要，本节选取 2006 年 1 月到 2017 年 12 月各城市的新建住宅价格指数月度数据作为研究对象，代表城市层面房地产价格的变化。数据均来源于国家统计局和 Wind 数据库。为得到一二线城市的房地产价格指数，本节采用房地产指数编制中的常规做法，对一二线各城市的新建住宅价格指数进行简单平均。

表 2-3 给出了针对一二线城市房地产价格指数的 GSADF 泡沫检验以及倒向 supADF 泡沫时点估计的实证结果。检验过程中，初始样本比例选取为 $r_0 = 0.1$，子样本回归式的最优滞后阶数均由 AIC 准则确定（设定最大滞后阶数为 9）。参照 Phillips 等（2015a）的蒙特卡洛模拟仿真结果，GSADF 统计量在 90% 置信水平下临界值为 1.97，在 95% 置信水平下临界值为 2.19，在 99% 置信水平下临界值为 2.69。

表 2-3　我国一二线城市新建住宅价格指数的 GSADF 泡沫检验及时段估计

城市	GSADF	泡沫时段一	泡沫时段二	泡沫时段三
一线城市	3.709	2010M01–2010M06	2013M01–2013M08	2016M02–2017M02
二线城市	3.979	2010M04–2010M08	2013M03–2013M12	2016M06–2017M08

注：此表报告了我国一二线城市新建住宅价格指数的 GSADF 泡沫检验及泡沫起始和破灭时点估计的结果。GSADF 检验的初始样本比例为 $r_0 = 0.1$，相应的临界值参照 Phillips 等（2015a）所提供的临界值：90% 置信水平下临界值为 1.970，95% 置信水平下临界值为 2.190，99% 置信水平下临界值为 2.690。

由表 2-3 可以看出，我国一二线城市新建住宅价格指数的 GSADF 值分别为 3.709 和 3.979，均大于 GSADF 临界值（95% 水平）。这表明，在样本区段内我国一二线城市房地产市场均存在周期性破灭泡沫。进一步地，应用倒向 supADF 策略估计泡沫的起始和破灭时点，我们得出，房地产市场大部分时间段处于弱有效状态，泡沫状态主要集中于三个时段。在第一个时段，一线城市的房地产市场泡沫从 2010 年 1 月持续到 6 月，二线城市的房地产市场泡沫从 2010 年 4 月持续到 8 月。在第二个时段，一线城市的房地产市场泡沫从 2013 年 1 月持续到 8 月，二线城市的房地产市场泡沫则从 2013 年 3 月持续到年底。在第三个时段，一线城市的房地产市场泡沫从 2016 年 2 月一直持续了一年，二线城市的房地产市场泡沫则从 2016 年 6 月持续到 2017 年 8 月。

可以看出，二线城市的房地产市场泡沫相对一线城市而言存在 2~3 个月的滞后。结合当时的经济背景，我们可以看到：

第一个时段的房地产泡沫由我国针对 2008 年金融危机采取的经济刺激所催生。在 2008 年全球金融危机的大背景下，我国政府为刺激经济复苏，制定了一系列扩张的财政政策（典型的例子即中央出台的 4 万亿投资政策），通过加大公共政府支出和货币投放力度来保持国内经济稳定增长。与此同时，为发挥房地产市场对上游产业和下游产业的拉动作用，政府先后出台了"放松二套房信贷政策"等刺激性政策，拉动房地产市场的需求。2009 年 3 月，我国房地产市场热度快速升温，当年一线城市房价同比上涨 24 个百分点。当 2010 年 4 月"国十条"出台时，房价中已经累积了相当严重的泡沫成分。"国十条"的出台，在一定程度上遏制了房地产价格的过快上涨，刺破了 2008 年后金融危机时期的第一轮房地产泡沫。

第二个时段的房地产泡沫源于市场预期的落空。党的十八大闭幕后，由于政府对于房地产调控的预期落空，市场对住房的刚性需求被快速释放（孟庆斌、荣晨，2017）。2012 年央行对货币政策的多次预调微调，如 2 月和 5 月的两次降准，6 月和 7 月的两次降息，都使得房地产市场积累了大量的流动性资金，推动了房地产泡沫的新一轮上涨，从而导致房地产泡沫的产生。针对这一轮的房地产泡沫，国务院于 2013 年 2 月提出要坚决抑制投资性购房、严格执行商品住房限购措施，并确定了加强房地产市场调控的五条政策措施。"新国五条"的出台，对熨平这一轮的房地产泡沫起到了关键性作用。同时，随着这一时间段国内宏观经济增速的放缓，房地产市场价格也相应地增长乏力。

第三个时段房地产泡沫的形成机制不同于前两个时段的房地产泡沫。一方面，我国经济发展进入新常态，总体经济增长处于减速换挡期。在这样的背景下，大量的资金从传统行业中流出，在逐利动机的驱使下流向一二线城市的房地产市场，不断推高一二线城市的房价。另一方面，我国政府对房地产市场的宏观调整主导思路发生了根本性的变化，中央调控政策更趋向于从金融层面提供指导以及完善相应的法律法规。中央政府出台的"930 新政""不动产登记"等新政都在刺激住房需求，加快去库存化。这一轮房地产泡沫持续时间长、增长势头足，羊群效应明显。

二、泡沫过程解析——基于中度偏离单位根过程视角

如前所述，非理性泡沫本质上是对理性的弱有效市场的一种偏离。大多关于泡沫过程的文献都将这种偏离解读为自回归系数对单位根的偏离，也即本书所研究的中度偏离单位根设定。具体而言，位于泡沫时段 $t \in [T_{i,0}, T_{i,1}]$ 内的样本观测值可由一个增广中度偏离单位根过程式（2-12）所刻画，其自回归系数可识别为 $\rho_T = 1 + c/T^{\alpha}$，$c > 0$，$\alpha \in (0, 1)$。在有限样本下，中度偏离单位根与随机游走单位根的偏离（c/T^{α}）随着样本的增加而衰减，进而价格序列回复至单位根过程。我们通常不单独估计参数 c 和 α，而是将偏离部分 c/T^{α} 视为一个整体。鉴于此，泡沫过程的产生和破灭可被视为单位根过程和中度偏离单位根过程之间的转化。在时点 $t = T_{i,0}$ 处，价格序列 p_t 由单位根过程转化为中度偏离单位根过程，序列开始呈现偏离于弱有效市场的发散特征而产生泡沫。随着样本量的增加，当时点 t 到达 $T_{i,1}$ 处时，价格序列由中度偏离的爆炸过程回复至单位根过程，泡沫破灭，市场回复至弱有效状态。

为检验我国一二线城市房地产价格在三轮泡沫阶段是否可由增广中度偏离单位根过程式（2-12）加以刻画，我们应用本章所提出的 Wald 检验、LM 检验和 LR 检验。注意到，Wald 检验、LM 检验和 LR 检验三大渐近卡

方检验是在固定原假设之下实施的。因此，我们首先需要寻找中度偏离单位根自回归系数的一致估计量。参照 Sun（2014）的做法，我们使用最小二乘估计量 $\hat{\rho}_s = \sum_{t=1}^{T} \hat{e}_t \hat{e}_{t-1} / \sum_{t=1}^{T} \hat{e}_{t-1}^2$。其中，$\hat{e}_t = p_t - p_{t-1}$。换言之，估计量 $\hat{\rho}_s$ 是由 y_t 对常数项和滞后一期项 y_{t-1} 的最小二乘回归而得，而不论误差项是否存在自相关，回归元中都不加广义差分滞后项。$\hat{\rho}_s$ 的一致性在 Wang 和 Guo（2018）中予以给出，也可根据本章定理 2-2 证明而得。$(\hat{\rho}_s - 1)$ 则定义了自回归系数偏离于单位根的程度。从概念上来讲，自回归系数偏离于单位根的程度越小意味着时间序列的爆炸发散程度越轻；相反，自回归系数偏离于单位根的程度越大意味着时间序列的爆炸发散程度越重。参照 Phillips 等（2011），我们将 0.05 设定为区分轻度偏离单位根系数和重度偏离单位根系数的标签。若一个自回归系数偏离于单位根的程度不超过 0.05，则称其为轻度偏离单位根；反之，若自回归系数偏离于单位根的程度超过 0.05，则称其为重度偏离单位根。区分轻度偏离单位根和重度偏离单位根有助于我们从直觉上认知价格泡沫的大小。基于上述分析，我们设定 Wald 检验、LM 检验和 LR 检验对检验式（2-25）的联合原假设为 H_0：$\mu=0$，$\rho=\hat{\rho}_s$。表 2-4 报告了三大联合检验的实证结果。

表 2-4 中 Wald 检验、LM 检验和 LR 检验三者的检验结果值均不大于卡方分布的临界值（95% 水平）。这表明，我国一二线城市房地产市场在所经历的三轮泡沫里，均可由中度偏离单位根过程所刻画。对于以北上广深为代表的一线城市而言，在 2010 年 1~6 月的第一轮泡沫里，价格序列偏离于弱有效市场的程度（将其直观地定义为价格序列的自回归系数估计量偏离于单位根的程度）为 0.003；在 2013 年 1~8 月的第二轮泡沫里，价格序列偏离于弱有效市场的程度为 0.001；在 2016 年 2 月到 2017 年 2 月的第三轮泡沫里，价格序列偏离于弱有效市场的程度为 0.012。在这三轮泡沫阶段，一线城市房地产价格泡沫均属于轻度泡沫。对于以部分省会城市为代表的二线城市而言，在 2010 年 4~8 月的第一轮泡沫里，价格序列

表 2-4　我国一二线城市新建住宅价格指数三轮泡沫阶段的中度偏离单位根检验

城市	泡沫	偏离于单位根的程度	Wald	LM	LR
一线城市	第一轮泡沫	0.003	1.700	1.663	1.681
	第二轮泡沫	0.001	1.980	1.973	1.979
	第三轮泡沫	0.012	2.503	2.321	2.488
二线城市	第一轮泡沫	0.001	1.678	1.652	1.671
	第二轮泡沫	0.001	1.821	1.763	1.804
	第三轮泡沫	0.008	2.321	2.168	2.316

注：此表报告了我国一二线城市新建住宅价格指数在三轮泡沫阶段的中度偏离单位根检验结果。检验统计量为 Wald 统计量、LM 统计量和 LR 统计量，检验的原假设为 $H_0: \mu = 0$，$\rho = \hat{\rho}_s$。表中"偏离于单位根的程度"指自回归系数估计量 $\hat{\rho}_s$ 偏离于单位根的程度，即 $\hat{\rho}_s - 1$。本章理论部分已证明 Wald 统计量、LM 统计量和 LR 统计量在中度偏离单位根原假设下渐近服从自由度为 2 的卡方分布，因此三大检验的临界值为标准的卡方分布临界值：90% 置信水平下临界值为 4.605，95% 置信水平下临界值为 5.991，99% 置信水平下临界值为 9.210。

偏离于弱有效市场的程度为 0.001；在 2013 年 3~12 月的第二轮泡沫里，价格序列偏离于弱有效市场的程度为 0.001；在 2016 年 6 月到 2017 年 8 月的第三轮泡沫里，价格序列偏离于弱有效市场的程度为 0.008。在这三轮泡沫阶段，二线城市的房地产市场泡沫均比一线城市房地产市场泡沫更为温和，前者偏离于基本面的程度较后者更低。

　　为进一步探究三轮泡沫阶段我国一二线城市房地产市场价格指数偏离于经济基本面的具体表现，我们选取多个具有代表性的城市进行分析。经检验，在第一轮泡沫里，北京市房地产价格指数偏离于弱有效市场的程度为 0.003，上海市房地产价格指数偏离于弱有效市场的程度为 0.004，广州市房地产价格指数偏离于弱有效市场的程度为 0.003，而二线城市中的天津市、重庆市、南京市和武汉市房地产价格指数偏离于弱有效市场的程度分别为 0.002、0.001、0.002 和 0.001。在第二轮泡沫里，几乎所有的一二线城市房地产价格指数偏离于弱有效市场的程度均不超过 0.001。上述结果表明，在第一、第二轮泡沫里，房地产市场总体而言呈现温和的态势。可能的解释是这两轮房地产泡沫主要是由于需求不合理、银行信贷资金大量流入、市场主体预期过于乐观等导致的。在第三轮泡沫里，北京市房地产价格指数偏离于弱有效市场的程度为 0.016，上海市房地产价格指数偏离于弱有效市场的程度为 0.015，广州市房地产价格指数偏离于弱有效市场的程度为 0.012，天津市房地产价格指数偏离于弱有效市场的程度为 0.006，重庆市房地产价格指数偏离于弱有效市场的程度为 0.008，武汉市房地产价格指数偏离于弱有效市场的程度为 0.009。显然，一线城市房地产市场所表现出的对基本面的偏离比二线城市更严重，泡沫的集聚效应和膨胀程度更高。

基于上述检验结果，我们可以得到如下结论：

第一，一线城市房地产泡沫不仅从发生时间上引领二线城市同期房地产泡沫，前者偏离于价格基本面的程度也较后者更为严重。这一结论与现有文献相一致，如黄鹤（2008）通过考察房地产供需因素，并结合空间地理因素，得出了二线城市房地产泡沫比一线城市房地产泡沫小的结论。2010 年 7 月 29 日国际货币基金组织对我国的第四条款磋商报告中也指出，中国大中城市房地产价格指数并没有超出基本面太多，并且存在结构性差异。事实上，由于我国区域经济发展不平衡，一线城市与二线城市的房价往往存在一些差异。以北京为例，在第二轮泡沫周期内，北京市新建住宅价格指数从 0.316 上涨到 7.605，而后快速下降至 0.050。然而第二轮泡沫周期内，以部分省会城市为代表的二线城市新建住宅价格指数从 0.529 上涨到 6.314，而后快速下降至 0.310。一线城市房地产市场对二线城市房地产市场的拉动作用显而易见。

第二，2008 年金融危机后，我国一二线城市经历了三轮房地产非理性泡沫，而从偏离基本面的程度来看，第三轮泡沫明显强于前两轮泡沫。第一、第二轮房地产泡沫的形成源自于需求不合理、银行信贷资金大量流入、市场主体预期过于乐观等因素。在这两轮泡沫的背景下，国家房地产主管部门采取了相应的宏观调控政策，如抑制投资性需求、严格管控住房信贷等，从需求侧着手进行调控，房地产非理性泡沫也很快得到了初步控制。然而第三轮房地产泡沫的形成机制和国内经济大环境均与前两轮房地产泡沫不同。一方面，一二线城市房价变动体现更多的是结构性行情，各城市间房地产市场的发展也呈现由点及面的状态。大中城市的房价首先上涨，部分库存高的城市并未同涨同跌，而是出现一定程度的滞后，并在几个月后形成补涨。另一方面，在经济减速换挡期，政府对房地产市场的宏观调控政策和思路也发生了根本性变化。因此，第三轮房地产泡沫相比前两轮而言表现更为坚挺，偏离于经济基本面的程度也更严重。

房地产市场是否存在泡沫，很大程度上取决于宏观经济背景和政府关于房地产调控的政策。对于房地产市场泡沫的治理，需充分认识泡沫偏离于经济发展基本面的程度。若房价上涨过快而偏离于基本面太远，那么政府应及时联合相关部门，实施强力干预，直至让市场从泡沫状态扭返而回归有效运行的状态。若房价止处于市场有效运行状态，那么监管的目的是延续市场的有效性，以实施相应的法规和政策监管为核心，并适时出台旨在健全资本市场法制法规的政策性措施，但不应直接干预市场。从这个角度来说，房地产发展的首要目标是实现"房子是用来住的，不是用来炒的"。让房地产市场平稳运行，让百姓住有所居，不仅关系到民生大计，也是我国经济发展不可动摇的长期政策。

第八节　本章小结

本章重点研究了含有广义差分算子滞后项的增广中度偏离单位根过程及其渐近性质。在中度偏离单位根过程理论基础上，我们推导了基于增广中度偏离单位根过程的 Wald 统计量、LM 统计量和 LR 统计量的渐近逼近。本章所得到的主要结论概述如下：

第一，我们证明了一个含有中度偏离单位根的高阶自回归过程始终可以等价改写为一个增广中度偏离单位根过程，而该增广中度偏离单位根过程在一定的假设条件下（假设 2-3）可改写为一个误差项具有序列相关的中度偏离单位根过程。因此，推导增广中度偏离单位根过程的极限理论就变成推导自相关新息下的中度偏离单位根过程的极限理论。为了处理误差项中的自相关结构，本章定义了广义差分算子，并基于此构建 Beveridge-Nelson 分解。根据中心极限定理，误差项的样本均值将渐近收敛到一个正态分布，其方差即为随机误差项的长期方差。在此基础上我们推导了相关样本统计量的收敛速度以及渐近分布，结果表明，增广中度偏离单位根过程的样本统计量的渐近性质依赖于误差项的长期方差。进一步地，为了检验增广中度偏离单位根过程，我们建立了经典联合检验理论：Wald 检验、LM 检验和 LR 检验。我们使用带有广义差分算子增广项的回归式（2-25）作为检验方程，来检验线性约束条件式（2-26）。注意到，Wald 检验、LM 检验和 LR 检验都是利用极大似然估计量来构造的。Wald 检验依据无约束模型的极大似然估计，而 LM 检验依据约束模型的极大似然估计，因此这两类检验同时适用于线性约束条件和非线性约束条件的检验。LR 检验同时用到了无约束模型和约束模型的极大似然估计，该检验只适用于参数的线性约束。我们的理论结果表明，在联合原假设式（2-26）下，Wald统计量、LM 统计量和 LR 统计量的渐近分布为标准卡方分布（自由度为2）。这一渐近分布结果既不依赖于维纳过程的泛函，也不依赖于随机误差项的长期方差。这意味着我们不需要事先知道或者估计长期方差，避免了因估计长期方差而带来的不确定性，因而体现出我们的理论创新。

第二，我们通过一系列蒙特卡洛模拟实验评估 Wald 检验、LM 检验和 LR 检验的有限样本性质。结果表明，不论数据生成过程的随机误差项是否含有自相关偏误，Wald 检验、LM 检验和 LR 检验的有限样本检验尺度都接近于名义水平 5%。在三大检验中，LM 检验因使用到了最多的真实信息而具有最精确的检验尺度，Wald 检验因完全依据无约束模型而构造，故它的检验尺度扭曲最大。从有限样本检验功效的角度来看，Wald 检验、LM 检验和 LR 检验三大检验均具有出色的表现，这从数值模拟的角度证实了三大检验的有限样本性质。

第三，我们将新提出的增广中度偏离单位根检验应用于我国一二线城市房地产市场的泡沫识别。结果表明，2008 年金融危机后，我国一二线城市房地产市场经历了三轮泡沫。第一轮泡沫是从 2010 年初到 2010 年下半年，由我国政府针对金融危机出台强刺激性财政政策后我国经济的触底反弹、快速增长而催生。第二轮泡沫是从 2013 年初到同年底，源于住房刚性需求被释放以及市场预期的失效。第三轮泡沫是从 2016 年初到次年下半年，更多地体现了经济新常态下减速换挡所带来的结构性行情。在这三轮泡沫中，我们发现，一线城市的房地产泡沫均领先于二线城市房地产泡沫，并且前者偏离于经济基本面的程度略高于后者；另外，第三轮泡沫相比前两轮而言表现更为坚挺和严重。因此，我们的建议是，在当前我国宏观经济面临结构转型和产业升级的背景下，政府有关部门需采取积极有效的调控措施，构建房地产长期有效机制，稳定房地产市场参与者预期，促使房地产市场泡沫的软着陆，尽量避免"一放就乱、一乱就收、一收就死"的不合理监管行为，保持房地产市场与现有宏观经济协调发展，将房价泡沫自然挤出。

第二章的附录

引理 2-1 的证明

首先来看引理 2-1（a）部分。根据 $\lim\limits_{T\to\infty} \log(1 + 1/T)^T = e$，我们可以得到：当 $T \to \infty$ 时，

$$\rho_T^T = \left(1 + \frac{c}{k_T}\right)^T = \left[\left(1 + \frac{c}{k_T}\right)^{\frac{k_T}{c}}\right]^{\frac{cT}{k_T}} \to e^{\frac{cT}{k_T}}$$

因此我们有：

$$\frac{\rho_T^{-aT}}{(k_T/T)^b} = O\left(\frac{(T/k_T)^b}{e^{ac(T/k_T)}}\right) = o(1)$$

原式得证。引理 2-1（b）部分也可以用相同的方式予以证明。

定理 2-1 的证明

我们首先证明定理 2-1（b）部分。应用式（2-17）所示的鞅分解可以得到：

$$k_T^{-1/2} \sum_{t=1}^{T} \rho_T^{-t} u_t = k_T^{-1/2} \sum_{t=1}^{T} \rho_T^{-t} C(1) \varepsilon_t + k_T^{-1/2} \sum_{t=1}^{T} \rho_T^{-t} (\tilde{\varepsilon}_{t-1} - \tilde{\varepsilon}_t)$$

$$= C(1) k_T^{-1/2} \sum_{t=1}^{T} \rho_T^{-t} \varepsilon_t + k_T^{-1/2} \sum_{t=1}^{T} \rho_T^{-t} (\tilde{\varepsilon}_{t-1} - \tilde{\varepsilon}_t)$$

注意到：

$$\sum_{t=1}^{T} \rho_T^{-t} (\tilde{\varepsilon}_{t-1} - \tilde{\varepsilon}_t) = \sum_{t=1}^{T} \rho_T^{-t} \tilde{\varepsilon}_{t-1} - \sum_{t=1}^{T} \rho_T^{-t} \tilde{\varepsilon}_t = \sum_{t=0}^{T-1} \rho_T^{-(t+1)} \tilde{\varepsilon}_t - \sum_{t=1}^{T} \rho_T^{-t} \tilde{\varepsilon}_t$$

$$= \rho_T^{-1} \tilde{\varepsilon}_0 - \rho_T^{-T} \tilde{\varepsilon}_t + \sum_{t=1}^{T-1} (\rho_T^{-(t+1)} - \rho_T^{-t}) \tilde{\varepsilon}_t$$

$$= \rho_T^{-1} \tilde{\varepsilon}_0 - \rho_T^{-T} \tilde{\varepsilon}_T - c k_T^{-1} \sum_{t=1}^{T-1} \rho_T^{-(t+1)} \tilde{\varepsilon}_t$$

考虑到 $\text{var}(\tilde{\varepsilon}_t) < \infty$，因此我们有：

$$k_T^{-1/2} \rho_T^{-1} \tilde{\varepsilon}_0 = o_p(1), \quad k_T^{-1/2} \rho_T^{-1} \tilde{\varepsilon}_T = o_p(1)$$

应用柯西不等式可以得到：

$$\text{var}\left(\sum_{t=1}^{T-1} \rho_T^{-(t+1)} \tilde{\varepsilon}_t \right) = \left(\sum_{t=1}^{T-1} \rho_T^{-2(t+1)} \right) \text{var}(\tilde{\varepsilon}_t) + 2 \sum_{t<s}^{T-1} \rho_T^{-(t+s+2)} \text{cov}(\tilde{\varepsilon}_t, \tilde{\varepsilon}_s)$$

$$= \left(\sum_{t=1}^{T-1} \rho_T^{-2(t+1)} \right) \text{var}(\tilde{\varepsilon}_t) + 2 \sum_{t<s}^{T-1} \sum_{j=0}^{\infty} \tilde{c}_j \tilde{c}_{(s-t)+j} \rho_T^{-(t+s+2)} \text{var}(\varepsilon_t)$$

$$= O\left(\frac{\rho_T^{-4} - \rho_T^{-2(T+1)}}{1 - \rho_T^{-2}} \right) + O\left(\sum_{t<s}^{T-1} \left(\sum_{j=0}^{\infty} \tilde{c}_j^2 \right) \rho_T^{-(t+s+2)} \right)$$

$$= O(k_T) + O\left(\left(\sum_{t=1}^{T-1} \rho_T^{-(t+1)} \right)^2 \right)$$

$$= O(k_T) + O\left(\left(\frac{1}{\rho_T^T} - \frac{1}{\rho_T} \right)^2 (\rho_T - 1)^{-2} \right)$$

$$= O(k_T^2)$$

这意味着 $\sum\limits_{t=1}^{T-1} \rho_T^{-(t+1)} \widetilde{\varepsilon}_t = O_p(k_T)$。因此:

$$k_T^{-1/2}\left(ck_T^{-1} \sum\limits_{t=1}^{T-1} \rho_T^{-(t+1)} \widetilde{\varepsilon}_t \right) = O_p(k_T^{-1/2}) = o_p(1)$$

结合上述分析,我们有:

$$\widetilde{Y}_T = k_T^{-1/2} \sum\limits_{t=1}^{T} \rho_T^{-t} u_t = C(1) k_T^{-1/2} \sum\limits_{t=1}^{T} \rho_T^{-t} \varepsilon_t + o_p(1)$$

对定理 2-1(a)部分的证明可以应用相似的步骤。应用式(2-17)所示的鞅分解可以得到:

$$k_T^{1/2} \sum\limits_{t=1}^{T} \rho_T^{-(T-t)-1} u_t = C(1) k_T^{1/2} \sum\limits_{t=1}^{T} \rho_T^{-(T-t)-1} \varepsilon_t + k_T^{1/2} \sum\limits_{t=1}^{T} \rho_T^{-(T-t)-1} (\widetilde{\varepsilon}_{t-1} - \widetilde{\varepsilon}_t)$$

注意到:

$$\sum\limits_{t=1}^{T} \rho_T^{-(T-t)-1} (\widetilde{\varepsilon}_{t-1} - \widetilde{\varepsilon}_t) = \rho_T^{-T} \widetilde{\varepsilon}_0 - \rho_T^{-1} \widetilde{\varepsilon}_T + (\rho_T - 1) \sum\limits_{t=1}^{T-1} \rho_T^{-(T-t)-1} \widetilde{\varepsilon}_t$$

$$= ck_T^{-1} \sum\limits_{t=1}^{T-1} \rho_T^{-(T-t)-1} \widetilde{\varepsilon}_t + O_p(1)$$

应用柯西不等式可以得到:

$$\mathrm{var}\left(\sum\limits_{t=1}^{T-1} \rho_T^{-(T-t)-1} \widetilde{\varepsilon}_t \right)$$

$$= \left(\sum\limits_{t=1}^{T-1} \rho_T^{-2(T-t+1)} \right) \mathrm{var}(\widetilde{\varepsilon}_t) + 2 \sum\limits_{t<s}^{T-1} \rho_T^{-(T-t)-1} \rho_T^{-(T-s)-1} \mathrm{cov}(\widetilde{\varepsilon}_t, \widetilde{\varepsilon}_s)$$

$$= \left(\sum\limits_{t=1}^{T-1} \rho_T^{-2(T-t+1)} \right) \mathrm{var}(\widetilde{\varepsilon}_t) + 2 \sum\limits_{t<s}^{T-1} \sum\limits_{j=0}^{\infty} \widetilde{c}_j \widetilde{c}_{(s-t)+j} \rho_T^{-(T-t)-1} \rho_T^{-(T-s)-1} \mathrm{var}(\varepsilon_t)$$

$$= O(k_T) + O\left(\sum\limits_{t<s}^{T-1} \left(\sum\limits_{j=0}^{\infty} \widetilde{c}_j^2 \right) \rho_T^{-(T-t)-1} \rho_T^{-(T-s)-1} \right)$$

$$= O(k_T) + O\left(\left(\sum\limits_{t=1}^{T-1} \rho_T^{-(T-t)-1} \right)^2 \right) = O(k_T^2)$$

这意味着 $\sum\limits_{t=1}^{T-1} \rho_T^{-(T-t)-1} \tilde{\varepsilon}_T = O_p(k_T)$。因此：

$$k_T^{-1/2}\left(ck_T^{-1}\sum_{t=1}^{T-1}\rho_T^{-(T-t)-1}\tilde{\varepsilon}_t\right) = O_p(k_T^{-1/2}) = o_p(1)$$

结合上述分析，我们有：

$$\tilde{X}_T = k_T^{-1/2}\sum_{t=1}^{T}\rho_T^{-(T-t)-1} u_t = C(1)k_T^{-1/2}\sum_{t=1}^{T}\rho_T^{-(T-t)-1}\varepsilon_t + o_p(1)$$

定理 2-1（c）部分的证明可由定理 2-1（a）和定理 2-1（b）以及式（2-6）直接得到。

引理 2-2 的证明

首先来看引理 2-2（a）的证明。根据引理 2-1，我们可以得到：

$$E\left|(k_T\rho_T^T)^{-1}\sum_{t=1}^{T}\sum_{j=t}^{T}\rho_T^{t-1-j} u_j u_t\right|$$

$$\leqslant (k_T\rho_T^T)^{-1}\sum_{t=1}^{T}\sum_{j=t}^{T}\rho_T^{t-1-j} E|u_j u_t| \leqslant (k_T\rho_T^T)^{-1}\sum_{t=1}^{T}\sum_{j=t}^{T}\rho_T^{t-1-j}(Eu_j^2)^{1/2}(Eu_t^2)^{1/2}$$

$$= \mathrm{var}(u)(k_T\rho_T^T)^{-1}\sum_{t=1}^{T}\frac{1-\rho_T^{t-T-1}}{\rho_T-1} = \frac{\mathrm{var}(u)}{c}\rho_T^{-T}\sum_{t=1}^{T}(1-\rho_T^{t-T-1})$$

$$= \frac{\mathrm{var}(u)}{c}\left(T\rho_T^{-T}-\rho_T^{-T}\sum_{t=1}^{T}\rho_T^{t-T-1}\right) = \frac{\mathrm{var}(u)}{c}\left(T\rho_T^{-T}-\rho_T^{-2T}\frac{\rho_T^T-1}{\rho_T-1}\right) = o(1)$$

因此，随机序列 $(k_T\rho_T^T)^{-1}\sum\limits_{t=1}^{T}\sum\limits_{j=t}^{T}\rho_T^{t-1-j} u_j u_t$ 依 L^1 收敛到 0，这意味着随机序列 $(k_T\rho_T^T)^{-1}\sum\limits_{t=1}^{T}\sum\limits_{j=t}^{T}\rho_T^{t-1-j} u_j u_t$ 依概率收敛到 0。

引理 2-2（b）的证明如下：

$$(k_T^{3/2}\rho_T^T)^{-1}\sum_{t=1}^{T}\sum_{j=t}^{T}\rho_T^{t-1-j} u_j = (k_T^{3/2}\rho_T^T)^{-1}\sum_{j=1}^{T}\left(\sum_{t=1}^{j}\rho_T^{t-1-j}\right)u_j$$

$$= (k_T^{3/2}\rho_T^T)^{-1}\sum_{j=t}^{T}\frac{\rho_T^j-1}{\rho_T^j(\rho_T-1)}u_j = \frac{1}{c}k_T^{-1/2}\rho_T^{-T}\sum_{j=1}^{T}\frac{\rho_T^j-1}{\rho_T^j}u_j$$

$$= \frac{1}{c} k_T^{-1/2} \rho_T^{-T} \sum_{j=1}^{T} u_j - \frac{1}{c} k_T^{-1/2} \rho_T^{-T} \sum_{j=1}^{T} \rho_T^{-j} u_j$$

$$= O_p(\sqrt{T/k_T} \, \rho_T^{-T}) + O_p(\rho_T^{-T}) = o_p(1)$$

因此引理 2-2（b）成立。

定理 2-2 的证明

为方便证明，我们首先验证定理 2-2（c）。根据定理 2-1、引理 2-2（a）以及关于初始值的假设 $y_0 = o_p(\sqrt{k_T})$，我们有：

$$(k_T \rho_T^T)^{-1} \sum_{t=1}^{T} y_{t-1} u_t = (k_T \rho_T^T)^{-1} \sum_{t=1}^{T} \left(\rho_T^{t-1} y_0 + \sum_{j=1}^{t-1} \rho_T^{t-1-j} u_j \right) u_t$$

$$= y_0 k_T^{-1} \sum_{t=1}^{T} \rho_T^{-(T-t)-1} u_t + (k_T \rho_T^T)^{-1} \sum_{t=1}^{T} \sum_{j=1}^{t-1} \rho_T^{t-1-j} u_j u_t$$

$$= (k_T \rho_T^T)^{-1} \sum_{t=1}^{T} \sum_{j=1}^{T} \rho_T^{t-1-j} u_j u_t - (k_T \rho_T^T)^{-1} \sum_{t=1}^{T} \sum_{j=t}^{T} \rho_T^{t-1-j} u_j u_t + o_p(1)$$

$$= (k_T \rho_T^T)^{-1} \sum_{t=1}^{T} \sum_{j=1}^{T} \rho_T^{t-1-j} u_j u_t + o_p(1)$$

$$= \left[k_T^{-1/2} \sum_{t=1}^{T} \rho_T^{-(T-t)-1} u_t \right] \left[k_T^{-1/2} \sum_{j=1}^{T} \rho_T^{-j} u_j \right] + o_p(1) = \widetilde{X}_T \widetilde{Y}_T + o_p(1)$$

因此：

$$(k_T \rho_T^T)^{-1} \sum_{t=1}^{T} y_{t-1} u_t \Rightarrow \widetilde{X} \widetilde{Y}$$

定理 2-2（c）得证。

定理 2-2（a）的证明是建立在定理 2-2（c）上。将式（2-18）两边同时进行平方，我们有 $y_t^2 = (\rho_T y_{t-1} + u_t)^2$，因而：

$$y_t^2 - y_{t-1}^2 = (\rho_T^2 - 1) y_{t-1}^2 + 2\rho_T y_{t-1} u_t + u_t^2$$

这意味着：

$$(\rho_T^2 - 1) y_{t-1}^2 = y_t^2 - y_{t-1}^2 - 2\rho_T y_{t-1} u_t - u_t^2$$

对上述式子两边同时累积，得到：

$$\left(\rho_T^2 - 1\right) \sum_{t=1}^{T} y_{t-1}^2 = y_T^2 - y_0^2 - 2\rho_T \sum_{t=1}^{T} y_{t-1} u_t - \sum_{t=1}^{T} u_t^2$$

根据定理 2-2（c）的结果以及式（2-20），我们有：

$$(k_T \rho_T^T)^{-2} \sum_{t=1}^{T} y_{t-1}^2 = \frac{1}{k_T^2 \rho_T^{2T}(\rho_T^2 - 1)} y_T^2 + o_p(1)$$

$$= \frac{1}{k_T^2 \rho_T^{2T}(\rho_T^2 - 1)} \left(\rho_T^T y_0 + \sum_{j=1}^{T} \rho_T^{T-j} u_j\right)^2 + o_p(1)$$

$$= \frac{1}{k_T(\rho_T^2 - 1)} \left(k_T^{-1/2} \sum_{j=1}^{T} \rho_T^{-j} u_j\right)^2 + o_p(1) = \frac{1}{2c} \widetilde{Y}_T^2 + o_p(1)$$

因此：

$$(k_T \rho_T^T)^{-2} \sum_{t=1}^{T} y_{t-1}^2 \Rightarrow \frac{1}{2c} \widetilde{Y}^2$$

定理 2-2（a）得证。

定理 2-2（b）的证明如下：

$$(k_T^{3/2} \rho_T^T)^{-1} \sum_{t=1}^{T} y_{t-1} = (k_T^{3/2} \rho_T^T)^{-1} \sum_{t=1}^{T} \left(\rho_T^{t-1} y_0 + \sum_{j=1}^{t-1} \rho_T^{t-1-j} u_j\right)$$

$$= y_0 (k_T^{3/2} \rho_T^T)^{-1} \sum_{t=1}^{T} \rho_T^{t-1} + (k_T^{3/2} \rho_T^T)^{-1} \sum_{t=1}^{T} \sum_{j=1}^{t-1} \rho_T^{t-1-j} u_j$$

$$= (k_T^{3/2} \rho_T^T)^{-1} \sum_{t=1}^{T} \sum_{j=1}^{T} \rho_T^{t-1-j} u_j - (k_T^{3/2} \rho_T^T)^{-1} \sum_{t=1}^{T} \sum_{j=t}^{T} \rho_T^{t-1-j} u_j + o_p(1)$$

根据引理 2-2（b），$(k_T^{3/2} \rho_T^T)^{-1} \sum_{t=1}^{T} \sum_{j=t}^{T} \rho_T^{t-1-j} u_j = o_p(1)$。因此，我们有：

$$(k_T^{3/2} \rho_T^T)^{-1} \sum_{t=1}^{T} y_{t-1} = (k_T^{3/2} \rho_T^T)^{-1} \sum_{t=1}^{T} \sum_{j=1}^{T} \rho_T^{t-1-j} u_j + o_p(1)$$

$$= (k_T^{3/2} \rho_T^T)^{-1} \sum_{t=1}^{T} \rho_T^{t-1} \sum_{j=1}^{T} \rho_T^{-j} u_j + o_p(1) = k_T^{-1} \rho_T^{-T} \left(\sum_{t=1}^{T} \rho_T^{t-1}\right) \widetilde{Y}_T + o_p(1)$$

$$= \frac{1}{c} \widetilde{Y}_T + o_p(1)$$

这意味着：

$$(k_T^{3/2} \rho_T^T)^{-1} \sum_{t=1}^{T} y_{t-1} \Rightarrow \frac{1}{c} \widetilde{Y}$$

定理 2-2（b）得证。

对定理 2-2（d）的证明，我们开始于对 $y_t = \rho_T y_{t-1} + u_t$ 的积累：

$$y_t = \rho_T^j y_{t-1} + \sum_{i=1}^{j} \rho_T^{i-1} u_{t-i+1}$$

由此可得：

$$(k_T \rho_T^T)^{-1} \sum_{t=j+1}^{T} y_{t-1} u_{t-j} = (k_T \rho_T^T)^{-1} \sum_{t=j+1}^{T} \left(\rho_T^j y_{t-j-1} + \sum_{i=1}^{j} \rho_T^{i-1} u_{t-i} \right) u_{t-j}$$

$$- (k_T \rho_T^T)^{-1} \rho_T^j \sum_{t=j+1}^{T} y_{t-j-1} u_{t-j} + (k_T \rho_T^T)^{-1} \sum_{t=j+1}^{T} \sum_{i=1}^{j} \rho_T^{i-1} u_{t-i} u_{t-j}$$

根据定理 2-2（c）的结果，可以得到：

$$(k_T \rho_T^T)^{-1} \rho_T^j \sum_{t=j+1}^{T} y_{t-j-1} u_{t-j} = \rho_T^j \widetilde{X}_T \widetilde{Y}_T + o_p(1)$$

另外，因为 $\rho_T = 1 + c/k_T > 1$ 以及引理 2-1 的结果，我们有：

$$\left| (k_T \rho_T^T)^{-1} \sum_{t=j+1}^{T} \sum_{i=1}^{j} \rho_T^{i-j} u_{t-i} u_{t-j} \right| \leqslant (k_T \rho_T^T)^{-1} \sum_{t=j+1}^{T} \left(\rho_T^{j-1} \sum_{i=1}^{j} | u_{t-i} u_{t-j} | \right)$$

$$= (k_T \rho_T^T)^{-1} \rho_T^{j-1} \left(\sum_{t=j+1}^{T} \sum_{i=1}^{j} | u_{t-i} u_{t-j} | \right) = (k_T \rho_T^T)^{-1} \rho_T^{j-1} o_p(T)$$

$$= o_p(\rho_T^{-T} \cdot (T/k_T)) = o_p(1)$$

综上所述，我们有：

$$(k_T \rho_T^T)^{-1} \sum_{t=j+1}^{T} y_{t-1} u_{t-j} = \rho_T^j \widetilde{X}_T \widetilde{Y}_T + o_p(1)$$

这意味着：

$$(k_T \rho_T^T)^{-1} \sum_{t=j+1}^{T} y_{t-1} u_{t-j} = (1 + c/k_T)^j \widetilde{X}_T \widetilde{Y}_T + o_p(1)$$

$$= (1 + jk_T^{-1} + o(k_T)) \widetilde{X}_T \widetilde{Y}_T + o_p(1) = \widetilde{X}_T \widetilde{Y}_T + o_p(1)$$

注意到，当 $T \to \infty$ 时，$\sum\limits_{t=1}^{j} y_{t-1} u_{t-j}$ 依然有界，因而样本协方差统计量 $(k_T \rho_T^T)^{-1} \sum\limits_{t=1}^{T} y_{t-1} u_{t-j}$ 和 $(k_T \rho_T^T)^{-1} \sum\limits_{t=j+1}^{T} y_{t-1} u_{t-j}$ 在大样本下拥有相同的渐近分布。

因此，我们可以证得定理 2-2（d）：

$$(k_T \rho_T^T)^{-1} \sum_{t=1}^{T} y_{t-1} \widetilde{\Delta} y_{t-j} = (k_T \rho_T^T)^{-1} \sum_{t=1}^{T} y_{t-1} u_{t-j} = \widetilde{X}_T \widetilde{Y}_T + o_p(1) \Rightarrow \widetilde{X}\widetilde{Y}$$

对定理 2-2（e）的证明，我们开始于对 $y_t = \rho_T y_{t-1} + u_t$ 的另一种形式积累：

$$y_t = \rho_T^t y_0 + \sum_{j=1}^{t} \rho_T^{t-j} u_j$$

由此可得：

$$(k_T \rho_T^T)^{-1} \sum_{t=1}^{T} y_{t-1} \varepsilon_t = (k_T \rho_T^T)^{-1} \sum_{t=1}^{T} \left(\rho_T^{t-1} y_0 + \sum_{j=1}^{t-1} \rho_T^{t-1-j} u_j \right) \varepsilon_t$$

$$= y_0 (k_T \rho_T^T)^{-1} \sum_{t=1}^{T} \rho_T^{t-1} \varepsilon_t + (k_T \rho_T^T)^{-1} \sum_{t=1}^{T} \left(\sum_{j=1}^{t-1} \rho_T^{-j} u_j \right) \rho_T^{t-1} \varepsilon_t$$

根据初始值的设定 $y_0 = o_p(\sqrt{k_T})$，可以得到：

$$y_0 (k_T \rho_T^T)^{-1} \sum_{t=1}^{T} \rho_T^{t-1} \varepsilon_t = o_p \left(k_T^{-1/2} \sum_{t=1}^{T} \rho_T^{-(T-t+1)} \varepsilon_t \right) = o_p(1)$$

另外，根据式（2-17）的鞅分解以及定理 2-1 的证明过程，可以得到：

$$\sum_{j=1}^{t-1} \rho_T^{-j} u_j = C(1) \sum_{j=1}^{t-1} \rho_T^{-j} \varepsilon_j + \sum_{j=1}^{t-1} \rho_T^{-j} (\widetilde{\varepsilon}_{t-1} - \widetilde{\varepsilon}_t)$$

$$= \frac{\lambda}{\sigma} \sum_{j=1}^{t-1} \rho_T^{-j} \varepsilon_j + \rho_T^{-j} \widetilde{\varepsilon}_0 - \rho_T^{-(t+1)} \widetilde{\varepsilon}_{t-1} - c k_T^{-1} \sum_{j=1}^{t-2} \rho_T^{-(j+1)} \widetilde{\varepsilon}_j$$

鉴于 $\mathrm{var}(\widetilde{\varepsilon}_t) < \infty$，故而有：

$$(k_T \rho_T^T)^{-1} \sum_{t=1}^{T} y_{t-1} \varepsilon_t = (k_T \rho_T^T)^{-1} \sum_{t=1}^{T} \left(\sum_{j=1}^{t-1} \rho_T^{-j} u_j \right) \rho_T^{t-1} \varepsilon_t + o_p(1)$$

$$= \frac{\lambda}{\sigma} (k_T \rho_T^T)^{-1} \sum_{t=1}^{T} \left(\sum_{j=1}^{t-1} \rho_T^{-j} \varepsilon_j \right) \rho_T^{t-1} \varepsilon_t - (k_T \rho_T^T)^{-1} \sum_{t=1}^{T} \widetilde{\varepsilon}_{t-1} \varepsilon_t$$

$$-ck_T^{-2}\rho_T^{-T}\sum_{t=1}^{T}\sum_{j=1}^{t-2}\rho_T^{t-j-2}\,\widetilde{\varepsilon}_j\,\varepsilon_t+o_p(1)$$

$$=\frac{\lambda}{\sigma}(k_T\rho_T^{T})^{-1}\sum_{t=1}^{T}\left(\sum_{j=1}^{t-1}\rho_T^{t-1-j}\,\varepsilon_j\right)\varepsilon_t+o_p(1)$$

注意到：

$$(k_T\rho_T^{T})^{-1}\sum_{t=1}^{T}\left(\sum_{j=1}^{t-1}\rho_T^{t-1-j}\,\varepsilon_j\right)\varepsilon_t$$

$$=(k_T\rho_T^{T})^{-1}\sum_{t=1}^{T}\left(\rho_T^{t-1}y_0+\sum_{j=1}^{t-1}\rho_T^{t-1-j}\,\varepsilon_j\right)\varepsilon_t-y_0(k_T\rho_T^{T})^{-1}\sum_{t=1}^{T}\rho_T^{t-1}\,\varepsilon_t$$

$$=X_T Y_T+o_p(1)=\frac{\sigma^2}{\lambda^2}\widetilde{X}_T\widetilde{Y}_T+o_p(1)$$

因此，我们有：

$$(k_T\rho_T^{T})^{-1}\sum_{t=1}^{T}y_{t-1}\,\varepsilon_t\Rightarrow\frac{\sigma}{\lambda}\widetilde{X}\widetilde{Y}$$

定理 2-2（e）得证。

第三章 中度偏离单位根过程与非线性确定性趋势

我们知道，尢论是独立同分布条件下的中度偏离单位根过程，还是具有自相关新息的中度偏离单位根过程，主导数据过程爆炸式增长的内在驱动力均为由随机误差项经中度偏离根 ρ_T 的指数形式扩大而形成的随机累积趋势。由经济理论和计量经济的文献可知，这种随机累积趋势度量了经济增长的潜力，通常来源于实际冲击对经济产生的持久性作用。然而，不可观测和不可预见的随机因素对经济的冲击效应还不足以反映现实经济的内在增长逻辑。由此提出的问题是：如何度量由技术进步和经济结构升级所带来的确定性趋势？如何准确地分解和识别需求冲击所形成的随机累积趋势和供给冲击所形成的确定性趋势？确定性趋势成分和随机累积趋势成分哪个为主导时间序列爆炸性上涨的主要成分？为研究上述问题，本章构建含有确定性漂移项的中度偏离单位根过程，继而使主导中度偏离单位根过程爆炸式增长的驱动力由随机累积趋势单驱动变为随机累积趋势与非线性确定性趋势双驱动。这一扩展不仅发展了现有文献的框架，也为有效地捕捉资产价格泡沫提供了新的计量工具，具有引领这一方向后续研究的重要意义。

从文献来看，无论是单位根过程，还是爆炸过程，当模型中引入漂移项时，自回归系数估计量的大样本性质都会发生较大变化。究其原因，是因为当不存在漂移项时，主导时间序列的趋势成分是随机误差项累积形成的随机累积趋势，而存在漂移项时，主导时间序列的趋势成分通常变为由漂移项累积形成的确定性趋势。Phillips（1987）、Phillips 和 Perron（1988）

研究表明，如果真实的数据生成过程含有漂移项，但是单位根检验式中没有包含常数项，那么单位根检验会产生明显的检验尺度扭曲。Phillips 等（2011）、Phillips 等（2014）的研究表明，如果真实的数据生成过程不含漂移项，但是向前递归回归的上确界单位根检验式中包含了常数项，那么泡沫检验会产生明显的检验尺度扭曲和检验功效损失。Wang 和 Yu（2015）研究表明，对于一个含有非零常数漂移项的爆炸泡沫 AR（1）过程，其自回归系数的估计偏误将不再以 $\rho^T (\rho^2 - 1)^{-1}$ 的收敛速度收敛到标准柯西分布，而是以 $\rho^T (\rho - 1)^{-3/2}$ 的收敛速度收敛到一个混合正态分布。只有当漂移项退化为零的时候，其收敛速度和极限分布才会由量变到质变。相应地，当自回归系数为满足式（2-2）的中度偏离单位根时，Fei（2018）、Liu 和 Peng（2019）给出了自回归系数估计偏误的大样本性质，它的极限分布此时不再是一个标准柯西分布，而是一个混合正态分布。

近年来，前沿文献对漂移项的讨论逐渐转向弱漂移模型。在弱漂移模型中，漂移项依赖于样本量，并且随着样本量的增大而向零衰减。这一设定将传统意义上的无漂移模型和常数漂移模型衔接起来。通常来讲，由漂移项累积形成的确定性趋势会主导由随机误差项累积形成的随机累积趋势。但这两种趋势对时间序列爆炸式增长的贡献差异会随着漂移项的变弱而逐渐消失。当漂移项足够弱，也即随着样本量的增大漂移项以足够快的速度收敛到零时，随机累积趋势会反过来主导确定性趋势。这种情形下，弱漂移项的作用渐近等同于不含漂移项。在单位根检验和泡沫检验框架下，漂移项通常被设为 $\mu = \mu_0 T^{-\eta}$，其中 μ_0 是常数，η 是弱漂移参数且满足 $\eta \geq 0$。当 $\mu_0 = 0$ 时，模型不含漂移项。当 $\eta \neq 0$ 时，漂移项随着样本量的增大而向零衰减。当 $\eta \to \infty$ 时，弱漂移项 μ 向零漂移项逼近。弱漂移参数 η 决定了主导数据生成过程的趋势成分到底是随机累积趋势还是确定性趋势。对于一个含有漂移项 $\mu_0 T^{-\eta}$ 的单位根过程 $y_t = \mu_0 T^{-\eta} + y_{t-1} + \varepsilon_t$，第 $t = T$ 期时的数据生成过程可表示为累积形式 $y_T = \mu_0 T^{1-\eta} + \sum_{t=1}^{T} \varepsilon_t + y_0$。显然，当 $0 \leq \eta < 1/2$ 时，由漂移项累积形成的确定性趋势 $\mu_0 T^{1-\eta}$ 强于由随机误差项

累积形成的随机累积趋势 $\sum_{t=1}^{T} \varepsilon_t$，后者实际上等于 $O_p\left(\sqrt{T}\right)$。反之，当 $\eta >$ 1/2 时，确定性趋势弱于随机累积趋势。Phillips 等（2014）讨论了在单位根原假设之下，ADF 统计量和 SADF 统计量在 $0 \leqslant \eta < 1/2$ 和 $\eta > 1/2$ 两种情形之下的渐近分布。结果表明，错误地识别真实数据过程的主导趋势会严重引发单位根检验和泡沫检验的检验尺度扭曲。这一系列的文献表明，正确识别漂移项的强弱和数据过程的主导成分对于相关检验结果的准确性而言至关重要。

在本章中，我们将中度偏离单位根过程扩展到含有漂移项的中度偏离单位根过程，因而本章所考虑的中度偏离单位根过程同时由随机累积趋势和确定性趋势所驱动。模型中漂移项 μ 被设置为依赖于 k_T，并且依然有强弱之分。当 $\mu = o\left(k_T^{-1/2}\right)$ 时，我们认为漂移项是弱漂移项；当 $\mu k_T^{1/2} \to \infty$ 时，我们认为漂移项是强漂移项。我们从理论上证明了，无论漂移项是强还是弱，基于中度偏离单位根的 t 检验统计量具有相同的分布。这一不变性大大扩展了中度偏离单位根检验的应用范围。在这一理论结果的支撑下，我们不需要关心中度偏离单位根过程的真实模型是否包含有漂移项，也不需要关心数据生成过程的主导趋势成分到底是随机累积趋势还是确定性趋势，更不需要担心因错误识别漂移项的强弱而选择不合适的极限分布。

本章还对中度偏离单位根过程的随机误差项设定形式进行扩展，允许随机误差项存在自相关或者条件异方差。当随机误差项存在序列相关或者条件异方差时，传统的最小二乘 t 检验并不精确。我们使用傅里叶基函数的前若干个周期的简单平均来构建长期方差的估计量估计随机误差项的长期方差，并基于此对标准 t 统计量进行修正。我们证明了，固定平滑参数框架下，修正的 t 统计量具有双重稳健性：检验的渐近稳健性既不依赖于漂移项的强弱，也不依赖于随机误差项是否存在序列相关或者条件异方差。这一结论是对现有文献的发展和补充，而这种双重稳健性使得我们提出的渐近检验具有优良的实证应用性。我们不需要事先知道真实数据生成过程是否包含漂移项以及漂移项是强漂移项还是弱漂移项，也不需要去检验和分辨随机误差项是否存在自相关或条件异方差偏误，使用统一的标准检验即可对中度偏离行为做出判断。这种统一的标准检验意味着我们不需要使用仿真来计算检验分布的临界值，使用标准分布的临界值即可，这为实证应用提供了大大的便利。

本章的主要内容安排如下：本章的第一节介绍了独立同分布误差项下的带漂移项的中度偏离单位根过程的极限理论，并构建了关于中度偏离单位根自回归系数的稳健检验。这一检验的渐近稳健性不依赖于主导样本的趋势是非线性确定性趋势还是随机累积趋势。第二节将带漂移项的中度偏离单位根模型扩展到自相关和条件异方差误差项情形。第三节报告了蒙特卡洛仿真实验结果。第四节和第五节利用我们提出的新方法做出了实证应用。其中，第四节检验了 2008 年金融危机前夕十个主要资本市场（涵盖各大洲）的价格指数，为重新认识 2008 年金融危机尤其是危机前夕的非理性繁荣提供计量视角。第五节检验了 2020 年新冠肺炎疫情暴发初期的中度爆炸式上升现象，旨在评估和判断受疫情影响严重的国家的疫情暴发程度。第六节是本章小结。本章的附录给出了本章所有引理和定理的详细证明过程。

第一节　独立同分布新息下的中度偏离单位根渐近正态检验

考虑模型：

$$y_t = \mu_T + \rho_T y_{t-1} + \varepsilon_t \tag{3-1}$$

其中，随机误差项 $\{\varepsilon_t\}$ 满足独立同分布条件 $\varepsilon_t \sim$ i.i.d. $(0, \sigma^2)$，ρ_T 满足式（2-2）的条件。如前所述，我们对 k_T 的发散速度施加一个上界 $k_T = o(T)$，使得中度偏离单位根 $\rho_T = 1 + c/k_T$ 相对近单位根 $\rho_T = 1 + c/T$ 有更大程度的偏离程度和更快的发散速度。同时，我们对初始值也予以一定的限

制 $y_0 = o_p(\sqrt{k_T})$，继而随着样本量的增加，初始值累积形成的效应会渐近可忽略。

对于模型（3-1）中的漂移项，我们施加如下假设条件：

假设 3-1 当 $T \to \infty$ 时，有 $\mu_T \sqrt{k_T} \to \tau$，其中，$\tau \in [0, \infty]$。

假设 3-1 描述了漂移项的发散速度。当 $\tau = 0$ 时，漂移项 $\mu_T = o(k_T^{-1/2})$ 是弱漂移项，此时主导中度偏离单位根过程爆炸式增长的趋势成分是随机累积趋势。注意到，漂移项 μ_T 可以绝对等于 0，因此我们的模型也包含了无漂移情形。另外，当 $\tau = \infty$ 时，漂移项是强漂移项，此时主导中度偏离单位根过程爆炸式增长的趋势成分是由强漂移项累积形成的确定性趋势。显然，若漂移项等于一个不为零的常数（不依赖于样本量 T），那么 $\mu_T \sqrt{k_T} \to \infty$ 自然成立，该常数漂移项为强漂移项。实际中，我们并不能事先知晓数据生成过程是否含有漂移项趋势。为避免模型错误识别，我们建议在模型中加入漂移项①。

迭代式（3-1）可得：

$$y_t = \rho_T^t y_0 + \sum_{j=1}^{t} \rho_T^{t-j} \varepsilon_j + \mu_T (\rho_T^t - 1)/(\rho_T - 1) \tag{3-2}$$

式（3-2）清晰地表明，中度偏离单位根过程 $\{y_t\}$ 由两个趋势成分共同主导：随机误差项经由中度偏离单位根 ρ_T 累积形成的随机累积趋势成分 $\sum_{j=1}^{t} \rho_T^{t-j} \varepsilon_j$ 主导，漂移项经由中度偏离单位根 ρ_T 累积形成的非线性确定性趋势成分 $\mu_T (\rho_T^t - 1)/(\rho_T - 1)$ 主导。当累积到第 $t = T$ 期时，根据式（2-5）和式（2-6）的结果，随机累积趋势 $\sum_{j=1}^{T} \rho_T^{T-j} \varepsilon_j = O_p(\rho_T^T \sqrt{k_T})$。当初始值 $y_0 = o_p(\sqrt{k_T})$ 时，随机累积趋势主导初始值的累积趋势 $\rho_T^T y_0 = o_p(\rho_T^T \sqrt{k_T})$。同时，非线性确定性趋势 $\mu_T (\rho_T^t - 1)/(\rho_T - 1) = O(\mu_T k_T \rho_T^T) = O(\tau \rho_T^T \sqrt{k_T})$。当

---

① 当模型不含有漂移项时，可认为此时漂移项 $\mu_T = 0$。

$\tau=0$ 时，随机累积趋势主导确定性趋势；当 $\tau=\infty$ 时，确定性趋势占主导地位。这一系列结果与上文关于漂移项强弱的定义是相一致的。

进一步，我们给出如下引理：

引理 3-1 在假设 2-1 成立的条件下，我们有 $(k_T^{3/2}\rho_T^{2T})^{-1}\sum\limits_{t=1}^{T}\sum\limits_{j=t}^{T}\rho_T^{2(t-1)-j}$

$\varepsilon_j=o_p(1)$。

定义 $1/\infty=0$。根据式（3-2）和引理 3-1，我们可以推出如下定理：

定理 3-1 在假设 2-1、假设 2-2 和假设 3-1 成立的条件下，对模型（3-1），当 $\tau\in(0,\infty]$ 时，我们有：

（a）$(\mu_T^2 k_T^3 \rho_T^{2T})^{-1}\sum\limits_{t=1}^{T}y_{t-1}^2\Rightarrow\dfrac{1}{2c}\left(\dfrac{Y}{\tau}+\dfrac{1}{c}\right)^2$；

（b）$(\mu_T k_T^2 \rho_T^T)^{-1}\sum\limits_{t=1}^{T}y_{t-1}\Rightarrow\dfrac{1}{c}\left(\dfrac{Y}{\tau}+\dfrac{1}{c}\right)$；

（c）$(\mu_T k_T^{3/2}\rho_T^T)^{-1}\sum\limits_{t=1}^{T}y_{t-1}\varepsilon_t\Rightarrow X\left(\dfrac{Y}{\tau}+\dfrac{1}{c}\right)$。

定理 3-1（a）至定理 3-1（c）展示了 $\tau\in(0,\infty]$ 情形下中度偏离单位根过程的样本方差统计量 $\sum\limits_{t=1}^{T}y_{t-1}^2$、样本均值统计量 $\sum\limits_{t=1}^{T}y_{t-1}$ 和样本协方差统计量 $\sum\limits_{t=1}^{T}y_{t-1}\varepsilon_t$ 的渐近性质。其中，样本方差统计量 $\sum\limits_{t=1}^{T}y_{t-1}^2$ 以 $\mu_T^2 k_T^3\rho_T^{2T}$ 的速度收敛到变量 $(Y/\tau+1/c)^2/(2c)$，样本均值统计量 $\sum\limits_{t=1}^{T}y_{t-1}$ 以 $\mu_T k_T^2\rho_T^T$ 的速度收敛到变量 $(Y/\tau+1/c)/c$，样本协方差统计量 $\sum\limits_{t=1}^{T}y_{t-1}\varepsilon_t$ 以 $\mu_T k_T^{3/2}\rho_T^T$ 的速度收敛到变量 $X(Y/\tau+1/c)$。定理 3-1（a）至定理 3-1（c）的样本统计量收敛速度比 Phillips 和 Magdalinos（2007a）的不含漂移项中度偏离单位根模型相应的样本统计量收敛速度更快。这是因为，当 $\tau\in(0,\infty]$ 时，主导数据生成过程的趋势由随机累积趋势变为非线性确定性趋势。这也解释了定理 3-1（a）至定理 3-1（c）所示的样本统计量收敛速度含有 μ_T 的原因。

定义随机序列 $Z_T : = T^{-1/2} \sum\limits_{t=1}^{T} \varepsilon_t$。根据 Lindeberg-Feller 中心极限定理可

知，Z_T 依分布收敛到正态变量 Z，而 $Z \sim N$（0，σ^2）。定义回归元向量 $\tilde{x}_t =$
（1，y_{t-1}）$'$。定义尺度矩阵：

$$\widetilde{D}_T = \begin{pmatrix} \sqrt{T} & 0 \\ 0 & \mu_T k_T^{3/2} \rho_T^T \end{pmatrix} \tag{3-3}$$

根据定理 3-1（a）和定理 3-1（b），我们有：

$$\widetilde{D}_T^{-1} \left(\sum_{t=1}^{T} \tilde{x}_t \tilde{x}_t' \right) \widetilde{D}_T^{-1} = \begin{vmatrix} \dfrac{1}{T} \sum\limits_{t=1}^{T} 1 & \dfrac{1}{\mu_T \sqrt{T} \, k_1^{3/2} \rho_1^T} \sum\limits_{t=1}^{T} y_{t-1} \\ \dfrac{1}{\mu_T \sqrt{T} \, k_T^{3/2} \rho_T^T} \sum\limits_{t=1}^{T} y_{t-1} & \dfrac{1}{\mu_T^2 k_T^3 \rho_T^{2T}} \sum\limits_{t=1}^{T} y_{t-1}^2 \end{vmatrix}$$

$$= \begin{vmatrix} 1 & O_p(\sqrt{k_T/T}) \\ O_p(\sqrt{k_T/T}) & \dfrac{1}{\mu_T^2 k_T^3 \rho_T^{2T}} \sum\limits_{t=1}^{T} y_{t-1}^2 \end{vmatrix} \Rightarrow \begin{vmatrix} 1 & 0 \\ 0 & \dfrac{1}{2c}\left(\dfrac{Y}{\tau}+\dfrac{1}{c}\right)^2 \end{vmatrix} \tag{3-4}$$

根据定理 3-1（c），我们有：

$$\widetilde{D}_T^{-1} \sum_{t=1}^{T} \tilde{x}_t \varepsilon_t \Rightarrow \left(Z \quad X\left(\dfrac{Y}{\tau}+\dfrac{1}{c}\right) \right)' \tag{3-5}$$

综合式（3-4）至式（3-5）以及 Cramér-Wold 定理，我们有：

$$\mu_T k_T^{3/2} \rho_T^T (\hat{\rho}_T - \rho_T) = e_2' \left[\widetilde{D}_T^{-1}\left(\sum_{t=1}^{T} \tilde{x}_t \tilde{x}_t'\right) \widetilde{D}_T^{-1} \right]^{-1} \left[\widetilde{D}_T^{-1} \sum_{t=1}^{T} \tilde{x}_t \varepsilon_t \right]$$

$$\Rightarrow \dfrac{X(Y/\tau + 1/c)}{(Y/\tau + 1/c)^2/(2c)} = \dfrac{2cX}{Y/\tau + 1/c} \tag{3-6}$$

其中，$e_2 = (0, 1)'$。

式（3-6）表明，带漂移项的中度偏离单位根过程的自回归系数估计
偏误以 $\mu_T k_T^{3/2} \rho_T^T$ 的速度收敛到一个混合正态分布 $2cX/(Y/\tau + 1/c)$。这一分
布依赖于正态变量 X 和 Y，同时也依赖于 τ 的取值。当 $\tau = \infty$ 继而漂移项
为强漂移项时，我们有 $\mu_T k_T^{3/2} \rho_T^T(\hat{\rho}_T - \rho_T) \Rightarrow 2c^2 X$，这意味着中度偏离根的估

计量 $\hat{\rho}_T$ 具有渐近正态性。

接下来，我们构建关于中度偏离单位根的标准 t 检验。选取 $\widetilde{\sigma}_\rho^2 = s_T^2$ $\left(\sum_{t=1}^{T} y_{t-1}^2\right)^{-1}$ 作为自回归系数估计量 $\hat{\rho}_T$ 的标准误的平方，其中 $s_T^2 = (T-2)^{-1}$ $\sum_{t=1}^{T} (y_t - \widetilde{\mu}_T - \hat{\rho}_T y_{t-1})^2$，并基于此构造如式（3-7）所示的 t 统计量：

$$t_{ME} := \frac{\hat{\rho}_T - \rho_T}{\widetilde{\sigma}_\rho} \tag{3-7}$$

根据定理 3-1（a）至定理 3-1（c）可以推出：

$$t_{ME} \Rightarrow \frac{2cX}{Y/\tau + 1/c} \left(\frac{1}{\sigma} \frac{Y/\tau + 1/c}{\sqrt{2c}}\right) = \frac{X}{\sigma_c} =^d N(0, 1) \tag{3-8}$$

式（3-8）表明，带漂移项的中度偏离单位根的检验统计量 t_{ME} 的渐近分布是一个标准正态分布，而不是一个基于维纳过程或者 Ornstein-Uhlenbeck 过程的泛函。其主要原因是，在经由尺度矩阵 $\widetilde{D}_T$ 正则化后，矩阵 $\widetilde{D}_T^{-1}\left(\sum_{t=1}^{T} \widetilde{x}_t \widetilde{x}_t'\right)\widetilde{D}_T^{-1}$ 的非主对角线元素随着样本量的增大而衰减。隐藏在这一现象背后的关键假设在于 $k_T = o(T)$。相反，传统单位根过程和近单位根过程，经尺度矩阵正则化后的矩阵不是一个对角阵，它们的主对角线元素会渐近收敛到某一非零常数或变量。

特别地，当漂移项 μ_T 为一个非零常数 μ 时，Fei（2018）研究表明：

$$\left((\rho_T^2 - 1)\rho_T^{-2T} k_T^{-2} \sum_{t=1}^{T} y_{t-1}^2, \ \rho_T^{-T} k_T^{-2} \sum_{t=1}^{T} y_{t-1}, \ \rho_T^{-T} k_T^{-3/2} \sum_{t=1}^{T} y_{t-1}\varepsilon_t\right) \Rightarrow$$
$$\left(\frac{\mu^2}{c^2}, \ \frac{\mu}{c^2}, \ \frac{\mu}{c}X\right) \tag{3-9}$$

并基于此推出：

$$\rho_T^T(\rho_T - 1)^{-3/2}(\hat{\rho}_T - \rho_T) \Rightarrow N(0, 2\sigma^2/\mu^2) \tag{3-10}$$

以及 $t_{ME} \Rightarrow N(0, 1)$。

可以清晰地看出，式（3-9）是定理3-1（a）至定理3-1（c）的特殊情形。当弱漂移参数 $\tau = \infty$ 时，根据 Cramér-Wold 定理，定理3-1（a）至定理3-1（c）与式（3-9）的结果渐近相等，相应地，式（3-6）和式（3-10）的结果也渐近相等。

进一步，Wang 和 Yu（2015）研究了漂移项 μ_T 和中度偏离单位根 ρ_T 均为非零常数的情形。具体而言，Wang 和 Yu（2015）考虑模型 $y_t = \mu + \rho y_{t-1} + \varepsilon_t$，其中，$\mu$ 和 ρ 为非零常数，$\rho > 1$，$\varepsilon_t \sim$ i.i.d.（0，σ^2）。它们定义随机序列：

$$\ddot{X}_T : = \sum_{t=1}^{T} \rho^{-(T-t)} \varepsilon_t \tag{3-11}$$

$$\ddot{Y}_T : = \rho \sum_{t=1}^{T-1} \rho^{-t} \varepsilon_t + \rho y_0 \tag{3-12}$$

定义这两个随机序列 $\ddot{X}_T$ 和 $\ddot{Y}_T$ 的极限是 $\ddot{X}$ 和 $\ddot{Y}$。Wang 和 Yu（2015）研究表明：

$$\left((\rho^2 - 1) \rho^{-2(T-1)} \sum_{T=1}^{T} y_{t-1}^2, \ (\rho-1) \rho^{-(T-1)} \sum_{T=1}^{T} y_{t-1}, \ \rho^{-(T-2)} \sum_{T=1}^{T} y_{t-1} \varepsilon_t \right) \Rightarrow$$

$$\left(\left(\ddot{Y} + \frac{\rho\mu}{\rho-1} \right)^2, \ \left(\ddot{Y} + \frac{\rho\mu}{\rho-1} \right), \ \ddot{X} \left(\ddot{Y} + \frac{\rho\mu}{\rho-1} \right) \right) \tag{3-13}$$

并基于此推出 t 检验统计量（定义为 t_{WY}）的极限分布：

$$t_{WY} \Rightarrow t_\infty (y_0, \ \rho, \ \sigma^2, \ \mu) : = \frac{\ddot{X}}{\ddot{Y} + \rho\mu/(\rho-1)} \cdot \left| \ddot{Y} + \frac{\rho\mu}{\rho-1} \right| \cdot \left(\frac{\rho^2-1}{\rho^2 \sigma^2} \right)^{1/2}$$

$$\tag{3-14}$$

由式（3-14）可以看出，Wang 和 Yu（2015）构造的自回归系数 t 检验统计量不具有枢轴的渐近分布，它的渐近分布依赖于初始值 y_0、爆炸根 ρ、随机误差项方差 σ^2 和漂移项 μ 四个冗杂参数。在实际中，这些冗杂参数是未知的，因而式（3-14）所给出的极限分布不具有可行性。然而，当我们将爆炸根 ρ 替换为式（2-2）所示的中度偏离单位根 $\rho_T = 1 + c/k_T$ 且对初始值施加约束 $y_0 = o_p (\sqrt{k_T})$ 时，式（3-11）和式（3-12）所定义的随机序列满足如下结果：

$$k_T^{-1/2} \ddot{X}_T = k_T^{-1/2} \sum_{t=1}^{T} \rho^{-(T-t)} \varepsilon_t = k_T^{-1/2} \rho_T \sum_{t=1}^{T} \rho_T^{-(T-t)-1} \varepsilon_t$$

$$= \left[k_T^{-1/2} (1 + ck_T^{-1}) \right] \sum_{t=1}^{T} \rho_T^{-(T-t)-1} \varepsilon_t = X_T (1 + o_p(1))$$

和

$$k_T^{-1/2} \ddot{Y}_T = k_T^{-1/2} \left(\rho \sum_{t=1}^{T-1} \rho^{-t} \varepsilon_t + \rho y_0 \right) = k_T^{-1/2} \rho_T \left(\sum_{t=1}^{T} \rho^{-t} \varepsilon_t - \rho_T^{-T} \varepsilon_T \right) + k_T^{-1/2} \rho_T y_0$$

$$= \left[k_T^{-1/2} (1 + ck_T^{-1}) \right] \sum_{t=1}^{T} \rho^{-t} \varepsilon_t + O_p (k_T^{-1/2} \rho_T^{-(T-1)}) + o_p (1 + ck_T^{-1})$$

$$= Y_T (1 + o_p(1))$$

根据 Cramér–Wold 定理，定理 3-1（a）至定理 3-1（c）与式（3-13）的结果渐近相等。与此同时，式（3-14）给出的极限分布 $t_\infty (y_0, \rho, \sigma^2, \mu)$ 将相应地变为：

$$t_\infty (y_0, \rho, \sigma^2, \mu) = \frac{\sqrt{k_T} X}{\sqrt{k_T} Y + \mu k_T / c + \mu} \cdot \left| \sqrt{k_T} Y + \mu k_T / c + \mu \right| \cdot \left(\frac{2c/k_T}{\sigma^2} \right)^{1/2}$$

$$(1 + o_p(1))$$

$$= \frac{X}{\sigma_c} \cdot \frac{\left| \sqrt{k_T} Y + \mu k_T / c + \mu \right|}{\sqrt{k_T} Y + \mu k_T / c + \mu} \cdot (1 + o_p(1))$$

$$= \pm \frac{X}{\sigma_c} (1 + o_p(1)) \Rightarrow N(0, 1)$$

不论是在 $(\sqrt{k_T} Y) / (\mu k_T / c + \mu) = O_p(1)$ 还是在 $(\mu k_T / c + \mu) / (\sqrt{k_T} Y) = O_p(1)$ 的情形下，上述渐近结果都成立。因此，在带漂移项的中度偏离单位根过程框架下，非标准分布 $t_\infty (y_0, \rho, \sigma^2, \mu)$ 将渐近等价于一个标准正态分布。事实上，我们可以将这一结果理解为一个非正式的序列渐近结果。Wang 和 Yu（2015）建立了一个基于固定的爆炸根 $\rho > 1$ 和给定的初始值 y_0，而我们研究了当爆炸根以中度偏离形式逼近于单位根（即 $\rho_T = 1 + c/k_T$）以及初始值渐近可忽略（即 $y_0 = o_p (\sqrt{k_Y})$）的情形。因此，所得的渐近结果平滑地从爆炸过程向中度偏离单位根过程转化。

下面我们推导当 $\tau = 0$ 情形下中度偏离单位根过程的样本统计量的渐近性质。

定理 3-2 在假设 2-1、假设 2-2 和假设 3-1 成立的条件下，对模型 (3-1)，当 $\tau = 0$ 时，我们有：

（a）$(k_T^2 \rho_T^{2T})^{-1} \sum_{t=1}^{T} y_{t-1}^2 \Rightarrow \frac{1}{2c} Y^2$；

（b）$(k_T^{3/2} \rho_T^T)^{-1} \sum_{t=1}^{T} y_{t-1} \Rightarrow \frac{1}{c} Y$；

（c）$(k_T \rho_T^T)^{-1} \sum_{t=1}^{T} y_{t-1} \varepsilon_t \Rightarrow XY$。

定理 3-2（a）至定理 3-2（c）的结果清晰地表明，当漂移项为弱漂移 $\mu_T = o(1/\sqrt{k_T})$ 时，样本方差统计量 $\sum_{t=1}^{T} y_{t-1}^2$ 以 $k_T^2 \rho_T^{2T}$ 的速度收敛到变量 $Y^2/(2c)$，样本均值统计量 $\sum_{t=1}^{T} y_{t-1}$ 以 $k_T^{3/2} \rho_T^T$ 的速度收敛到变量 Y/c，样本协方差统计量 $\sum_{t=1}^{T} y_{t-1} \varepsilon_t$ 以 $k_T \rho_T^T$ 的速度收敛到变量 XY。定理 3-2（a）至定理 3-2（c）的样本统计量收敛速度和渐近结果与 Phillips 和 Magdalinos（2007a）的不含漂移项中度偏离单位根模型的结果相同。这意味着，弱漂移项在大样本情形下的效应渐近等同于不含漂移项。定理 3-2 的证明与定理 3-1 的证明非常类似，仅需要做一些微小调整。为避免重复，我们省去定理 3-2 的证明。

根据定理 3-2 的结果以及 Cramér-Wold 定理，我们可以推出 $\tau = 0$ 情形下中度偏离单位根过程自回归系数估计偏误的渐近表述：

$$k_T \rho_T^T (\hat{\rho}_T - \rho_T) \Rightarrow \frac{2cX}{Y} \tag{3-15}$$

这一结果与式（2-9）相一致。相应地，我们可以推出基于自回归系数估计量的 t 统计量的渐近分布：

$$t_{ME} \Rightarrow \frac{X}{\sigma_c} =^d N(0, 1) \tag{3-16}$$

我们将 $\tau \in (0, \infty]$ 情形下的 t_{ME} 统计量的渐近结果［见式（3-8）］和 $\tau = 0$ 情形下的 t_{ME} 统计量的渐近结果［见式（3-16）］整理成如下定理：

定理 3-3 在假设 2-1、假设 2-2 和假设 3-1 成立的条件下，对模型（3-1），当 $T \to \infty$ 时，我们有 $t_{ME} \Rightarrow N(0, 1)$。

定理 3-3 的结果非常简洁。从定理可以看出，不论漂移项的强弱、不论主导中度偏离单位根过程时间序列的趋势成分是随机累积趋势还是非线性确定性趋势，基于自回归系数的 t 统计量均渐近服从标准正态分布。即便不同漂移项情形下自回归系数估计偏误的收敛速度和极限分布会有不同表现，但在正则化后我们都可以得到一个不依赖于漂移项的稳健统计量。这意味着，当回归方程式包含截距项时，不论真实中度偏离单位根过程是否含有漂移项，自回归系数的 t 统计量 t_{ME} 都会有渐近正态性，使用正态分布的标准临界值不会带来理论上的检验尺度扭曲。相反，如果回归方程式不含截距项，而真实数据过程含有强漂移项，那么基于 Phillips 和 Magdalinos（2007a）模型构建的 t_{PM} 检验［见式（2-10）］将面临较大的检验尺度扭曲。因此，定理 3-3 的结果为我们的实证分析提供了坚实的理论支撑：当我们不知道真实数据生成过程是否包含漂移项、包含强或弱的漂移项时，我们建议使用 t_{ME} 检验而非 t_{PM} 检验。不论漂移项强弱，甚至不存在漂移项，渐近正态的 t_{ME} 检验都具有稳健性。

需要强调，定理 3-3 所描述的检验统计量的稳健性对中度偏离单位根过程适用，但对单位根过程并不适用。Phillips 等（2014）考虑了带有漂移项 $\mu_0 T^{-\eta}$ 的单位根过程 $y_t = \mu_0 T^{-\eta} + y_{t-1} + \varepsilon_t$，其中 $\eta \geqslant 0$，$\varepsilon_t \sim$ i.i.d. $(0, \sigma^2)$，$y_0 = 0$。当 $0 \leqslant \eta < 1/2$ 时，主导单位根过程的非线性确定性趋势强于随机累积趋势，漂移项为强漂移项；当 $\eta > 1/2$ 时，主导单位根过程的确定性趋势弱于随机累积趋势，漂移项为强漂移项。Phillips 等（2014）研究表明，使用带截距项的回归方程式检验上述带有漂移项的单位根过程，那么，当 $0 \leqslant \eta < 1/2$ 时，DF 统计量具有如下渐近性质：

$$DF := \frac{\hat{\rho} - 1}{se(\hat{\rho})} \Rightarrow \left[\int_0^1 r dW(r) - \int_0^1 W(r) dr \right] \left(\int_0^1 r^2 dr \right)^{-1/2} \tag{3-17}$$

其中，$se(\hat{\rho})$指自回归系数估计量$\hat{\rho}$的标准误；当$\eta > 1/2$时，DF 统计量具有如下渐近性质：

$$
DF \Rightarrow \frac{\dfrac{1}{2}\{[W(1)]^2 - 1\} - W(1)\displaystyle\int_0^1 W(r)\,dr}{\left\{\displaystyle\int_0^1 [W(r)]^2\,dr - \left[\displaystyle\int_0^1 W(r)\,dr\right]^2\right\}^{1/2}} \tag{3-18}
$$

式（3-18）是在无漂移项 DF 分布的基础上进行去均值化后的结果。式（3-17）和式（3-18）表明，真实数据生成过程是否含有漂移项、含有强的漂移项还是弱的漂移项，对单位根检验的渐近分布有显著的影响。这与 Dickey 和 Fuller（1979，1981）、MacKinnon（1996）的论述是一致的。进一步地，Phillips 等（2014）还推导了 SADF 统计量［定义见式（3-19）］在 $0 \le \eta < 1/2$ 情形和 $\eta > 1/2$ 情形下的渐近分布。结果表明，当 $0 \le \eta < 1/2$ 继而漂移项为强漂移项时，SADF 统计量具有如下渐近性质：

$$
SADF := \sup_{r_2 \in [r_0,\, 1]} \{DF_0^{r_2}\}
$$

$$
\Rightarrow \sup_{r_2 \in [r_0,\, 1]} \left[\int_0^{r_2} r\,dW(r) - \int_0^{r_2} W(r)\,dr\right]\left(\int_0^{r_2} r^2\,dr\right)^{-1/2} \tag{3-19}
$$

当 $\eta > 1/2$ 继而漂移项为弱漂移项时，SADF 统计量具有如下渐近性质：

$$
SADF \Rightarrow \sup_{r_2 \in [r_0,\, 1]} \left\{\frac{\dfrac{1}{2} r_2\{[W(r_2)]^2 - r_2\} - W(r_2)\displaystyle\int_0^{r_2} W(r)\,dr}{r_2^{1/2}\left\{r_2\displaystyle\int_0^{r_2}[W(r)]^2\,dr - \left[\displaystyle\int_0^{r_2} W(r)\,dr\right]^2\right\}^{1/2}}\right\} \tag{3-20}
$$

式（3-19）和式（3-20）表明，真实数据生成过程是否含有漂移项、含有强的漂移项还是弱的漂移项，对泡沫检验的渐近性质有显著的影响。在 Phillips 等（2015a，2015b）的论文中，为了避免复杂的讨论，他们选取了更为接近实际情况的弱漂移项 $\eta > 1/2$ 情形加以讨论。综上所述，对于传统意义上的单位根设定和近单位根设定[①]而言，漂移项的强弱会显著影响

---

① 近单位根过程的结果与单位根过程的结果类似。关于近单位根过程的渐近结果，可参见 Liu 和 Liu（2018）、Liu 和 Peng（2019）。

相关检验的渐近分布。但对于中度偏离单位根设定，基于自回归系数的 t 统计量具有稳健性，其渐近正态性不依赖于漂移项的存在与否和漂移项的强弱。从这一角度来说，带漂移项的中度偏离单位根过程具有更为优良的统计性质和应用价值，这也充分体现了本章的理论创新与进步。

第二节　自相关及条件异方差新息下的中度偏离单位根渐近 t 检验

上一节介绍了独立同分布新息下的带漂移项的中度偏离单位根过程的相关极限理论。这一节我们放松独立同分布新息这一强假设，允许误差项存在自相关和异方差结构。由第二章第二节的论述我们知道，任意一个不带漂移项的高阶自回归过程，若其特征多项式含有中度偏离根，则该高阶自回归过程可以写成一个增广中度偏离单位根过程，而该增广中度偏离单位根过程在假设 2-3 的条件下可改写为式（2-18）所示的 AR（1）过程，其中随机误差项存在线性相依结构。进一步地，对于一个带漂移项的高阶自回归过程，若其特征多项式含有中度偏离根，我们可以将其改写为如下所示带有漂移项的 AR（1）过程：

$$y_t = \mu_T + \rho_T y_{t-1} + u_t \tag{3-21}$$

式（3-21）在式（2-18）的基础上引入了漂移项 μ_T，继而驱动时间序列过程 $\{y_t\}$ 爆炸式增长的内在驱动力由随机累积趋势单驱动变为随机累积趋势和非线性确定性趋势共同驱动。我们对漂移项施加假设 3-1 来区别主导时间序列的趋势成分。当 $\mu_T \sqrt{k_T} \to \infty$ 时，漂移项是强漂移项，主导式（3-21）中度偏离单位根过程爆炸式增长的趋势成分是由漂移项累积形成的非线性确定性趋势。当 $\mu_T \sqrt{k_T} \to \tau = 0$ 时，漂移项 $\mu_T = o\ (k_T^{-1/2})$ 是弱漂移项，主导中度偏离单位根过程爆炸式增长的趋势成分是由随机误差项累积形成的随机累积趋势。注意到，此时的随机误差项具有假设 2-3 设定的线性相依性结构。进一步地，我们对假设 2-3 进行扩展，同时考虑随机误差项存在条件异方差的情形：

假设 3-2　随机误差项 $\{u_t\}$ 具有 Wold 表述 $u_t = C(L)\varepsilon_t$，其中 $C(L) = \sum_{j=0}^{\infty} c_j L^j$，且满足 $c_0 = 1$，$C(1) \in (0, \infty)$，以及 $\sum_{j=0}^{\infty} j \cdot |c_j| < \infty$。在此基础上，假定下述两个情形中的某一情形成立：

（a）假设 2-1 成立；

（b）$\varepsilon_t = z_t\sqrt{h_t}$，其中，$\{z_t\}$ 独立同分布且满足零均值、单位方差条件 $Ez_t = 0$ 和 $Ez_t^2 = 1$。给定一个滤波 F_t，假定 h_t 是 F_{t-1} 可适的，且 z_t 独立于 F_{t-1}。假定 (z_t, h_t) 平稳，且 $h_t > 0$，$Eh_t = \sigma^2 < \infty$。假定存在某一 $\zeta > 0$ 以及某一正值序列 $\{\Psi_m\}$，满足条件：随着 $m \to \infty$ 有 $\Psi_m \to 0$，以及对于任意 t，$m \geq 0$ 有：

$$\|E_{F_{t-1-m}}(h_t - \sigma^2)\|_1 \leq \zeta\Psi_m$$

假设 3-2（a）和假设 3-2（b）分别设定随机误差项存在弱自相关和条件异方差结构。当假设 3-2（a）成立时，使用 Lindeberg-Feller 中心极限定理可得到随机误差项 $\{u_t\}$ 的长期方差 $\lambda^2 = \sigma^2 C(1)^2$ 以及 $T^{-1/2}\sum_{t=1}^{T} u_t \Rightarrow N(0, \lambda^2)$。当假设 3-2（b）成立时，$\{\varepsilon_t\}$ 序列具有条件异方差。在这一假设条件下，当 z_t 是 F_t 可适时，$\{\varepsilon_t\}$ 序列是一个鞅差分序列。条件方差序列 $\{h_t\}$ 严平稳且可积，去均值后 $(h_t - \sigma^2)$ 是一个 L_1 混合鞅，因此该假设条件只需要 $\{u_t\}$ 的二阶矩条件成立即可。更多的论述可参考 Magdalinos（2012）、Arvanitis 和 Magdalinos（2018）。根据 Arvanitis 和 Magdalinos（2018），本节的假设 3-2（b）涵盖了多种形式的条件异方差过程，包括无穷阶 ARCH 过程、GARCH 过程以及随机波动模型（Stochastic Volatility Model）等。但即便随机误差项 $\{u_t\}$ 存在条件异方差，条件方差序列 $\{h_t\}$ 的存在也不影响样本和 $\sum_{t=1}^{T} u_t$ 的大样本性质，也即 $T^{-1/2}\sum_{t=1}^{T} u_t \Rightarrow N(0, \lambda^2)$ 在假设 3-2（b）条

件下依然成立。

在此基础上，我们给出如下引理：

引理 3-2 在假设 3-2 成立的条件下，我们有 $(k_T^{3/2}\rho_T^{2T})^{-1}\sum_{t=1}^{T}\sum_{j=t}^{T}\rho_T^{2(t-1)-j}u_j = o_p(1)$。

引理 3-2 是对引理 3-1 的扩展。当引理 3-2 中的随机误差项满足独立同分布条件时，引理 3-2 退化到引理 3-1。引理 3-2 的结果说明，即便随机误差项存在线性相依或条件异方差，$(k_T^{3/2}\rho_T^{2T})^{-1}\sum_{t=1}^{T}\sum_{j=t}^{T}\rho_T^{2(t-1)-j}u_j$ 依然随机可控。由此，我们可以推得 $\tau\in(0,\infty]$ 情形下和 $\tau=0$ 情形下样本统计量的渐近性质。

定理 3-4 在假设 2-2、假设 3-1 和假设 3-2 成立的条件下，对模型 (3-21)，当 $\tau\in(0,\infty]$ 时，我们有：

(a) $(\mu_T^2 k_T^3\rho_T^{2T})^{-1}\sum_{t=1}^{T}y_{t-1}^2\Rightarrow\frac{1}{2c}\left(\frac{\widetilde{Y}}{\tau}+\frac{1}{c}\right)^2$；

(b) $(\mu_T k_T^2\rho_T^{T})^{-1}\sum_{t=1}^{T}y_{t-1}\Rightarrow\frac{1}{c}\left(\frac{\widetilde{Y}}{\tau}+\frac{1}{c}\right)$；

(c) $(\mu_T k_T^{3/2}\rho_T^{T})^{-1}\sum_{t=1}^{T}y_{t-1}u_t\Rightarrow\widetilde{X}\left(\frac{\widetilde{Y}}{\tau}+\frac{1}{c}\right)$。

定理 3-5 在假设 2-2、假设 3-1 和假设 3-2 成立的条件下，对模型 (3-21)，当 $\tau=0$ 时，我们有：

(a) $(k_T^2\rho_T^{2T})^{-1}\sum_{t=1}^{T}y_{t-1}^2\Rightarrow\frac{1}{2c}\widetilde{Y}^2$；

(b) $(k_T^{3/2}\rho_T^{T})^{-1}\sum_{t=1}^{T}y_{t-1}\Rightarrow\frac{1}{c}\widetilde{Y}$；

(c) $(k_T\rho_T^{T})^{-1}\sum_{t=1}^{T}y_{t-1}u_t\Rightarrow\widetilde{X}\widetilde{Y}$。

本章附录给出了定理 3-4 的证明。定理 3-5 的证明只需对定理 3-4

的证明步骤做出微小调整即可。为避免重复，我们省去定理 3-5 的证明。定理 3-4 和定理 3-5 分别展示了 $\tau \in (0, \infty]$ 和 $\tau = 0$ 情形下中度偏离单位根过程的样本方差统计量 $\sum_{t=1}^{T} y_{t-1}^2$、样本均值统计量 $\sum_{t=1}^{T} y_{t-1}$ 和样本协方差统计量 $\sum_{t=1}^{T} y_{t-1} u_t$ 的渐近性质。这两个定理所展示的结果与独立同分布新息条件的结果相一致，唯一的区别在于定理 3-4 和定理 3-5 的渐近分布相比定理 3-1 和定理 3-2 的渐近分布而言，由随机变量 $\widetilde{X}$ 和 $\widetilde{Y}$ 取代了原有的随机变量 X 和 Y。我们可以将这种变化理解为由独立同分布新息到线性相依新息的重构。

根据定理 3-4 以及 Cramér-Wold 定理，我们可以推出，当 $\tau \in (0, \infty]$ 时，自回归系数的估计偏误以 $\mu_T k_T^{3/2} \rho_T^T$ 的速度收敛到一个混合正态分布：

$$\mu_T k_T^{3/2} \rho_T^T (\hat{\rho}_T - \rho_T) \Rightarrow \frac{2c\widetilde{X}}{\widetilde{Y}/\tau + 1/c} \tag{3-22}$$

式（3-22）的收敛速度与式（3-6）所示的独立同分布新息情形下的收敛速度相同，而式（3-22）中的混合正态分布依赖于正态变量 $\widetilde{X}$ 和 $\widetilde{Y}$，以及 τ 的取值。当 $\tau = \infty$ 也即漂移项为强漂移项时，我们有 $\mu_T k_T^{3/2} \rho_T^T (\hat{\rho}_T - \rho_T) \Rightarrow 2c^2 \widetilde{X}$，此时中度偏离根的估计量 $\hat{\rho}_T$ 具有渐近正态性。

根据定理 3-5 以及 Cramér-Wold 定理，我们可以推出，当 $\tau = 0$ 时，自回归系数的估计偏误以 $k_T \rho_T^T$ 的速度收敛到一个混合正态分布：

$$k_T \rho_T^T (\hat{\rho}_T - \rho_T) \Rightarrow \frac{2c\widetilde{X}}{\widetilde{Y}} \tag{3-23}$$

其中，相互独立的正态变量 $\widetilde{X}$ 和 $\widetilde{Y}$ 之比依分布等价于一个标准柯西变量。因此，式（3-23）的渐近结果一方面与式（3-15）所示的独立同分布新息情形的渐近结果相同，另一方面也与式（2-24）所示的不含截距项情形的渐近结果相同。前一个结果表明，随机误差项的线性相依性并不影响含弱漂移项的中度偏离单位根过程的系数估计偏误（$\hat{\rho}_T - \rho_T$）的渐近表现。后一个结果说明当漂移项为弱漂移项时，由漂移项累积形成的确定性趋势相对随机累积趋势而言渐近可忽略；弱漂移项的效应渐近等同于不含漂移项。

为建立对中度偏离单位根 ρ_T 的统计推断，我们需要对随机误差项 $\{u_t\}$ 的长期方差 λ^2 做出估计。记随机误差项的估计量（也即回归估计残差）为：

$$\hat{u}_t = y_t - \hat{\mu}_T - \hat{\rho}_T y_{t-1} \tag{3-24}$$

前沿的长期方差估计量通常采用如下构造形式：

$$\hat{\lambda}_K^2 = \frac{1}{T} \sum_{t=1}^{T} \sum_{s=1}^{T} Q_K(t, s) \hat{u}_t \hat{u}_s \tag{3-25}$$

其中，$Q_K(\cdot, \cdot)$ 是依赖于平滑参数 K 的权重函数。一种特殊情形是长期方差的核估计：取 $Q_K(t, s) = \kappa((t-s)/(TK^{-1}))$，其中 $\kappa(\cdot)$ 是标准的核函数。在本章中，我们使用傅里叶基函数的前若干个周期的简单平均来构建长期方差的估计量。具体而言，让 K 为偶数，权重函数取如下形式：

$$Q_K(t, s) = \frac{1}{K} \sum_{\ell=1}^{K} \phi_\ell\left(\frac{t}{T}\right) \phi_\ell\left(\frac{s}{T}\right) \tag{3-26}$$

其中，$\phi_{2l}(x) = \sqrt{2}\sin(2\pi lx)$ 和 $\phi_{2l-1}(x) = \sqrt{2}\cos(2\pi lx)$ 为一组正交的傅里叶基函数。根据式（3-26）的权重函数，我们可以构建长期方差 λ^2 的估计量，记为 $\hat{\lambda}_K^2$：

$$\hat{\lambda}_K^2 = \frac{1}{K} \sum_{\ell=1}^{K} \left[\frac{1}{\sqrt{T}} \sum_{t=1}^{T} \phi_\ell\left(\frac{t}{T}\right) \hat{u}_t \right]^2 \tag{3-27}$$

我们也可以使用其他形式的基函数。不同形式的基函数会生成不同的长期方差估计量（Phillips，2005；Müller，2007；Sun，2011，2013，2014）。为简单起见，本章使用傅里叶基函数。

对于基函数 $\phi_\ell(\cdot)$，我们有如下引理：

引理 3-3 在假设 3-2 成立的条件下，我们有：

（a）$\sum\limits_{t=1}^{T}\phi_\ell\left(\dfrac{t}{T}\right)\rho_T^t=O\left(k_T\,\rho_T^T\right)$;

（b）$\sum\limits_{t=1}^{T}\phi_\ell\left(\dfrac{t}{T}\right)\sum\limits_{j=t}^{T}\rho_T^{t-1-j}\,u_j=o_p\left(\sqrt{T}\,k_T\,\rho_T^T\right)$ 。

在引理 3-3 的基础上，我们可以证明（见本章附录）：

$$\frac{1}{\sqrt{T}}\sum_{t=1}^{T}\phi_\ell\left(\frac{t}{T}\right)\hat{u}_t=\frac{1}{\sqrt{T}}\sum_{t=1}^{T}\phi_\ell\left(\frac{t}{T}\right)\hat{u}_t+o_p\left(1\right) \tag{3-28}$$

注意到，在假设 3-2 的条件下，我们有：

$$\frac{1}{\sqrt{T}}\sum_{t=1}^{[Tr]}u_t\Rightarrow\lambda W\left(r\right) \tag{3-29}$$

考虑到基函数 $\phi_\ell(\cdot)$ 连续可导，因此，应用连续映射定理（continuous mapping theorem）可以推出：

$$\frac{1}{\sqrt{T}}\sum_{t=1}^{T}\phi_\ell\left(\frac{t}{T}\right)\hat{u}_t=\lambda\eta_\ell \tag{3-30}$$

其中，对 $\ell=1,\ 2,\ \cdots,\ K$，有 $\eta_\ell=\int_0^1\phi_\ell(r)\,\mathrm{d}W(r)$。又因为 $\phi_\ell(\cdot)$ 是正交基函数，因此，$\eta_\ell\sim\mathrm{i.i.d.N}\,(0,\ 1)$。这意味着 $\hat{\lambda}_K^2/\lambda^2\Rightarrow(1/K)\sum\limits_{\ell=1}^{K}\eta_\ell^2$，且变量 $(1/K)\sum\limits_{\ell=1}^{K}\eta_\ell^2$ 依分布收敛到自由度为 K 的卡方分布。这一结果将在定理 3-6 中正式给出。

在式（3-27）长期方差估计量的基础上，我们构建如下修正的 t 统计量：

$$\tilde{t}_{MF}:=\frac{\hat{\rho}_T-\rho_T}{\widetilde{\sigma}_{\rho,K}} \tag{3-31}$$

其中，自回归系数估计量的标准误为经长期方差修正后的标准误：

$$\widetilde{\sigma}_{\rho,K}^2=\hat{\lambda}_K^2\,e_2'\left(\sum_{t=1}^{T}x_t\,x_t'\right)^{-1}e_2 \tag{3-32}$$

修正的 t 统计量 $\tilde{t}_{ME}$ 的渐近性质在如下定理中给出：

定理 3-6　在假设 2-2、假设 3-1 和假设 3-2 成立的条件下，对模型 (3-21)，当平滑参数 K 固定而样本量 $T \to \infty$ 时，我们有：

（a）$\hat{\lambda}_k^2 / \lambda^2 \Rightarrow \chi_K^2 / K$，其中 χ_K^2 是自由度为 K 的卡方变量；

（b）$\tilde{t}_{ME} \Rightarrow t_K$，其中 t_K 是自由度为 K 的学生 t 分布。

定理 3-6 展示了在平滑参数 K 固定的框架下，长期方差估计量 $\hat{\lambda}_k^2$ 和修正的 t 统计量的 $\tilde{t}_{ME}$ 渐近性质。定理 3-6（a）表明，估计量 $\hat{\lambda}_k^2$ 与长期方差真实参数 λ^2 之比渐近服从自由度为 K 的卡方分布。这意味着，当平滑参数 K 固定时，长期方差的估计量并非一致估计量。但若 $K \to \infty$，则 $\hat{\lambda}_k^2$ 将变为一致估计量。类似地，定理 3-6（b）表明，检验统计量 $\tilde{t}_{ME}$ 服从自由度为 K 的 t 分布。只有当 $K \to \infty$ 时，$\tilde{t}_{ME}$ 检验才具有渐近正态性。严格意义上来讲，这是系列渐近结果。我们可以理解为有一系列平滑参数 K，对 $K \to \infty$ 但随着 $T \to 0$ 满足 $K/T \to 0$ 的平滑参数而言，我们可以建立长期方差 λ^2 的一致估计量 $\hat{\lambda}_k^2$，此时，修正的检验统计量 $\tilde{t}_{ME}$ 具有渐近正态性。

为更进一步清晰地理解检验统计量 $\tilde{t}_{ME}$ 的渐近正态性，我们回到定理 3-4 和定理 3-5 的结果。定理 3-4 和定理 3-5 都表明，样本方差统计量 $T^{-1} \sum_{t=1}^{T} y_{t-1}^2$ 随机地主导样本统计量 $(T^{-1} \sum_{t=1}^{T} y_{t-1})^2$、样本协方差统计量 $T^{-1} \sum_{t=1}^{T} y_{t-1} u_t$ 随机地主导样本统计量 $(T^{-1} \sum_{t=1}^{T} y_{t-1})(T^{-1} \sum_{t=1}^{T} u_t)$。因此，一旦 $\hat{\lambda}_K^2 \xrightarrow{P} \lambda^2$，那么修正的 t 统计量 $\tilde{t}_{ME}$ 满足：

$$\tilde{t}_{ME} = \frac{1}{\hat{\lambda}_K} \frac{\frac{1}{T} \sum_{t=1}^{T} y_{t-1} u_t - \left(\frac{1}{T} \sum_{t=1}^{T} y_{t-1}\right)\left(\frac{1}{T} \sum_{t=1}^{T} u_t\right)}{\left[\frac{1}{T} \sum_{t=1}^{T} y_{t-1}^2 - \left(\frac{1}{T} \sum_{t=1}^{T} y_{t-1}\right)^2\right]^{1/2}}$$

$$= \frac{1}{\hat{\lambda}_K} \frac{\frac{1}{T}\sum_{t=1}^{T} y_{t-1} u_t}{\left(\frac{1}{T}\sum_{t=1}^{T} y_{t-1}^2\right)^{1/2}} (1 + o_p(1)) \Rightarrow \frac{\tilde{X}}{\lambda_c} =^d N(0, 1)$$

然而，在固定的平滑参数 K 的框架下，修正的 t 统计量渐近服从学生 t 分布。越来越多的前沿文献表明固定平滑参数（fixed–K asymptotics）下的渐近逼近结果比递增平滑参数（increasing–K asymptotics）下的渐近逼近结果更为精确。究其原因，在于固定平滑参数框架相对递增平滑参数框架而言更有效地捕获了长期方差估计量 $\hat{\lambda}_k^2$ 的估计不确定性。

注意到，定理 3–6 对 $\tau \in [0, \infty]$ 全部情形都成立。这意味着，不论中度偏离单位根时间序列模型中是否存在漂移项，修正的 t 统计量 $\tilde{t}_{ME}$ 的渐近结果都具有稳健性。因此，从这一角度来说，本节所提出的渐近 t 检验具有双重稳健性。一方面，检验统计量 $\tilde{t}_{ME}$ 的渐近 t 分布结果既不依赖于漂移项的强弱，也不依赖于是否存在漂移项；另一方面，不论随机误差项是否存在自相关或条件异方差偏误，渐近 t 检验都具有稳健性。

为了建立定理 3–6(b) 中的渐近 t 理论，我们需要证明自回归系数估计偏误（$\hat{\rho}_T - \rho_T$）与长期方差估计量 $\hat{\lambda}_K^2$ 在大样本情形下是独立的。这一渐近独立性来源于时间序列过程的中度偏离行为。类似于第二章第三节中随机变量（$\tilde{X}, \tilde{Y}$）与 Z 的渐近独立性，我们可以证明 $\left\{T^{-1/2}\sum_{t=1}^{T}\phi_\ell(t/T)\hat{u}_t\right\}$ 是一个独立同分布的序列。证明这一问题的关键在于傅里叶基函数 $\{\phi_\ell\}$ 在空间 $L_2[0, 1]$ 上的正交性，以及"零均值"条件 $\int_0^1 \phi_\ell(r)dr = 1$。此外，需要说明的是，建立渐近 t 检验理论的关键在于构建如前所述的正交级数（orthonormal series）长期方差估计量。如果构建核（kernel）长期方差估计量，基于核长期方差估计量修正的 t 检验统计量依然是枢轴的，但是它的极限分布将不再是学生 t 分布或者正态分布。所得到的极限分布将会是一个非标准的混合正态分布，这类结果将严重影响检验的实用性（因为我们只能模拟出检验统计量的临界值）。因此，构建正交级数长期方差估计量是使渐近 t 检验具有双重稳健性的必要条件。

最后，介绍选取最优平滑参数 K 的准则。参照 Phillips（2005）的准则，目标函数是长期方差估计量的渐近均方误差（Asymptotic Mean Squared Error，AMSE）。当选取某一平滑参数使得目标函数 AMSE 最小时，该平滑参数为最优平滑参数。

根据 Phillips（2005），若我们对平滑参数的收敛速度施加一定假设条件，如 $T/K^2 + K/T \to 0$ 以及 $K = o(T^{4/5})$，那么，长期方差估计量的均方误差等于：

$$\text{MSE}(\hat{\lambda}_K^2) = \text{Bias}^2 + \text{Var} = \frac{K^4}{T^4}B^2 + \frac{2\lambda^4}{K} \tag{3-33}$$

其中：

$$B = -\frac{\pi^2}{6}\sum_{j=-\infty}^{\infty} j^2 \gamma(j) \tag{3-34}$$

最小化式（3-33）中的均方误差所对应的一阶条件是 $(4K^3/T^4)B^2 - (2\lambda^4/K^2) = 0$，这意味着最优平滑参数（记为 K_{opt}）等于：

$$K_{opt} = T^{4/5}\left[\frac{\lambda^4}{2B^2}\right]^{1/5} \tag{3-35}$$

要得到式（3-35）中最优平滑参数的估计量，首先需要估计参数 λ 和 B。文献中最通用的做法是 Andrews（1991）的插入法（Plug-in Method）。具体而言，首先使用一个 VAR（1）模型估计随机误差项 $\{u_t\}$，并得到自回归系数的估计量（记为 $\hat{\rho}_e$）和误差项方差的估计量（记为 $\hat{\sigma}_e^2$）。在此基础上，可以构建参数 λ^2 的插入估计量（记为 $\hat{\lambda}_p^2$）：

$$\hat{\lambda}_p^2 = \frac{\hat{\sigma}_e^2}{(1-\hat{\rho}_e)^2} \tag{3-36}$$

以及参数 B 的插入估计量（记为 $\hat{B}_p$）：

$$\hat{B}_p = -\frac{\pi^2}{6}(1-\hat{\rho}_e)^{-6}(\hat{\rho}_e\hat{\sigma}_e^2 + \hat{\rho}_e^2\hat{\sigma}_e^2\hat{\rho}_e + \hat{\rho}_e^2\hat{\sigma}_e^2 - 6\hat{\rho}_e\hat{\sigma}_e^2\hat{\rho}_e + \hat{\sigma}_e^2\hat{\rho}_e^2 + \hat{\rho}_e\hat{\sigma}_e^2\hat{\rho}_e^2 + \hat{\sigma}_e^2\hat{\rho}_e)$$

$$= -\frac{\pi^2}{3} \frac{\hat{\rho}_e \hat{\sigma}_e^2}{(1 - \hat{\rho}_e)^4} \qquad (3-37)$$

具体计算步骤详见 Sun（2013）。其他类似的步骤也可参考 Phillips（2005）、Sun（2011，2014）、Hwang 和 Sun（2017）等文章。

概括来讲，最优平滑参数 K 的选取实际上是一种数据驱动的选取方式。它包含了以下几个步骤：

第一步，应用最小二乘法估计模型（3-21），并求得回归估计的残差序列 $\{\hat{u}_t\}$。

第二步，将残差序列 $\{\hat{u}_t\}$ 认定为真实的随机误差序列 $\{u_t\}$。使用 VAR（1）模型[①]来识别随机误差序列 $\{u_t\}$，并求得 λ^2 和 B 的插入估计量 $\hat{\lambda}_p^2$ 和 $\hat{B}_p$［见式（3-36）和式（3-37）］。

第三步，将插入估计量 $\hat{\lambda}_p^2$ 和 $\hat{B}_p$ 代入式（3-35）并替换 λ^2 和 B，我们可以得到最优平滑参数的估计量（记为 $\hat{K}_{opt}$）：

$$\hat{K}_{opt} = \left\lceil T^{4/5} \left[\frac{\hat{\lambda}_p^4}{2\hat{B}_p^2} \right]^{1/5} \right\rceil \qquad (3-38)$$

其中，$\lceil \cdot \rceil$ 表示天花板函数。实证中，我们通常建议对最优平滑参数的估计量做截断处理：

$$\widetilde{K}_{opt} = \begin{cases} 5 & \text{if } \hat{K}_{opt} < 5 \\ \hat{K}_{opt} & \text{if } \hat{K}_{opt} \in [5,\ T] \\ T & \text{if } \hat{K}_{opt} > T \end{cases} \qquad (3-39)$$

其中，$\widetilde{K}_{opt}$ 表示截断后的最优平滑参数估计量。式（3-39）中的截断处理保证了 $\hat{t}_{ME}$ 统计量的渐近方差是有限的。

---

① 我们也可以使用更为一般的 VAR（p）模型来识别随机误差序列 $\{u_t\}$。相应的表述可参见 Andrews（1991）。

第三节　中度偏离单位根检验的有限样本性质

一、独立同分布新息设计下的蒙特卡洛仿真实验

在这一小节中，我们通过蒙特卡洛模拟的方法来评估独立同分布误差项情形下渐近正态 t_{ME} 检验的有限样本性质。

不失一般性，我们设定数据生成过程为：

$$y_t = \mu + \rho y_{t-1} + \varepsilon_t, \; t = 1, \; 2, \; \cdots, \; T \tag{3-40}$$

其中，$\rho = 1 + 1/T^\alpha$，而 $\alpha \in (0, 1)$。初始值设定为 $y_0 = \mu$。在蒙特卡洛实验中，我们选取四组漂移项 $\mu = 0$、$\mu = T^{-\alpha/2}$、$\mu = T^{-\alpha/4}$ 和 $\mu = 1$。这四组关于漂移项的设定均可保证 $y_0 = o_p(\sqrt{k_T}) = o_p(T^{\alpha/2})$。我们实施两组蒙特卡洛仿真实验。第一组实验使用独立同分布的高斯新息。第二组实验使用独立同分布的均匀新息。具体而言，第一组实验的随机误差项服从 $\varepsilon_t \sim$ i.i.d.N$(0, 1)$，而第二组实验的随机误差项服从 $\varepsilon_t \sim$ i.i.d.U$(-\sqrt{3}, \sqrt{3})$。

我们首先测试 t_{ME} 检验的有限样本检验尺度。为了做比较，我们同时测试 t_{PM} 检验和 t_{WY} 检验的有限样本检验尺度。t_{PM} 检验〔见式（2-10）〕是基于不含漂移项的回归检验式而构建，而 t_{WY} 检验〔见式（3-14）〕假定自回归系数 ρ 是严格大于 1 的恒定常数，不随样本量变化而变化。对于不同 α 和 T 的参数组合，检验的原假设为 $H_0: \rho = 1 + 1/T^\alpha$，其自回归系数偏离于单位根的部分 $1/T^\alpha$ 依赖于参数 α 和参数 T。对于 t_{PM} 检验和 t_{ME} 检验，我们使用标准正态分布的 5% 水平下的临界值。t_{WY} 检验使用和 t_{EM} 检验相同的检验回归式，但前者使用由式（3-14）非标准分布计算得到的 5% 水平下的临界值。需要说明的是，计算式（3-14）非标准分布所对应的临界值时，我们假定真实参数已知。严格来讲，这种处理只在理论上可行，因为

冗杂参数的真实值在实际中通常都是未知的。

同时，我们也将测试 t_{PM} 检验、t_{WY} 检验和 t_{ME} 检验的有限样本检验功效。实验过程中所有参数组合均与检验尺度测试实验的参数组合相同，唯一不同之处在于真实数据过程是在备择假设 H_1: $\rho = 1 + 1/T$ 之下生成的。该备择假设代表了近单位根过程，因此我们的实验实际上是为了检验中度偏离单位根原假设相对于近单位根备择假设的检验功效。为避免检验尺度差异所引起的检验功效不同，我们计算和比较经尺度调整的功效（size-adjusted power）。具体做法是使用仿真的有限样本临界值。考虑到 t_{WY} 检验和 t_{ME} 检验是基于相同的检验统计量，经尺度调整之后，这两个检验的有限样本功效相等。因此我们只报告后者（即 t_{ME} 检验）的检验功效。所有蒙特卡洛实验都是基于 N = 5000 次模拟。

表 3-1、表 3-2、表 3-3 报告了独立同分布新息下，基于 $\alpha \in \{0.3, 0.5, 0.8\}$ 三组参数取值和 $T \in \{100, 150\}$ 两组样本量取值的不同组合所计算的 t_{PM} 检验、t_{WY} 检验和 t_{ME} 检验的有限样本检验尺度和检验功效。从表中结果可以看出如下几点结论：

第一，t_{PM} 检验、t_{WY} 检验和 t_{ME} 检验在独立同分布高斯新息情形下的表现和独立同分布均匀新息情形下的表现非常相似。例如，当 $\alpha = 0.3$，$T = 100$，$\mu = 0$ 且随机误差项为独立同分布高斯新息时，t_{PM} 检验的有限样本检验尺度为 5.0%，而当随机误差项为独立同分布均匀新息时，相应的检验尺度为 4.7%。类似地，在 $\alpha = 0.5$，$T = 150$，$\mu = T^{-\alpha/4}$ 情形下，t_{ME} 检验在独立同分布高斯新息时的尺度为 5.1%，在独立同分布均匀新息时的尺度为 5.3%。这一表现验证了新息的正态性并非中度偏离单位根检验的必要条件。

第二，当漂移项不为零（$\mu \neq 0$）时，t_{WY} 检验和 t_{ME} 检验有相对较为精确的有限样本检验尺度。以 $\alpha = 0.5$，$T = 100$，$\mu = T^{-\alpha/4}$，$\varepsilon_t \sim$ i.i.d.N (0, 1) 情形为例。t_{ME} 检验的尺度为 5.5%，而 t_{WY} 检验的尺度为 5.6%。两者都很接近于名义尺度 5%。注意到，t_{WY} 统计量的渐近分布是依据参数真实值而来。因此，标准正态分布对 t_{ME} 统计量分布的逼近就显得非常精确。

当漂移项等于零（$\mu = 0$）时，表 3-1、表 3-2、表 3-3 清晰地表明，对于较小的 α 值（$\alpha = 0.3$ 和 $\alpha = 0.5$），t_{PM} 检验表现出很好的检验尺度结果。这一现象并不令人惊讶，因为 t_{PM} 统计量的构建就是依据不含漂移项的检验回归式。在 $\alpha = 0.3$ 和 $\alpha = 0.5$ 情形下，我们可以观察到，t_{ME} 检验的有限样本尺度的扭曲程度比 t_{PM} 检验严重。举例而言，当 $\alpha = 0.5$，$T = 150$，$\mu = 0$ 时，t_{PM} 检验和 t_{ME} 检验拒绝原假设的概率均在名义显著性水平 5%附近（对高斯新息和均匀新息均如此）。需要说明的是，我们也注意到当 α 值较大甚至接近于 1 时，t_{PM} 检验和 t_{ME} 检验均表现出一些检验尺度扭曲。这是因为，当 $\alpha \to 1$ 时，中度偏离单位根 $\rho = 1 + 1/T^{\alpha}$ 将逼近于一个近单位根。在近单位根情形下，自回归系数的 t 检验统计量将不再渐近服从标准正态分布，而是服从一个基于 Ornstein–Uhlenbeck 过程的非标准分布。但是，随着样本量 T 增加或者漂移项 μ 越来越远离零漂移，t_{PM} 检验和 t_{ME} 检验的尺度扭曲将会逐渐衰减。事实上，从实验结果也可以清晰地看到，随着漂移项 μ 越来越大，t_{PM} 检验面临着逐渐增加的检验尺度扭曲，而 t_{ME} 检验依然有较好的尺度控制。例如，当 $\alpha = 0.8$，$T = 150$，$\mu = 1$，$\varepsilon_t \sim i.i.d.U$（$-\sqrt{3}$，$\sqrt{3}$）时，$t_{ME}$ 检验的尺度为 5.4%，而 t_{PM} 检验的尺度则达到了 100.0%。从检验尺度精确性的角度来说，t_{ME} 检验全面优于 t_{PM} 检验。

第三，t_{ME} 检验比 t_{PM} 检验有更出色的有限样本检验功效表现。例如，当 $\alpha = 0.8$，$T = 150$，$\mu = T^{-\alpha/4}$，$\varepsilon_t \sim i.i.d.U$（$-\sqrt{3}$，$\sqrt{3}$）时，$t_{PM}$ 检验的检验功效（经尺度调整后的检验功效）为 71.0%，而 t_{ME} 检验的检验功效达到了 75.5%。随着 α 值的增加，近单位根备择假设越来越远离中度偏离单位根原假设，继而检验功效也将越来越靠近 100%。这一原理解释了表 3-1 和表 3-2 中 t_{PM} 检验和 t_{ME} 检验的功效均达到 100.0%的原因。

综上所述，相比 Phillips 和 Magdalinos（2007a）的检验而言，t_{ME} 检验具有更精确的检验尺度，同时拥有更优良的检验功效。因此，不论是从检验尺度扭曲的角度出发，还是从检验功效损失的角度出发，t_{ME} 检验都比 t_{PM} 检验更有应用优势。

表 3–1　独立同分布新息下的检验尺度和检验功效：$\alpha = 0.3$ 情形

样本量	漂移项	检验尺度（H_0: $\rho = 1 + 1/T^\alpha$)			检验功效（H_1: $\rho = 1 + 1/T$)	
		t_{PM}	t_{WY}	t_{ME}	t_{PM}	t_{ME}
	（a）独立同分布高斯新息					
	$\mu = 0$	0.050	0.056	0.055	1.000	1.000
	$\mu = T^{-\alpha/2}$	0.254	0.058	0.055	1.000	1.000
	$\mu = T^{-\alpha/4}$	0.397	0.060	0.055	1.000	1.000
	$\mu = 1$	0.601	0.058	0.055	1.000	1.000
$T = 100$	（b）独立同分布均匀新息					
	$\mu = 0$	0.047	0.049	0.046	1.000	1.000
	$\mu = T^{-\alpha/2}$	0.251	0.049	0.046	1.000	1.000
	$\mu = T^{-\alpha/4}$	0.393	0.048	0.046	1.000	1.000
	$\mu = 1$	0.596	0.048	0.046	1.000	1.000
	（a）独立同分布高斯新息					
	$\mu = 0$	0.050	0.052	0.051	1.000	1.000
	$\mu = T^{-\alpha/2}$	0.259	0.052	0.052	1.000	1.000
	$\mu = T^{-\alpha/4}$	0.428	0.053	0.051	1.000	1.000
	$\mu = 1$	0.663	0.057	0.052	1.000	1.000
$T = 150$	（b）独立同分布均匀新息					
	$\mu = 0$	0.051	0.061	0.054	1.000	1.000
	$\mu = T^{-\alpha/2}$	0.253	0.057	0.054	1.000	1.000
	$\mu = T^{-\alpha/4}$	0.420	0.058	0.054	1.000	1.000
	$\mu = 1$	0.652	0.055	0.053	1.000	1.000

注：此表报告了 5% 显著性水平下的有限样本检验尺度和经尺度调整后的检验功效。在"独立同分布高斯新息"组中，随机误差项 $\varepsilon_t \sim$ i.i.d.N（0，1）。在"独立同分布均匀新息"组中，随机误差项 $\varepsilon_t \sim$ i.i.d.U（$-\sqrt{3}$，$\sqrt{3}$）。仿真实验是在不同参数组合下针对中度偏离单位根原假设 H_0: $\rho = 1 + 1/T^\alpha$ 和近单位根备择假设 H_1: $\rho = 1 + 1/T$ 来实施的。模拟的次数均为 5000 次。

表 3–2　独立同分布新息下的检验尺度和检验功效：$\alpha = 0.5$ 情形

样本量	漂移项	检验尺度（H_0: $\rho = 1 + 1/T^\alpha$）			检验功效（H_1: $\rho = 1 + 1/T$）	
		t_{PM}	t_{WY}	t_{ME}	t_{PM}	t_{ME}
	（a）独立同分布高斯新息					
	$\mu = 0$	0.050	0.053	0.056	1.000	1.000
	$\mu = T^{-\alpha/2}$	0.277	0.058	0.055	1.000	1.000
	$\mu = T^{-\alpha/4}$	0.641	0.056	0.055	1.000	1.000
	$\mu = 1$	0.969	0.058	0.055	1.000	1.000
$T = 100$	（b）独立同分布均匀新息					
	$\mu = 0$	0.049	0.047	0.049	1.000	1.000
	$\mu = T^{-\alpha/2}$	0.276	0.049	0.049	1.000	1.000
	$\mu = T^{-\alpha/4}$	0.637	0.047	0.048	1.000	1.000
	$\mu = 1$	0.973	0.047	0.048	1.000	1.000
	（a）独立同分布高斯新息					
	$\mu = 0$	0.050	0.056	0.051	1.000	1.000
	$\mu = T^{-\alpha/2}$	0.289	0.054	0.051	1.000	1.000
	$\mu = T^{-\alpha/4}$	0.689	0.053	0.051	1.000	1.000
	$\mu = 1$	0.992	0.053	0.051	1.000	1.000
$T = 150$	（b）独立同分布均匀新息					
	$\mu = 0$	0.051	0.053	0.053	1.000	1.000
	$\mu = T^{-\alpha/2}$	0.276	0.053	0.053	1.000	1.000
	$\mu = T^{-\alpha/4}$	0.678	0.053	0.053	1.000	1.000
	$\mu = 1$	0.991	0.053	0.053	1.000	1.000

注：此表报告了 5% 显著性水平下的有限样本检验尺度和经尺度调整后的检验功效。在"独立同分布高斯新息"组中，随机误差项 ε_t~i.i.d.N（0，1）。在"独立同分布均匀新息"组中，随机误差项 ε_t~i.i.d.U（$-\sqrt{3}$，$\sqrt{3}$）。仿真实验是在不同参数组合下针对中度偏离单位根原假设 H_0: $\rho = 1 + 1/T^\alpha$ 和近单位根备择假设 H_1: $\rho = 1 + 1/T$ 来实施的。模拟的次数均为 5000 次。

表 3–3 独立同分布新息下的检验尺度和检验功效：$\alpha = 0.8$ 情形

样本量	漂移项	检验尺度（$H_0: \rho = 1 + 1/T^{\alpha}$）			检验功效（$H_1: \rho = 1 + 1/T$）	
		t_{PM}	t_{WY}	t_{ME}	t_{PM}	t_{ME}
	（a）独立同分布高斯新息					
	$\mu = 0$	0.118	0.256	0.261	0.133	0.142
	$\mu = T^{-\alpha/2}$	0.180	0.121	0.123	0.175	0.196
	$\mu = T^{-\alpha/4}$	0.795	0.048	0.048	0.407	0.553
	$\mu = 1$	1.000	0.052	0.051	0.978	0.999
$T = 100$	（b）独立同分布均匀新息					
	$\mu = 0$	0.113	0.241	0.257	0.136	0.142
	$\mu = T^{-\alpha/2}$	0.181	0.104	0.111	0.161	0.194
	$\mu = T^{-\alpha/4}$	0.807	0.044	0.047	0.399	0.527
	$\mu = 1$	1.000	0.048	0.053	0.982	1.000
	（a）独立同分布高斯新息					
	$\mu = 0$	0.118	0.240	0.246	0.207	0.192
	$\mu = T^{-\alpha/2}$	0.202	0.109	0.114	0.257	0.257
	$\mu = T^{-\alpha/4}$	0.883	0.051	0.054	0.695	0.741
	$\mu = 1$	1.000	0.051	0.055	1.000	1.000
$T = 150$	（b）独立同分布均匀新息					
	$\mu = 0$	0.118	0.235	0.235	0.200	0.196
	$\mu = T^{-\alpha/2}$	0.197	0.114	0.114	0.273	0.282
	$\mu = T^{-\alpha/4}$	0.880	0.052	0.054	0.710	0.755
	$\mu = 1$	1.000	0.053	0.054	1.000	1.000

注：此表报告了 5%显著性水平下的有限样本检验尺度和经尺度调整后的检验功效。在"独立同分布高斯新息"组中，随机误差项 ε_t~i.i.d.N（0，1）。在"独立同分布均匀新息"组中，随机误差项 ε_t~i.i.d.U（$-\sqrt{3}$，$\sqrt{3}$）。仿真实验是在不同参数组合下针对中度偏离单位根原假设 $H_0: \rho = 1 + 1/T^{\alpha}$ 和近单位根备择假设 $H_1: \rho = 1 + 1/T$ 来实施的。模拟的次数均为 5000 次。

二、线性相关新息设计下的蒙特卡洛仿真实验

本小节我们实施蒙特卡洛仿真实验来评估线性相关误差项情形下渐近

t 检验 $\tilde{t}_{ME}$ 的有限样本性质。实验依然保持数据生成过程式（3-40）。我们设计两组实验：AR 组实验和 MA 组实验。在 AR 组实验中，随机误差项服从一个 AR（1）过程：$u_t = \theta u_{t-1} + \sqrt{1-\theta^2}\,\varepsilon_t$，其中 $\varepsilon_t \sim$ i.i.d.N（0，1）。在 MA 组实验中，随机误差项服从一个 MA（1）过程：$u_t = \theta \varepsilon_{t-1} + \sqrt{1-\theta^2}\,\varepsilon_t$，同样有 $\varepsilon_t \sim$ i.i.d.N（0，1）。上述构造保证了随机误差项具有单位方差。两组实验中，线性相关参数均选取为 $\theta \in \{0.00,\ 0.25,\ 0.50,\ 0.75\}$。$\tilde{t}_{ME}$ 统计量是经过式（3-27）所构建的长期方差估计量修正后的 t 检验统计量，其中平滑参数 K 根据式（3-39）的准则而选取。初始值依然设置为 $y_0 = \mu$。为避免重复并节省空间，我们测试漂移项 $\mu = T^{-\alpha/4}$ 的情形。该设定可保证初始值条件 $y_0 = o_p(\sqrt{k_T}) = o_p(T^{\alpha/2})$。蒙特卡洛模拟的实验次数为 N = 5000 次。

表 3-4、表 3-5、表 3-6 报告了线性相关新息下，基于 $\alpha \in \{0.3,\ 0.5,\ 0.8\}$ 三组参数取值和 $T \in \{100,\ 150\}$ 两组样本量取值的不同组合所计算的 t_{ME} 检验和 $\tilde{t}_{ME}$ 检验的有限样本检验尺度和检验功效。由表中结果可以看出，样本量 T = 100 情形下的检验尺度和功效表现与 T = 150 情形下相应的检验尺度和功效表现非常相似。从检验尺度角度来看，当线性相关参数 θ = 0.00 时，t_{ME} 检验具有良好的表现，此时数据生成过程并不存在线性相关偏误。然而，随着线性相关参数 θ 逐渐偏离于零，t_{ME} 检验表现出越来越大的尺度扭曲。相反，$\tilde{t}_{ME}$ 检验的尺度扭曲明显小于标准的 t_{ME} 检验。举例而言，当 α = 0.3，T = 150，θ = 0.75 时，在 AR 实验组中 $\tilde{t}_{ME}$ 检验的尺度结果为 4.0%，而在 MA 实验组中 $\tilde{t}_{ME}$ 检验的尺度结果为 5.9%。这两个检验尺度结果都远远小于相应的 t_{ME} 检验尺度结果（AR 组和 MA 组中，t_{ME} 检验的尺度结果分别为 36.3% 和 15.4%）。类似地，其他参数组合也可以得到同一结论：$\tilde{t}_{ME}$ 检验比 t_{ME} 检验更精确，这种优势在随机误差项存在严重的线性相关偏误时尤为明显。因此，上述结果为我们的理论结果提供了数值支撑：忽略新息中的线性相关势必会导致不精确的检验。

另外，从表 3-4、表 3-5、表 3-6 可以看出，不论是 AR 实验组还是

MA 实验组，$\tilde{t}_{ME}$ 检验的检验功效（经尺度调整后的检验功效）都接近于 t_{ME} 检验的检验功效。例如，当 $\alpha = 0.5$，$T = 100$，$\theta = 0.75$ 时，在 AR 实验组中 $\tilde{t}_{ME}$ 检验的检验功效为 97.1%，而 t_{ME} 检验的检验功效为 99.3%。在 MA

表 3-4　线性相关新息下的检验尺度和检验功效：$\alpha = 0.3$ 情形

样本量	线性相关参数	检验尺度（H_0: $\rho = 1 + 1/T^{\alpha}$）		检验功效（H_1: $\rho = 1 + 1/T$）	
		t_{ME}	$\tilde{t}_{ME}$	t_{ME}	$\tilde{t}_{ME}$
T = 100	（a）AR 组实验				
	$\theta = 0.00$	0.056	0.059	1.000	1.000
	$\theta = 0.25$	0.123	0.061	1.000	1.000
	$\theta = 0.50$	0.221	0.054	1.000	1.000
	$\theta = 0.75$	0.356	0.045	1.000	1.000
	（b）MA 组实验				
	$\theta = 0.00$	0.055	0.059	1.000	1.000
	$\theta = 0.25$	0.108	0.056	1.000	1.000
	$\theta = 0.50$	0.143	0.058	1.000	1.000
	$\theta = 0.75$	0.155	0.056	1.000	1.000
T = 150	（a）AR 组实验				
	$\theta = 0.00$	0.052	0.055	1.000	1.000
	$\theta = 0.25$	0.119	0.056	1.000	1.000
	$\theta = 0.50$	0.215	0.053	1.000	1.000
	$\theta = 0.75$	0.363	0.040	1.000	1.000
	（b）MA 组实验				
	$\theta = 0.00$	0.051	0.056	1.000	1.000
	$\theta = 0.25$	0.103	0.055	1.000	1.000
	$0 = 0.50$	0.144	0.055	1.000	1.000
	$\theta = 0.75$	0.154	0.059	1.000	1.000

注：此表报告了 5% 显著性水平下的有限样本检验尺度和经尺度调整后的检验功效。在"AR 组实验"中，随机误差项 $u_t = \theta u_{t-1} + \sqrt{1 - \theta^2}\, \varepsilon_t$，其中 $\varepsilon_t \sim$ i.i.d.N（0，1）。在"MA 组实验"中，随机误差项 $u_t = \theta \varepsilon_{t-1} + \sqrt{1 - \theta^2}\, \varepsilon_t$，同样有 $\varepsilon_t \sim$ i.i.d.N（0，1）。仿真实验是在不同参数组合下针对中度偏离单位根原假设 H_0: $\rho = 1 + 1/T^{\alpha}$ 和近单位根备择假设 H_1: $\rho = 1 + 1/T$ 来实施的。模拟的次数均为 5000 次。

实验组中两者的检验功效均达到了 100%。这些实验现象表明[①]，相比 t_{ME} 检验而言，$\tilde{t}_{ME}$ 检验享有精确的检验尺度，而代价仅仅是非常小的检验功效损失。

表 3-5　线性相关新息下的检验尺度和检验功效：$\alpha = 0.5$ 情形

样本量	线性相关参数	检验尺度（H_0: $\rho = 1 + 1/T^{\alpha}$）		检验功效（H_1: $\rho = 1 + 1/T$）	
		t_{ME}	$\tilde{t}_{ME}$	t_{ME}	$\tilde{t}_{ME}$
	（a）AR 组实验				
	$\theta = 0.00$	0.053	0.057	1.000	1.000
	$\theta = 0.25$	0.134	0.068	1.000	1.000
	$\theta = 0.50$	0.242	0.070	1.000	0.998
	$\theta = 0.75$	0.413	0.081	0.993	0.971
$T = 100$	（b）MA 组实验				
	$\theta = 0.00$	0.055	0.060	1.000	1.000
	$\theta = 0.25$	0.114	0.060	1.000	1.000
	$\theta = 0.50$	0.157	0.066	1.000	1.000
	$\theta = 0.75$	0.169	0.066	1.000	1.000
	（a）AR 组实验				
	$\theta = 0.00$	0.052	0.053	1.000	1.000
	$\theta = 0.25$	0.127	0.064	1.000	1.000
	$\theta = 0.50$	0.243	0.064	1.000	0.999
	$\theta = 0.75$	0.430	0.074	0.998	0.996
$T = 150$	（b）MA 组实验				
	$\theta = 0.00$	0.051	0.055	1.000	1.000
	$\theta = 0.25$	0.111	0.061	1.000	1.000
	$\theta = 0.50$	0.155	0.063	1.000	1.000
	$\theta = 0.75$	0.169	0.062	1.000	1.000

注：此表报告了 5% 显著性水平下的有限样本检验尺度和经尺度调整后的检验功效。在"AR 组实验"中，随机误差项 $u_t = \theta u_{t-1} + \sqrt{1 - \theta^2}\, \varepsilon_t$，其中 $\varepsilon_t \sim$ i.i.d.N（0，1）。在"MA 组实验"中，随机误差项 $u_t = \theta \varepsilon_{t-1} + \sqrt{1 - \theta^2}\, \varepsilon_t$，同样有 $\varepsilon_t \sim$ i.i.d.N（0，1）。仿真实验是在不同参数组合下针对中度偏离单位根原假设 H_0: $\rho = 1 + 1/T^{\alpha}$ 和近单位根备择假设 H_1: $\rho = 1 + 1/T$ 来实施的。模拟的次数均为 5000 次。

---

① 注意到，对检验尺度精度和检验功效损失的评估通常而言总是一种权衡（trade-off）。检验尺度精度的提高往往伴随着检验功效的损失（Sun，2014）。

表 3-6 线性相关新息下的检验尺度和检验功效：α = 0.8 情形

样本量	线性相关参数	检验尺度（H_0: $\rho = 1 + 1/T^{\alpha}$）		检验功效（H_1: $\rho = 1 + 1/T$）	
		t_{ME}	$\tilde{t}_{ME}$	t_{ME}	$\tilde{t}_{ME}$
	（a）AR 组实验				
T = 100	$\theta = 0.00$	0.049	0.051	0.556	0.545
	$\theta = 0.25$	0.121	0.061	0.525	0.468
	$\theta = 0.50$	0.250	0.077	0.398	0.346
	$\theta = 0.75$	0.459	0.111	0.272	0.195
	（b）MA 组实验				
	$\theta = 0.00$	0.048	0.051	0.552	0.550
	$\theta = 0.25$	0.099	0.056	0.531	0.488
	$\theta = 0.50$	0.144	0.065	0.489	0.427
	$\theta = 0.75$	0.157	0.065	0.483	0.404
	（a）AR 组实验				
T = 150	$\theta = 0.00$	0.055	0.057	0.763	0.748
	$\theta = 0.25$	0.126	0.069	0.666	0.631
	$\theta = 0.50$	0.252	0.074	0.512	0.461
	$\theta = 0.75$	0.465	0.103	0.330	0.266
	（b）MA 组实验				
	$\theta = 0.00$	0.054	0.055	0.740	0.733
	$\theta = 0.25$	0.106	0.062	0.688	0.656
	$\theta = 0.50$	0.150	0.066	0.630	0.577
	$\theta = 0.75$	0.163	0.066	0.615	0.561

注：此表报告了 5%显著性水平下的有限样本检验尺度和经尺度调整后的检验功效。在"AR 组实验"中，随机误差项 $u_t = \theta u_{t-1} + \sqrt{1 - \theta^2}\,\varepsilon_t$，其中 ε_t~i.i.d.N（0，1）。在"MA 组实验"中，随机误差项 $u_t = \theta\varepsilon_{t-1} + \sqrt{1 - \theta^2}\,\varepsilon_t$，同样有 ε_t~i.i.d.N（0，1）。仿真实验是在不同参数组合下针对中度偏离单位根原假设 H_0: $\rho = 1 + 1/T^{\alpha}$ 和近单位根备择假设 H_1: $\rho = 1 + 1/T$ 来实施的。模拟的次数均为 5000 次。

第四节 对 2008 年金融危机前夕非理性繁荣的再认识

2007~2008 年，美国金融危机席卷全球，世界各国经济陷入了一场大萧条（great recession）。然而，在大萧条前夕，由于宽松的货币政策和膨胀的房地产泡沫，美国国内的经济曾经历过一段短暂繁荣。这一繁荣在股票市场体现得尤为明显（Allen et al.，2009；Taylor，2009；Allen and Carletti，2010；Stiglitz，2010）。具有代表性的数据现象是，美国道琼斯指数从 2005 年 11 月的 10796 点，从相对平缓到近乎垂直地上升到 2007 年 10 月的 14198 点。众多学者将这一快速增长理解为一个泡沫爆炸过程。Phillips 等（2015a）将其识别为 2008 年股指泡沫的前半段，也即泡沫上涨阶段。Shiller（2008）指出，这种过度繁荣的基础较为脆弱，背景实则是经济体本身的储蓄乏力、消费扩张，以及经济的金融化和虚拟化程度加剧。家庭单位大多选择使用房地产或者其他金融资产作为抵押，寻求银行的借款，来支付居高不下的消费。正是这一阶段的过度繁荣刺激了消费信贷链的破裂，继而触发了美国的次贷危机并引发了大规模的金融危机。事实上，美联储前主席 Greenspan 早在 1996 年 12 月就曾对类似的快速增长做出过论述。Greenspan 将发生在金融危机前夕的经济快速膨胀定义为非理性繁荣（irrational exuberance），并借以解释金融危机期间股票市场上的羊群现象。

不仅如此，2008 年金融危机前夕美国股票市场的非理性繁荣还联动地影响了世界其他主要经济体。不同体量的经济体因大量吸引了以美国为代表的发达国家的海外资金，也都经历着不同程度的非理性繁荣。以最大的新兴国家中国为例。由于我国持有大量外汇，尤其是美国长期国库券（Woo et al.，2013），随着美国经济的快速膨胀和人民币实际汇率的不断升值，我国外汇市场流入了大量海外资金，这不断刺激我国股票市场的膨胀和繁荣，并推动了通货膨胀率的持续上升。

然而，Greenspan 在 2008 年出版的 *The age of turbulence：Adventures in a new world* 中重新审视了 2008 年金融危机前夕的非理性繁荣。他指出，并非所有经济体在这一阶段的非理性繁荣都应该被视为泡沫。同时，他认为 2007~2008 年由美国次贷危机而引发的全球金融危机并没有文献中所描述的那么严重。本书对 Greenspan 的这一论断持有信心：对于部分经济体而言，看似上涨迅猛的股票市场实则更应该被具有较轻偏离程度的中度偏离单位根过程来加以刻画。

本节的实证分析应用本章第二节所提出的渐近 $\hat{t}_{MF}$ 检验来识别和测试 2008 年金融危机前夕世界主要经济体的非理性繁荣特征。我们分别从美洲地区、亚太地区、欧洲地区和非洲地区等全球各大地区中选取共十个主要经济体：美国、巴西、中国、中国香港、澳大利亚、法国、德国、意大利、埃及和尼日利亚。对每一个经济体，我们选取最具有代表性的股票指数：美国 DJI 指数（道琼斯指数，Dow Jones Index）、巴西 IBOVESPA 指数、中国 CSI300 指数、中国香港 HSI 指数（恒生指数，Heng Sheng Index）、澳大利亚 AS51 指数、法国 FCHI 指数、德国 GDAXI 指数、意大利 ITLMS 指数、埃及 CASE 指数、尼日利亚 NGSEINDX 指数。我们实证分析的重点聚焦于泡沫下跌前的增长阶段，因此实证数据的选取准则是：每个股指样本数据的终止点是该股指在 2007~2009 年的最高点。为便于比较，本书对每个股指样本序列选取相同的样本窗宽 T = 100。这一样本窗宽选取准则大致符合 Allen 和 Carletti（2010）的论断：美联储从 2005 年开始施行的低利率政策是刺激美国房地产价格快速上涨的直接原因和重要原因①。本节中的实证数据均为周数据，来源于 Wind 数据库。表 3-7 列出了实证数据的所有信息。

_____

① 我们也测试了其他样本窗宽，结果具有稳健性。

表 3-7　十个具有代表性的股票指数及其样本信息

地区	经济体	股票指数	样本期
美洲地区	美国	DJI 指数	2005.11.18~2007.10.12
	巴西	IBOVESPA 指数	2006.07.07~2008.05.30
亚太地区	中国	CSI300 指数	2005.10.21~2007.10.19
	中国香港	HSI 指数	2005.12.09~2007.11.02
	澳大利亚	AS51 指数	2005.12.09~2007.11.02
欧洲地区	法国	FCHI 指数	2005.07.08~2007.06.01
	德国	GDAXI 指数	2005.08.19~2007.07.13
	意大利	ITLMS 指数	2005.06.24~2007.05.18
非洲地区	埃及	CASE 指数	2006.06.04~2008.04.24
	尼日利亚	NGSEINDX 指数	2006.04.13~2008.03.07

图 3-1 展示了十个具有代表性的股票指数的数据直观图。由图 3-1 可以看出，这十个股指都经历了一段步调相似的快速上涨，这在某种程度上反映了十个主要经济体的经济关联性。但它们的上涨类型也存在显著的不同。一方面，以美国 DJI 指数、中国 CSI300 指数、中国香港 HSI 指数和埃及 CASE 指数为代表的股票指数展示出明显的指数型上涨态势；另一方面，以澳大利亚 AS51 指数和意大利 ITLMS 指数为代表的股票指数更像是随机累积趋势所主导的差分平稳过程或确定性趋势所主导的趋势平稳过程，而非所谓的爆炸过程。下面我们将应用理论部分所推导的渐近 $\tilde{t}_{ME}$ 检验对上述十个股指序列做检验，判断它们是否服从中度偏离单位根过程，并识别其爆炸发散程度。

注意到，一个中度偏离单位根过程（自回归系数 $\rho_T = 1 + 1/k_T$）首先也是一个爆炸过程（自回归系数 $\rho > 1$）。基于中度偏离单位根过程的 $\tilde{t}_{ME}$ 检验是建立在自回归系数大于 1 这一前提条件下的。当上述前提条件不成立时，$\tilde{t}_{ME}$ 统计量将不再收敛到标准的学生 t 分布。因此，我们设计一套两

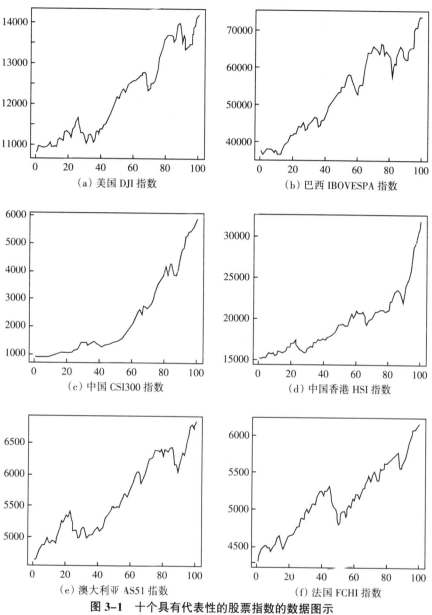

（a）美国 DJI 指数

（b）巴西 IBOVESPA 指数

（c）中国 CSI300 指数

（d）中国香港 HSI 指数

（e）澳大利亚 AS51 指数

（f）法国 FCHI 指数

图 3-1 十个具有代表性的股票指数的数据图示

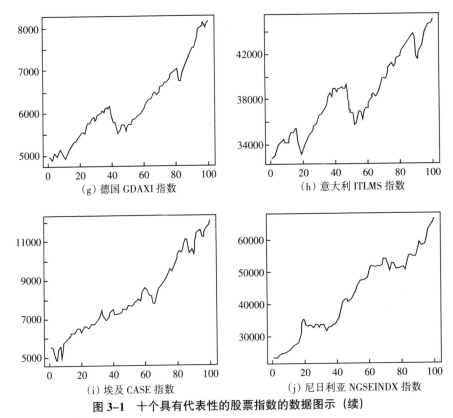

图 3-1 十个具有代表性的股票指数的数据图示（续）

资料来源：Wind 数据库。

步实证检验策略。检验策略的第一步是实施右侧 ADF 检验和 SADF 检验[①]，来识别待检验的时间序列过程是否是一个爆炸过程，也即是否满足自回归系数大于 1 的条件。通过实施这两个检验（我们称之为预检验，pretest），我们将不满足"自回归系数大于 1"条件的序列过程排除开外，以保证第二步的中度偏离单位根检验 $\tilde{t}_{ME}$ 的正确性。实证检验策略的第二步是，对

[①] 如前所述，右侧 ADF 检验和 SADF 检验的原假设均为单位根 $\rho = 1$，备择假设均为爆炸根 $\rho > 1$。在原假设下且存在常数漂移项时，ADF 统计量和 SADF 统计量的极限分布由式（3-17）和式（3-19）给出。

于通过第一步预检验的样本序列过程[1]，我们对每一个潜在的自回归系数
格点，实施向前递归的 $\tilde{t}_{ME}$ 检验，搜寻出不能被该渐近 t 检验所拒绝的自
回归系数格点，基于此构建自回归系数的置信区间（confidence interval）。
严格来讲，我们应该对区间 $\rho \in [1 + c_{min} k_T, \ 1 + c_{max} k_T]$ 内的所有格点进行搜
寻。实际中，我们可对如下离散域进行格点搜寻：

$$\{H_0: \ \rho \in \{1.001, \ 1.002, \ \cdots, \ 1.500\}\} \tag{3-41}$$

自回归系数的置信区间即包含了式（3-41）中所有不能被 $\tilde{t}_{ME}$ 检验拒
绝的自回归系数原假设。事实上，我们定义的置信区间与传统的基于自回
归系数估计量 $\hat{\rho}$ 而构建的置信区间本质上是相同的。这是因为对于式（3-
41）中所有的原假设格点，$\tilde{t}_{ME}$ 统计量的渐近分布均相同（都为自由度为
K 的学生 t 分布）。考虑到 $\rho \leqslant 1$ 的自回归系数情形已经在第一步预检验中
被筛除，因此我们的置信区间也可以被等价写为 $\rho \in [\hat{\rho}_L, \ \hat{\rho}_U]$，其中，$\hat{\rho}_L =$
$\max \ \{1.001, \ \hat{\rho}_T - t_{\alpha/2, K} \ \tilde{\sigma}_{\rho, K}\}$，$\hat{\rho}_U = \hat{\rho}_T + t_{\alpha/2, K} \ \tilde{\sigma}_{\rho, K}$，而 $t_{\alpha/2, K}$ 是指自由度为 K 的 t
分布在 $(1 - \alpha/2)$ 置信水平下的临界值。综上所述，我们的两步实证检验
策略可由图 3-2 表述。

如前所述，Phillips 等（2011）将 1.05 设定为区分轻度偏离单位根系
数和重度偏离单位根系数的标签。若一个爆炸根自回归系数不超过 1.05，
那么这个爆炸根被称为轻度偏离单位根；反之，若爆炸根自回归系数超过
1.05，那么这个爆炸根被称为重度偏离单位根。区分轻度偏离单位根和重
度偏离单位根有助于我们从直觉上认知价格泡沫的大小，也有助于进一步
建立市场泡沫监管机制：当泡沫处于轻度偏离于有效市场状态时，对市场
监管的目的是延续市场的有效运行，主要使用现有的政策性、市场和法规
的手段进行监管；当重要的行业或市场价格出现重度偏离于单位根的泡沫
状态时，监管部门应以阻止市场泡沫继续膨胀为目标而进行诸如强行限制

---

[1] 所谓"通过第一步预检验"是指，实证检验策略第一步的预检验结果表明，待检验的样本序列过
程是一个爆炸过程。因此，我们有足够的理由（至少 95%）确信"自回归系数大于 1"这一前提
条件成立。

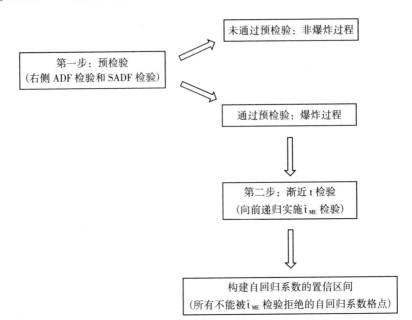

图 3-2 两步实证检验策略步骤图示

杠杆资金入市等行政干预，迫使市场从重度偏离状态折返回到有效运行或轻度偏离的轨道。

应用图 3-2 所示的两步检验策略，我们对十大代表性股票指数进行检验。在第一步预检验中，右侧 ADF 检验和 SADF 检验的最优滞后阶均由 AIC 准则加以确定，SADF 检验的初始样本比例按照 Phillips 等 （2015a）提供的实证准则 $r_0 = 0.01 + 1.8/\sqrt{T}$ 来选取[①]。实证检验的结果如表 3-8 所示。

由表 3-8 的结果可知，在 5% 显著性水平下，美国 DJI 指数、巴西 IBOVESPA 指数、中国 CSI300 指数、中国香港 HIS 指数、德国 GDAXI 指数、埃及 CASE 指数和尼日利亚 NGSEINDX 指数在相应的样本区间内是一个爆炸过程。它们的自回归系数大于单位根，而其他三个股票指数，即澳大利亚 AS51 指数、法国 FCHI 指数和意大利 ITLMS 指数，不能由爆炸过程所刻画。对于通过检验策略第一步预检验的七个爆炸过程，向前递归实

---

① 实际中，我们选取 $r_0 = \lfloor (0.01 + 1.8/\sqrt{T})T \rfloor /T$ 以确保 $r_0 T$ 是一个大于零的常数。

表 3-8　中度偏离单位根行为的实证检验

股票指数	检验策略第一步：爆炸行为检验		检验策略第二步：中度偏离单位根行为检验
	右侧 ADF	SADF	置信区间
DJI 指数	0.201	1.506	$\rho \in [1.001，1.028]$
IBOVESPA 指数	0.078	3.592	$\rho \in [1.001，1.027]$
CSI300 指数	3.548	5.665	$\rho \in [1.011，1.039]$
HSI 指数	3.103	8.207	$\rho \in [1.023，1.079]$
AS51 指数	−0.012	0.557	非爆炸过程
FCHI 指数	−0.148	0.313	非爆炸过程
GDAXI 指数	1.201	2.635	$\rho \in [1.001，1.032]$
ITLMS 指数	−0.227	0.413	非爆炸过程
CASE 指数	1.050	1.638	$\rho \in [1.001，1.031]$
NCSEINDX 指数	0.210	7.544	$\rho \in [1.001，1.022]$
临界值			
90%	−0.440	1.100	
95%	−0.080	1.370	
99%	0.600	1.880	

注：此表报告了两步实证检验策略的结果。对第一步预检验，我们报告右侧 ADF 检验和 SADF 检验的结果；对检验策略第二步中度偏离单位根 $\bar{t}_{ME}$ 检验，我们报告自回归系数 ρ 的置信区间。右侧 ADF 检验和 SADF 检验的临界值分别参照 Phillips 等（2011）和 Phillips 等（2015a）所提供的临界值。

施的渐近 t 检验结果表明，它们的自回归系数大多落在 $[1.001，1.040]$ 置信区间内。这意味着这些样本序列过程只是轻度偏离单位根过程[1]。以美国道琼斯指数和我国沪深 300（CSI300）指数为例。在 2007 年 10 月 12 日前的 100 周里，美国道琼斯指数服从一个自回归系数 $\rho \in [1.001，1.028]$ 的轻度偏离单位根过程。这一置信区间结果意味着美国股票市场在样本期内经历了一个相对温和的爆炸式上涨。对我国沪深 300 指数而言，我们不能拒绝落在 $\rho \in [1.001，1.039]$ 区间内的中度偏离单位根自回归系数。因

---

[1] 我们对其他样本量情形也做了相应的实证检验，如 T = 80、T = 120 等。实证结果具有稳健性。

此，即便第一步预检验表明该样本序列是一个爆炸过程，它也只是一个轻度偏离单位根过程。

类似地，对于巴西 IBOVESPA 指数和德国 GDAXI 指数而言，它们的自回归系数置信区间分别为 [1.001，1.027] 和 [1.001，1.032]。这两个置信区间都与美国道琼斯指数的置信区间相似，意味着巴西和德国的股票市场经历了与美国股市相联动的非理性繁荣。对比而言，两个非洲市场的代表性股票指数 CASE 指数和 NGSEINDX 指数的爆炸根自回归系数更为温和。这是因为非洲国家资本市场具有流动性和不稳定性等特点，并且易受外部经济体的影响（Allen et al.，2011）。

从表 3-8 的结果来看，中国香港恒生（HSI）指数比其他经济体市场指数显得更为爆炸。该指数在样本区段内的自回归系数置信区间为 $\rho \in$ [1.023，1.079]。这是由中国香港市场经济体量小、交易体制灵活的特点所导致。由于中国香港对美国和中国等主要经济体的强依赖性，外部经济发生的非理性繁荣极易关联到香港经济，并爆发得更彻底、规模更大。

为进一步证实上述七个可以由中度偏离单位根过程刻画的股指序列是否随着样本量的向前推移而衰减至单位根过程，我们对样本数据增长阶段结束后的波动阶段再次进行爆炸行为检验。具体而言，我们将待检验的样本区间起始点选取为每个股指在 2007~2009 年的最高点之后 100 期的那一时点（依据主流文献的观点，2008 年金融危机大约持续了两年，约 100 个有效交易周），并基于该起始点向后选取窗宽为 100 的样本观测数据进行右侧 ADF 和 SADF 检验。若在新的样本区间股指序列不再服从爆炸过程或中度偏离单位根过程，则我们有充分的理由认为股指价格序列回复到了弱有效状态、中度偏离单位根过程随着时间的推移而衰减到了单位根过程。

表 3-9 报告了美国 DJI 指数、巴西 IBOVESPA 指数、中国 CSI300 指数、中国香港 HIS 指数、德国 GDAXI 指数、埃及 CASE 指数和尼日利亚 NGSEINDX 指数在中度偏离单位根过程阶段结束后的新样本区间的爆炸行为检验结果。由表中结果可以看出，在 5% 显著性水平下，这七个股指序列在相应的样本区间内不能被识别为爆炸过程。它们的自回归系数并不在

单位根的爆炸侧，而更应该被识别为单位根。这表明，在经历了爆炸发散式的非理性增长后，这七个股指序列最终由中度偏离单位根过程回复到了单位根过程。上述检验结果清晰地展现了中度偏离单位根时间序列过程内在的经济学逻辑。

表 3-9　中度偏离单位根过程结束后爆炸行为检验

股票指数	样本期	右侧 ADF	SADF
DJI 指数	2009.09.18~2011.08.12	-1.564	0.186
IBOVESPA 指数	2010.05.07~2012.03.30	-1.566	1.361
CSI300 指数	2009.10.09~2011.09.09	-2.086	-0.206
HSI 指数	2009.10.09~2011.09.02	-2.138	1.383
GDAXI 指数	2009.06.19~2011.05.13	-0.363	-0.076
CASE 指数	2010.04.01~2012.04.12	-1.926	-0.774
NGSEINDX 指数	2010.02.12~2012.01.06	-0.552	0.831
		临界值	
90%		-0.440	1.100
95%		-0.080	1.370
99%		0.600	1.880

注：此表报告了右侧 ADF 检验和 SADF 检验的结果。临界值分别参照 Phillips 等（2011）和 Phillips 等（2015a）所提供的临界值。

最后，我们来进一步讨论三个非爆炸过程：澳大利亚 AS51 指数、法国 FCHI 指数和意大利 ITLMS 指数。当右侧 ADF 检验和 SADF 检验均无法拒绝单位根原假设时，我们可以应用传统的单位根检验来识别这三个股指序列是单位根过程还是平稳过程。实证中，我们使用的检验方法是 ADF 检验和 KPSS 检验。ADF 检验是一个左侧检验，其临界值参照 MacKinnon（1996）选取。KPSS 检验是一个右侧检验，其临界值参照 Kwiatkowski 等（1992）选取。表 3-10 报告了三个非爆炸过程的单位根检验结果。

表 3–10　非爆炸过程的单位根检验

股票指数	ADF		KPSS
	对原序列	对一阶差分序列	
AS51 指数	−0.012	−9.163	3.225
FCHI 指数	−0.148	−9.296	3.086
ITLMS 指数	−0.227	−4.778	3.002
	临界值		
1%（90%）	−3.498	−3.498	0.739
5%（95%）	−2.891	−2.891	0.463
10%（99%）	−2.583	−2.583	0.347

注：此表报告了 ADF 检验和 KPSS 检验的结果。临界值分别参照 MacKinnon（1996）和 Kwiatkowski 等（1992）所提供的临界值。

　　表 3–10 清晰地表明：根据 ADF 检验结果，三个非爆炸过程在 5% 显著性水平下均为单位根过程，但它们的一阶差分过程在 5% 显著性水平下均为平稳过程；KPSS 检验结果也验证了在 5% 显著性水平下这三个非爆炸过程是差分平稳过程而非趋势平稳过程。因此，我们有充分的理由相信，澳大利亚 AS51 指数、法国 FCHI 指数和意大利 ITLMS 指数这三个非爆炸过程在各自的非理性繁荣样本区段内服从 I（1）过程。这一辅助性结论也反过来证实了，澳大利亚、法国和意大利的股票市场在 2008 年金融危机前夕并未被卷入席卷全球的金融泡沫。从数据角度来看，这三个市场依然维持着弱有效运行状态。

　　综上所述，我们可以得出结论：2008 年金融危机前夕，世界主要经济体的证券市场所经历的非理性繁荣是温和的。我们所检验的十个代表性股票指数中，美国道琼斯指数、中国沪深 300 指数、中国香港恒生指数、德国 GDAXI 指数等七个市场的价格指数是轻度偏离单位根过程，并且随着时间的推移逐渐向代表着弱有效市场状态的单位根过程衰减，而剩余三个指数甚至达不到爆炸过程所定义的发散程度。这一结论不仅为 Greenspan（2008）、Allen 和 Carletti（2010）、Jagannathan 等（2013）关于金融危机的判断（尽管 2008 年金融危机经历了迅速膨胀而后泡沫急剧破裂的剧烈波动，但事实上这一泡沫没有想象的那么大，其更像一个金融症状而非金融灾难）提供了佐证，也隐含着，2008 年金融危机期间全球资本市场的非理性泡沫被过分演绎、夸大，并被过度反应。

第五节　2020 年新冠肺炎疫情暴发初期的中度爆炸特征研究

进入 2020 年后，一场肆虐全球的新型冠状病毒肺炎疫情迅速蔓延，成为影响全球经济社会发展的最重要变量。中国是疫情最先集中暴发和蔓延的国家，随后疫情在韩国、意大利、伊朗、日本、美国等国家持续扩散，欧洲更是成为重灾区。据世界卫生组织统计，截至 2020 年 5 月 31 日，疫情已蔓延至 210 多个国家和地区，全球累计确诊病例超过 606 万。此次疫情主要通过人传人（Chan et al.，2020）进行传播，其影响范围之广、影响程度之大，堪称"二战"后最严重的全球性危机。为应对新冠疫情危机，各国相继出台了一系列救急措施。2020 年 1 月 23 日武汉宣布封城，为最大程度阻止疫情进一步扩散提供了宝贵的时间窗口。中国政府快速响应、快速部署、组织开展全民抗疫，中国的日新增确诊病例数的快速上涨态势很快得到遏制，3 月初中国日新增确诊病例由四位数降至两位数。其他国家反应相对迟钝、力度相对不够，疫情防控效果并不理想。2020 年 2 月底，韩国的确诊病例增速显著，从 1 例上升至 813 例，进入暴发高峰期；2020 年 2~3 月，伊朗从 2 例猛增至 3186 例。此外，欧洲主要国家的疫情发展状况也不断恶化，2020 年 2~3 月，意大利新增确诊病例数从 6 例激升至 6557 例，德国从 2 例增至 6294 例，法国从 1 例增至 7500 例。随着疫情继续蔓延，美国、印度等国家的确诊人数仍在持续增加，其中，美国日新增确诊病例在 2020 年 4 月 28 日达到 38509 例，印度日新增确诊病例在 5 月 31 日达到 8392 例。

从公共流行病的传播规律来看，公共流行性疾病的暴发初期，新增确诊病例通常会以指数级速度进行快速增长（Funk et al., 2009；Chinazzi et al., 2020；Chan et al., 2020），这与中度偏离单位根过程的指数叠加效应相一致。鉴于此，本节将应用中度偏离单位根渐近 $\hat{t}_{ME}$ 检验，来检验各国新增确诊病例数的爆炸式增长特征和中度爆炸程度。这一研究将为认识公共卫生事件的暴发规律提供新的实践方法。我们选取中国、美国、意大利、德国、法国、英国、韩国、伊朗、日本和印度十个国家，这十个国家均为此次新冠疫情蔓延较为严重的国家。对于每个国家，我们选取疫情从开始持续出现[1]到蔓延至最高点（截至 2020 年 5 月 31 日前的最高点）的快速上涨阶段的新增新冠病毒确诊人数，所使用的实证数据来源于世界卫生组织。表 3-11 列出了样本数据信息。需要说明的是，表 3-11 中所示的样本期并非疫情存续期，而是疫情集中暴发的初期，此时各国新增确诊病例数处于爆炸式增加态势。本节的实证分析将聚焦于这一爆炸式增长阶段。

表 3-11　受疫情影响严重国家在疫情集中暴发上升期的样本信息

国家	样本期	样本起点的新增确诊人数	样本终点的新增确诊人数
中国	2020.01.21~2020.02.04	32	3893
美国	2020.01.22~2020.04.25	1	38509
意大利	2020.02.21~2020.03.21	6	6557
德国	2020.02.25~2020.03.27	2	6294
法国	2020.02.26~2020.03.31	6	7500
英国	2020.02.27~2020.05.06	3	6211
韩国	2020.01.30~2020.02.28	7	813
伊朗	2020.02.19~2020.03.30	2	3186
日本	2020.01.26~2020.04.11	1	743
印度	2020.03.02~2020.05.31	2	8392

---

[1] 此次新冠疫情的确诊病例统计从 2020 年 1 月 20 日开始，故新增确诊病例数的样本起始点应定为 2020 年 1 月 21 日。同时，考虑到不同国家的疫情暴发时间不同，因此对于不同国家可选取该国疫情持续出现的时间点（至少连续三天有新增确诊病例）作为该国样本起始点。

从表 3-11 可以看出，此次新冠疫情中，不同国家的暴发节奏和时间不完全相同。中国是最早暴发的国家，但中国很快控制住疫情的持续增长态势，在 2020 年 2 月初即达到日新增确诊病例的最高点。韩国、日本等东亚国家暴发时间较早，但暴发上升期持续了较长一段时间。欧洲国家的疫情暴发上升期比东亚国家晚一个月左右，其中意大利、德国、法国、英国均在 2020 年 2 月中下旬开始进入集中暴发期。但欧洲国家的暴发程度远高于东亚三国，意大利、德国和法国的日新增确诊人数在 2020 年 3 月底便达到 6000 人以上，成为彼时新冠疫情的重灾区。美国、英国和印度的疫情暴发上升期持续时间更长。其中，美国新增确诊病例数从 2020 年 1 月底到 4 月底一直处于持续上涨阶段，并且在进入 2020 年 5 月后仍保持在高新增水平；印度的疫情集中暴发时间相对较晚，但暴发后迅速失去控制，到 2020 年 5 月底仍未见稳定的趋势（本项实证的数据统计截至 2020 年 5 月 31 日）。

为探究不同国家的疫情暴发情况、评估各国疫情暴发的程度，我们应用如图 3-2 所示的两步检验策略，对十个国家的日新增确诊病例数进行检验。实证检验的结果见表 3-12。

表 3-12　各国疫情集中暴发上升期的中度爆炸特征检验

国家	检验策略第一步：爆炸行为检验		检验策略第二步：中度偏离单位根行为检验
	右侧 ADF	SADF	置信区间
中国	1.458	1.458	$\rho \in [1.001, 1.179]$
美国	0.467	9.669	$\rho \in [1.001, 1.033]$
意大利	0.796	3.774	$\rho \in [1.001, 1.239]$
德国	0.451	3.898	$\rho \in [1.001, 1.094]$
法国	3.367	7.080	$\rho \in [1.001, 1.187]$
英国	−0.651	1.365	非爆炸过程
韩国	4.692	4.692	$\rho \in [1.001, 1.393]$
伊朗	0.098	5.329	$\rho \in [1.001, 1.043]$
日本	8.518	8.518	$\rho \in [1.001, 1.154]$

国家	检验策略第一步:爆炸行为检验		检验策略第二步:中度偏离单位根行为检验
	右侧 ADF	SADF	置信区间
印度	3.516	6.948	$\rho \in [1.004, 1.043]$
临界值			
90%	−0.440	1.100	
95%	−0.080	1.370	
99%	0.600	1.880	

注:此表报告了两步实证检验策略的结果。对第一步预检验,我们报告右侧 ADF 检验和 SADF 检验的结果;对检验策略第二步中度偏离单位根 $\hat{\tau}_{ME}$ 检验,我们报告自回归系数 ρ 的置信区间。右侧 ADF 检验和 SADF 检验的临界值分别参照 Phillips 等(2011)和 Phillips 等(2015a)所提供的临界值。

由表 3-12 的结果可知,在 5% 显著性水平下,除英国外其他九个国家的新增确诊人数在相应的样本区间内均为自回归系数大于单位根的爆炸过程,这九个国家都经历了一轮爆炸式的疫情蔓延。中国、韩国和日本的自回归系数置信区间窗口更宽,表明这三个东亚国家疫情新增确诊病例数的演变过程更快速、更迅猛,与单位根基本面的偏离程度更显著。意大利、德国、法国的自回归系数置信区间右端也远超重度偏离单位根的阈值,表明欧洲受到疫情影响的程度较为严重。然而美国、伊朗、印度的自回归系数置信区间落在 [1.001,1.050] 内,这三个国家因疫情持续蔓延,故而在整个样本期内经历了一个相对温和的爆炸式上涨。这并非意味着上涨幅度的温和,而是这三个国家的爆炸式上涨持续时间更长。此外,从表 3-12 可以看出,对于英国疫情暴发上升阶段,右侧 ADF 检验和 SADF 检验均无法拒绝单位根原假设。若进一步应用传统的 ADF 和 KPSS 单位根检验,可得出结果:在 5% 显著性水平下英国新增确诊人数在相应的样本区间内为一个差分平稳的单位根过程。这意味着,英国的这一轮疫情暴发程度相对其他九个国家而言更为温和,其快速上涨仍属于有序上涨、未达到中度爆炸程度。

综合上述,用非理性泡沫和中度偏离单位根理论来解释,我们可以认定，受疫情影响较严重的国家经历了一轮非理性持续发散式的疫情暴发，样本期间内，中国、韩国、日本等东亚国家，以及意大利、德国、法国等欧洲国家以重度偏离的幅度偏离于弱有效增长状态；美国、伊朗和印度这三个国家因疫情仍在一直持续蔓延过程中，因此暴发疫情的急剧性弱于前六个国家，这三个国家以轻度偏离的幅度偏离于弱有效增长状态；英国的疫情增长仍属于有序、理性增长态势，属于节节攀升，但未达到爆炸式上涨。

第六节　本章小结

本章重点研究了由非线性确定性趋势和随机累积趋势共同主导的中度偏离单位根过程。我们推导了独立同分布误差项情形和带有自相关或条件异方差误差项情形下中度偏离单位根自回归系数的渐近逼近，并基于此提出正则化的 t 检验，体现了本书的理论创新。本章所得到的主要结论概述如下：

第一，在独立同分布误差项情形下，带漂移项的中度偏离单位根过程的主导趋势取决于漂移项的强弱。当漂移项为强漂移项继而 $\mu_T \sqrt{k_T} \to \infty$ 时，非线性确定性趋势的累积发散速度 $O\left(\mu_T k_T \rho_T^T\right)$ 快于随机累积趋势的发散速度 $O_p\left(\sqrt{k_T} \rho_T^T\right)$，主导全样本的趋势是非线性确定性趋势；反之，当漂移项为弱漂移项继而 $\mu_T \sqrt{k_T} \to 0$ 时，非线性确定性趋势的累积发散速度慢于随机累积趋势的发散速度，主导全样本的趋势是随机累积趋势。在不同的漂移项强度情形下，中度偏离单位根自回归系数估计偏误具有不同的收敛速度和渐近分布。但是，我们证明了，基于中度偏离单位根自回归系数估计量的 t 统计量的渐近性质不依赖于模型中漂移项的强弱。不论模型的漂移项是强漂移项还是弱漂移项，中度偏离单位根的 t 统计量都渐近收敛到标准正态分布。这一性质极大地拓展了现有文献内容。根据现有文献内容，在传统单位根原假设下，ADF 统计量和 SADF 统计量的渐近分布依赖于漂移项的强弱，如式（3-17）至式（3-20）所示。我们的结果完美地解决了上述不一致性。此外，我们还与 Wang 和 Yu（2015）、Fei（2018）进行比较，结果表明，我们所提出的检验不依赖于未知冗杂参数，更不需要通过仿真的方法模拟出临界值，因而具有广阔的应用前景。

第二，当新息具有自相关或者条件异方差结构时，我们证明了，中度偏离单位根自回归系数的估计偏误具有正态或混合正态性，其极限分布此时依赖于随机误差项的长期方差。为消除误差项自相关或条件异方差的影响，我们需对长期方差做出估计。本章使用的是文献中最为前沿的级数估计思想。具体而言，我们使用傅里叶基函数的前若干个周期的简单平均来构建长期方差的估计量，并基于长期方差估计量来构建中度偏离单位根自回归系数的异方差自相关稳健标准误（Heteroskedasticity and Autocorrelation Robust，HAR）。在固定平滑参数框架下，我们证明经 HAR 标准误修正后的 t 统计量具有双重稳健性：既不依赖于模型漂移项强弱，也不依赖于误差项是否存在自相关或条件异方差。这一结果不仅填补了该领域方法的空白，更将引领后续文献的发展。蒙特卡洛仿真实验从数值的角度验证了这一理论结果。因此，实际中，不论是否先验地知道误差项是否存在序列相关或条件异方差，我们都建议使用经 HAR 标准误修正后的渐近 t 检验，并依据本章式（3-39）所给出的准则来选取最优平滑参数。

第三，在理论研究的基础上，本章提出了一套两步实证检验策略。两步检验策略的第一步在于应用右侧 ADF 检验和 SADF 等泡沫检验，检验价格序列是否存在爆炸增长区段；第二步则针对爆炸过程滚动实施渐近 t 检验，并基于此构建中度偏离根的置信区间。本章第四节将两步实证检验策略应用到 2008 年金融危机前夕美国道琼斯指数、中国沪深 300 指数等十个全球资本市场的重要股票价格指数。结果表明，十个全球主要股指中有七个股指序列可以由中度偏离单位根过程所刻画，并且其中度偏离度相对而言较轻；剩余三个股指序列只是差分平稳过程而不能被解读为泡沫过程。这一结论为重新认识 2008 年世界金融危机提供了证据。正如 Greenspan（2008）所言，2008 年金融危机前夕的非理性泡沫并没有想象中的那么繁荣。本章第五节将两步实证检验策略应用到 2020 年暴发的新冠肺炎疫情，检验受疫情影响严重国家的日新增确诊病例数的爆发式增长特征。结果表明，中国、韩国、日本等东亚国家，以及意大利、德国、法国等欧洲国家的疫情感染情况相对严重，属于疫情集中暴发的重灾区；美国、伊朗和印度的疫情蔓延时间长，疫情暴发的急促性相对温和，但严重性依然强烈，这也符合事实情况以及各国权威机构对此次疫情的基本判断。

第三章的附录

引理 3-1 的证明

我们有：

$$\left(k_T^{3/2}\rho_T^{2T}\right)^{-1}\sum_{t=1}^{T}\sum_{j=t}^{T}\rho_T^{2(t-1)-j}\varepsilon_j = \left(k_T^{3/2}\rho_T^{2T}\right)^{-1}\sum_{j=1}^{T}\left(\sum_{t=1}^{j}\rho_T^{2(t-1)-j}\right)\varepsilon_j$$

$$= \left(k_T^{3/2}\rho_T^{2T}\right)^{-1}\sum_{j=1}^{T}\frac{\rho_T^{2j}-1}{\rho_T^{j}(\rho_T^2-1)}\varepsilon_j = O(1)\,k_T^{-1/2}\rho_T^{-2T}\sum_{j=1}^{T}\left(\rho_T^{j}-\rho_T^{-j}\right)\varepsilon_j$$

应用引理 2-1 的结果可以推出：

$$E\left[\left(k_T^{-1/2}\rho_T^{-2T}\sum_{j=1}^{T}\left(\rho_T^{j}-\rho_T^{-j}\right)\varepsilon_j\right)^2\right] = \sigma^2 k_T^{-1}\rho_T^{-4T}\sum_{j=1}^{T}\left(\rho_T^{j}-\rho_T^{-j}\right)^2$$

$$\leqslant 2\sigma^2 k_T^{-1}\rho_T^{-4T}\sum_{j=1}^{T}\left(\rho_T^{2j}+\rho_T^{-2j}\right) - O\left(k_T^{-1}\rho_T^{-4T}\left(k_T\rho_T^{2T}+k_T\right)\right) = o(1)$$

上述结果表明，$\left(k_T^{3/2}\rho_T^{2T}\right)^{-1}\sum_{t=1}^{T}\sum_{j=t}^{T}\rho_T^{2(t-1)-j}\varepsilon_j$ 均方收敛到 0。均方收敛意味着依概率收敛。因此，我们有 $\left(k_T^{3/2}\rho_T^{2T}\right)^{-1}\sum_{t=1}^{T}\sum_{j=t}^{T}\rho_T^{2(t-1)-j}\varepsilon_j = o_p(1)$。引理 3-1

得证。

定理 3-1 的证明

证明定理 3-1 之前，我们首先定义：

$$\bar{y}_t = \rho_T^t y_0 + \sum_{j=1}^{t} \rho_T^{t-j} \varepsilon_j \qquad (A3-1)$$

显然，$\{\bar{y}_t\}$ 满足模型（2-3），它是一个不含漂移项的中度偏离单位根过程。因此，第二章中式（2-7）和式（2-8）对 $\{\bar{y}_t\}$ 成立。

现在来证定理 3-1（a）。根据式（3-2），我们有[①]：

$$(\mu_T^2 k_T^3 \rho_T^{2T})^{-1} \sum_{t=1}^{T} y_{t-1}^2 = (\mu_T^2 k_T^3 \rho_T^{2T})^{-1} \sum_{t=1}^{T} \left(\bar{y}_{t-1} + \frac{1}{c} \mu_T k_T \rho_T^{t-1} - \frac{1}{c} \mu_T k_T \right)^2$$

$$= (\mu_T^2 k_T^3 \rho_T^{2T})^{-1} \left(\sum_{t=1}^{T} \bar{y}_{t-1}^2 + \frac{1}{c^2} \mu_T^2 k_T^2 \sum_{t=1}^{T} \rho_T^{2t-2} + \frac{2}{c} \mu_T k_T \sum_{t=1}^{T} \bar{y}_{t-1} \rho_T^{t-1} + \frac{1}{c^2} T \mu_T^2 k_T^2 \right.$$

$$\left. - \frac{2}{c} \mu_T k_T \sum_{t=1}^{T} \bar{y}_{t-1} - \frac{2}{c^2} \mu_T^2 k_T^2 \sum_{t=1}^{T} \rho_T^{t-1} \right)$$

$$= (\mu_T^2 k_T^3 \rho_T^{2T})^{-1} \sum_{t=1}^{T} \bar{y}_{t-1}^2 + \frac{1}{c^2} (k_T \rho_T^{2T})^{-1} \frac{\rho_T^{2T}-1}{\rho_T^2-1} + \frac{2}{c} (\mu_T k_T^2 \rho_T^{2T})^{-1} \sum_{t=1}^{T} \bar{y}_{t-1} \rho_T^{t-1}$$

$$- \frac{2}{c} (\mu_T k_T^2 \rho_T^{2T})^{-1} \sum_{t=1}^{T} \bar{y}_{t-1} + O(T k_T^{-1} \rho_T^{-2T} + \rho_T^{-T})$$

$$= \frac{Y_T^2}{2c \mu_T^2 k_T} + \frac{1}{2c^3} + \frac{2}{c} (\mu_T k_T^2 \rho_T^{2T})^{-1} \sum_{t=1}^{T} \bar{y}_{t-1} \rho_T^{t-1} + o_p(1)$$

应用引理 3-1 以及初始值条件 $y_0 = o_p(\sqrt{k_T})$，可以推出：

$$\frac{2}{c} (\mu_T k_T^2 \rho_T^{2T})^{-1} \sum_{t=1}^{T} \bar{y}_{t-1} \rho_T^{t-1} = \frac{2}{c} (\mu_T k_T^2 \rho_T^{2T})^{-1} \sum_{t=1}^{T} \left(\rho_T^{t-1} y_0 + \sum_{j=1}^{t-1} \rho_T^{t-1-j} \varepsilon_j \right) \rho_T^{t-1}$$

$$= \frac{2}{c} y_0 (\mu_T k_T^2 \rho_T^{2T})^{-1} \sum_{t=1}^{T} \rho_T^{2t-2} + \frac{2}{c} (\mu_T k_T^2 \rho_T^{2T})^{-1} \sum_{t=1}^{T} \sum_{j=1}^{t-1} \rho_T^{2(t-1)-j} \varepsilon_j$$

---

① 计算过程中令 $\bar{y}_0 = y_0$。

$$= \frac{2}{c}(\mu_T k_T^2 \rho_T^{2T})^{-1} \sum_{t=1}^{T} \sum_{j=1}^{T} \rho_T^{2(t-1)-j} \varepsilon_j - \frac{2}{c}(\mu_T k_T^2 \rho_T^{2T})^{-1} \sum_{t=1}^{T} \sum_{j=t}^{T} \rho_T^{2(t-1)-j} \varepsilon_j$$

$$+ o_p(\mu_T^{-1} k_T^{-1/2})$$

$$= \frac{2}{c}(\mu_T k_T^2 \rho_T^{2T})^{-1} \sum_{t=1}^{T} \rho_T^{2(t-1)} \sum_{j=1}^{T} \rho_T^{-j} \varepsilon_j + o_p(\mu_T^{-1} k_T^{-1/2})$$

$$= \frac{2}{c}(\mu_T k_T^2 \rho_T^{2T})^{-1} \frac{\rho_T^{2T}-1}{\rho_T^2-1} k_T^{1/2} Y_T + o_p(1) = \frac{Y_T}{c^2 \mu_T k_T^{1/2}} + o_p(1)$$

上述推导成立的关键在于我们假设了 $\mu_T k_T^{1/2} \to \tau > 0$。综上所述，

$$(\mu_T^2 k_T^3 \rho_T^{2T})^{-1} \sum_{t=1}^{T} y_{t-1}^2 \Rightarrow \frac{Y^2}{2c\tau^2} + \frac{1}{2c^3} + \frac{Y}{c^2\tau} = \frac{1}{2c}\left(\frac{Y}{\tau} + \frac{1}{c}\right)^2$$

因此定理 3-1（a）得证。

定理 3-1（b）的证明同样需要用到式（3-2）的分解：

$$(\mu_T k_T^2 \rho_T^T)^{-1} \sum_{t=1}^{T} y_{t-1} = (\mu_T k_T^2 \rho_T^T)^{-1} \sum_{t=1}^{T}\left(\bar{y}_{t-1} + \frac{1}{c}\mu_T k_T \rho_T^{t-1} - \frac{1}{c}\mu_T k_T\right)$$

$$= (\mu_T k_T^2 \rho_T^T)^{-1} \sum_{t=1}^{T} \bar{y}_{t-1} + \frac{1}{c}(k_T \rho_T^T)^{-1} \frac{\rho_T^T-1}{\rho_T-1} - \frac{1}{c} T k_T^{-1} \rho_T^{-T}$$

$$= \frac{Y_T}{c\mu_T k_T^{1/2}} + \frac{1}{c^2} + o_p(1) \Rightarrow \frac{1}{c}\left(\frac{Y}{\tau} + \frac{1}{c}\right)$$

因此定理 3-1（b）得证。

最后来看定理 3-1（c）的证明。根据式（3-2），我们有：

$$(\mu_T k_T^{3/2} \rho_T^T)^{-1} \sum_{t=1}^{T} y_{t-1}\varepsilon_t = (\mu_T k_T^{3/2} \rho_T^T)^{-1} \sum_{t=1}^{T}\left(\bar{y}_{t-1} + \frac{1}{c}\mu_T k_T \rho_T^{t-1} - \frac{1}{c}\mu_T k_T\right)\varepsilon_t$$

$$= (\mu_T k_T^{3/2} \rho_T^T)^{-1} \sum_{t=1}^{T} \bar{y}_{t-1}\varepsilon_t + \frac{1}{c}(k_T^{1/2} \rho_T^T)^{-1} \sum_{t=1}^{T} \rho_T^{t-1}\varepsilon_t - \frac{1}{c}(k_T^{1/2} \rho_T^T)^{-1} \sum_{t=1}^{T} \varepsilon_t$$

$$= \frac{X_T Y_T}{\mu_T k_T^{1/2}} + \frac{1}{c} k_T^{-1/2} \sum_{t=1}^{T} \rho_T^{-(T-t)-1}\varepsilon_t + O_p(T^{1/2} k_T^{-1/2} \rho_T^{-T}) + o_p(1) \Rightarrow X\left(\frac{Y}{\tau} + \frac{1}{c}\right)$$

因此定理 3-1（c）得证。

引理 3-2 的证明

当假设 3-2（a）成立时，根据定理 2-1（a）至定理 2-1（c），我们有：

$$\left(k_T^{-1/2} \sum_{t=1}^{T} \rho_T^{-(T-t)-1} u_t, \ k_T^{-1/2} \sum_{t=1}^{T} \rho_T^{-t} u_t \right) \Rightarrow \left(\widetilde{X}, \ \widetilde{Y} \right) \tag{A3-2}$$

当假设 3-2（b）成立时，根据 Magdalinos（2012）、Arvanitis 和 Magdalinos（2018）的结果，式（A3-2）仍成立。在此基础上可推得：

$$(k_T^{3/2} \rho_T^{2T})^{-1} \sum_{t=1}^{T} \sum_{j=t}^{T} \rho_T^{2(t-1)-j} u_j = (k_T^{3/2} \rho_T^{2T})^{-1} \sum_{j=1}^{T} \left(\sum_{t=1}^{j} \rho_T^{2(t-1)-j} \right) u_j$$

$$= (k_T^{3/2} \rho_T^{2T})^{-1} \sum_{j=1}^{T} \frac{\rho_T^{2j}-1}{\rho_T^j (\rho_T^2-1)} u_j = O(1) k_T^{-1/2} \rho_T^{-2T} \sum_{j=1}^{T} (\rho_T^j - \rho_T^{-j}) u_j$$

$$= O(1) k_T^{-1/2} \rho_T^{-T+1} \sum_{j=1}^{T} \rho_T^{-(T-j)-1} u_j + O(1) k_T^{-1/2} \rho_T^{-2T} \sum_{j=1}^{T} \rho_T^{-j} u_j$$

$$= O_p(\rho_T^{-T+1}) + O_p(\rho_T^{-2T}) = o_p(1)$$

因此引理 3-2 得证。

定理 3-4 的证明

定理 3-4 的证明与定理 3-1 的证明较为类似。在定理 3-4 的证明中，我们需要应用引理 3-2 和第二章中的定理 2-2(a) 至定理 2-2(c)。仿照式（A3-1），我们首先定义：

$$\bar{y}_t = \rho_T^t y_0 + \sum_{j=1}^{t} \rho_T^{t-j} u_j \tag{A3-3}$$

那么，模型可表述为 $y_t = \bar{y}_{t-1} + \mu_T (\rho_T^t - 1) k_T / c$。此时，$\{\bar{y}_t\}$ 满足模型 (2-18)。Magdalinos（2012）、Arvanitis 和 Magdalinos（2018）证明了第二章中定理 2-2(a) 至定理 2-2(c) 在假设 3-2(b) 条件下仍成立。因此，定理 2-2(a) 至定理 2-2(c) 对式（A3-3）所示的 $\{\bar{y}_t\}$ 成立。

现在来证定理 3-4(a)。根据引理 2-1 和定理 2-2(a)，我们有[①]：

$$(\mu_T^2 k_T^3 \rho_T^{2T})^{-1} \sum_{t=1}^{T} y_{t-1}^2 = (\mu_T^2 k_T^3 \rho_T^{2T})^{-1} \sum_{t=1}^{T} \left(\bar{y}_{t-1} + \frac{1}{c} \mu_T k_T \rho_T^{t-1} - \frac{1}{c} \mu_T k_T \right)^2$$

---

① 计算过程中令 $\bar{y}_0 = y_0$。

$$= (\mu_T^2 k_T^3 \rho_T^{2T})^{-1} \Big(\sum_{t=1}^{T} \bar{y}_{t-1}^2 + \frac{1}{c^2} \mu_T^2 k_T^2 \sum_{t=1}^{T} \rho_T^{2t-2} + \frac{2}{c} \mu_T k_T \sum_{t=1}^{T} \bar{y}_{t-1} \rho_T^{t-1} + \frac{1}{c^2} T \mu_T^2 k_T^2$$

$$- \frac{2}{c} \mu_T k_T \sum_{t=1}^{T} \bar{y}_{t-1} - \frac{2}{c^2} \mu_T^2 k_T^2 \sum_{t=1}^{T} \rho_T^{t-1} \Big)$$

$$= (\mu_T^2 k_T^3 \rho_T^{2T})^{-1} \sum_{t=1}^{T} \bar{y}_{t-1}^2 + \frac{1}{c^2} (k_T \rho_T^{2T})^{-1} \frac{\rho_T^{2T}-1}{\rho_T^2-1} + \frac{2}{c} (\mu_T k_T^2 \rho_T^{2T})^{-1} \sum_{t=1}^{T} \bar{y}_{t-1} \rho_T^{t-1}$$

$$- \frac{2}{c} (\mu_T k_T^2 \rho_T^{2T})^{-1} \sum_{t=1}^{T} \bar{y}_{t-1} + O (T k_T^{-1} \rho_T^{-2T} + \rho_T^{-T})$$

$$= \frac{\widetilde{Y}_T^2}{2c \mu_T^2 k_T} + \frac{1}{2c^3} + \frac{2}{c} (\mu_T k_T^2 \rho_T^{2T})^{-1} \sum_{t-1}^{T} \bar{y}_{t-1} \rho_T^{t-1} + o_p(1)$$

进一步，应用引理 3—2 以及初始值条件 $y_0 = o_p(\sqrt{k_T})$，我们有：

$$\frac{2}{c} (\mu_T k_T^2 \rho_T^{2T})^{-1} \sum_{t=1}^{T} \bar{y}_{t-1} \rho_T^{t-1} = \frac{2}{c} (\mu_T k_T^2 \rho_T^{2T})^{-1} \sum_{t=1}^{T} \Big(\rho_T^{t-1} y_0 + \sum_{j=1}^{t-1} \rho_T^{t-1-j} u_j \Big) \rho_T^{t-1}$$

$$= \frac{2}{c} y_0 (\mu_T k_T^2 \rho_T^{2T})^{-1} \sum_{t=1}^{T} \rho_T^{2t-2} + \frac{2}{c} (\mu_T k_T^2 \rho_T^{2T})^{-1} \sum_{t=1}^{T} \sum_{j=t}^{T} \rho_T^{2(t-1)-j} u_j$$

$$= \frac{2}{c} (\mu_T k_T^2 \rho_T^{2T})^{-1} \sum_{t=1}^{T} \sum_{j=1}^{T} \rho_T^{2(t-1)-j} u_j - \frac{2}{c} (\mu_T k_T^2 \rho_T^{2T})^{-1} \sum_{t=1}^{T} \sum_{j=t}^{T} \rho_T^{2(t-1)-j} u_j$$

$$+ o_p (\mu_T^{-1} k_T^{-1/2})$$

$$= \frac{2}{c} (\mu_T k_T^2 \rho_T^{2T})^{-1} \sum_{t=1}^{T} \rho_T^{2(t-1)} \sum_{j=1}^{T} \rho_T^{-j} u_j + o_p (\mu_T^{-1} k_T^{-1/2})$$

$$= \frac{2}{c} (\mu_T k_T^2 \rho_T^{2T})^{-1} \frac{\rho_T^{2T}-1}{\rho_T^2-1} k_T^{1/2} \widetilde{Y}_T + o_p(1) = \frac{\widetilde{Y}_T}{c^2 \mu_T k_T^{1/2}} + o_p(1)$$

上述推导成立的关键在于我们假设了 $\mu_T k_T^{1/2} \to \tau > 0$。综上所述，可得：

$$(\mu_T^2 k_T^3 \rho_T^{2T})^{-1} \sum_{t=1}^{T} y_{t-1}^2 \Rightarrow \frac{\widetilde{Y}^2}{2c\tau^2} + \frac{1}{2c^3} + \frac{\widetilde{Y}}{c^2 \tau} = \frac{1}{2c} \Big(\frac{\widetilde{Y}}{\tau} + \frac{1}{c} \Big)^2$$

因此定理 3-4（a）得证。

定理 3-4（b）的证明用到了引理 2-1 和定理 2-2（b）：

$$\left(\mu_T k_T^2 \rho_T^T\right)^{-1} \sum_{t=1}^{T} y_{t-1} = \left(\mu_T k_T^2 \rho_T^T\right)^{-1} \sum_{t=1}^{T} \left(\bar{y}_{t-1} + \frac{1}{c} \mu_T k_T \rho_T^{t-1} - \frac{1}{c} \mu_T k_T\right)$$

$$= \left(\mu_T k_T^2 \rho_T^T\right)^{-1} \sum_{t=1}^{T} \bar{y}_{t-1} + \frac{1}{c} \left(k_T \rho_T^T\right)^{-1} \frac{\rho_T^T - 1}{\rho_T - 1} - \frac{1}{c} T k_T^{-1} \rho_T^{-T}$$

$$= \frac{\widetilde{Y}_T}{c \mu_T k_T^{1/2}} + \frac{1}{c^2} + o_p(1) \Rightarrow \frac{1}{c}\left(\frac{\widetilde{Y}}{\tau} + \frac{1}{c}\right)$$

因此定理 3-4（b）得证。

定理 3-4（c）的证明用到了引理 2-1、定理 2-2（c）和式（2-20）。证明步骤如下：

$$\left(\mu_T k_T^{3/2} \rho_T^T\right)^{-1} \sum_{t=1}^{T} y_{t-1} u_t = \left(\mu_T k_T^{3/2} \rho_T^T\right)^{-1} \sum_{t=1}^{T} \left(\bar{y}_{t-1} + \frac{1}{c} \mu_T k_T \rho_T^{t-1} - \frac{1}{c} \mu_T k_T\right) u_t$$

$$= \left(\mu_T k_T^{3/2} \rho_T^T\right)^{-1} \sum_{t=1}^{T} \bar{y}_{t-1} u_t + \frac{1}{c}\left(k_T^{1/2} \rho_T^T\right)^{-1} \sum_{t=1}^{T} \rho_T^{t-1} u_t - \frac{1}{c}\left(k_T^{1/2} \rho_T^T\right)^{-1} \sum_{t=1}^{T} u_t$$

$$= \frac{\widetilde{X}_T \widetilde{Y}_T}{\mu_T k_T^{1/2}} + \frac{1}{c} k_T^{-1/2} \sum_{t=1}^{T} \rho_T^{-(T-t)-1} u_t + O_p\left(T^{1/2} k_T^{-1/2} \rho_T^{-T}\right) + o_p(1) \Rightarrow \widetilde{X}\left(\frac{\widetilde{Y}}{\tau} + \frac{1}{c}\right)$$

因此定理 3-4（c）得证。

引理 3-3 的证明

首先证明引理 3-3（a）部分。因为基函数 $\phi_\ell(\cdot)$ 有界，所以我们一定有：

$$\left|\frac{1}{k_T \rho_T^T} \sum_{t=1}^{T} \phi_\ell\left(\frac{t}{T}\right) \rho_T^t\right| = O\left(\frac{1}{k_T \rho_T^T} \sum_{t=1}^{T} \rho_T^t\right) = O\left(\frac{1}{k_T \rho_T^T} k_T \rho_T^T\right) = O(1)$$

因此引理 3-3（a）得证。

现在来证引理 3-3（b）。注意到：

$$\sum_{t=1}^{T} \phi_\ell\left(\frac{t}{T}\right) \sum_{j=t}^{T} \rho_T^{t-1-j} u_j = \sum_{j=1}^{T} \left(\sum_{t=1}^{j} \phi_\ell\left(\frac{t}{T}\right) \rho_T^{t-1-j}\right) u_j$$

$$= \sum_{j=1}^{T} \left(\sum_{t=1}^{j} \phi_\ell\left(\frac{t}{T}\right) \rho_T^{t-1-j}\right) C(1) \varepsilon_j + \sum_{j=1}^{T} \left(\sum_{t=1}^{j} \phi_\ell\left(\frac{t}{T}\right) \rho_T^{t-1-j}\right) (\tilde{\varepsilon}_{j-1} - \tilde{\varepsilon}_j)$$

$$= \sum_{j=1}^{T} \left(\sum_{t=1}^{j} \phi_\ell\left(\frac{t}{T}\right) \rho_T^{t-1-j}\right) C(1) \varepsilon_j + \phi_\ell\left(\frac{1}{T}\right) \rho_T^{-1} \tilde{\varepsilon}_0 - \sum_{t=1}^{T} \phi_\ell\left(\frac{t}{T}\right) \rho_T^{t-1-T} \tilde{\varepsilon}_T$$

$$+ \sum_{j=1}^{T-1} \left[(\rho_T^{-1} - 1) \sum_{t=1}^{j} \phi_\ell \left(\frac{t}{T} \right) \rho_T^{t-1-j} + \phi_\ell \left(\frac{j+1}{T} \right) \rho_T^{-1} \right] \tilde{\varepsilon}_j$$

$$= \sum_{j=1}^{T} \left(\sum_{t=1}^{j} \phi_\ell \left(\frac{t}{T} \right) \rho_T^{t-1-j} \right) C(1) \varepsilon_j + O\left(k_T^{-1} \sum_{j=1}^{T-1} \left(\sum_{t=1}^{j} \phi_\ell \left(\frac{t}{T} \right) \rho_T^{t-1-j} \right) \tilde{\varepsilon}_j \right)$$

$$+ o_p(\sqrt{T} \, k_T \rho_T^T)$$

因此，只需证明：

$$\sum_{j=1}^{T} \left(\sum_{t=1}^{j} \phi_\ell \left(\frac{t}{T} \right) \rho_T^{t-1-j} \right) \varepsilon_j = o_p(\sqrt{T} \, k_T \rho_T^T)$$

和

$$k_T^{-1} \sum_{j=1}^{T-1} \left(\sum_{t=1}^{j} \phi_\ell \left(\frac{t}{T} \right) \rho_T^{t-1-j} \right) \tilde{\varepsilon}_j = o_p(\sqrt{T} \, k_T \rho_T^T)$$

即可。

注意到：

$$\mathrm{var}\left[\sum_{j=1}^{T} \left(\sum_{t=1}^{j} \phi_\ell \left(\frac{t}{T} \right) \rho_T^{t-1-j} \right) \varepsilon_j \right] = O(1) \sum_{j=1}^{T} \left(\sum_{t=1}^{j} \phi_\ell \left(\frac{t}{T} \right) \rho_T^{t-1-j} \right)^2$$

$$= O(1) \sum_{j=1}^{T} \left(\sum_{t=1}^{j} \rho_T^{t-1-j} \right)^2 = O(k_T^2) \sum_{j=1}^{T} (1 - \rho_T^{-j})^2 = O(T k_T^2)$$

以及

$$\mathrm{var}\left[\sum_{j=1}^{T-1} \left(\sum_{t=1}^{j} \phi_\ell \left(\frac{t}{T} \right) \rho_T^{t-1-j} \right) \tilde{\varepsilon}_j \right]$$

$$= \sum_{j=1}^{T-1} \left(\sum_{t=1}^{j} \phi_\ell \left(\frac{t}{T} \right) \rho_T^{t-1-j} \right)^2 \mathrm{var}(\tilde{\varepsilon}_j)$$

$$+ 2 \sum_{j<s}^{T-1} \left(\sum_{t=1}^{j} \phi_\ell \left(\frac{t}{T} \right) \rho_T^{t-1-j} \right) \left(\sum_{t=1}^{s} \phi_\ell \left(\frac{t}{T} \right) \rho_T^{t-1-s} \right) \mathrm{cov}(\tilde{\varepsilon}_j, \tilde{\varepsilon}_s)$$

$$= O(k_T^2) \sum_{j=1}^{T-1} (1 - \rho_T^{-j})^2$$

$$+ \left[2 \sum_{j<s}^{T-1} \sum_{k=0}^{\infty} \tilde{c}_k \tilde{c}_{(s-j)+k} \left(\sum_{t=1}^{j} \phi_\ell \left(\frac{t}{T} \right) \rho_T^{t-1-j} \right) \left(\sum_{t=1}^{s} \phi_\ell \left(\frac{t}{T} \right) \rho_T^{t-1-s} \right) \right] \mathrm{var}(\varepsilon_j)$$

$$= O\left(Tk_T^2\right) + O\left[\sum_{j<s}\left(\sum_{k=0}^{\infty}\tilde{c}_k^2\right)\left(\sum_{t=1}^{j}\phi_\ell\left(\frac{t}{T}\right)\rho_T^{t-1-j}\right)\left(\sum_{t=1}^{s}\phi_\ell\left(\frac{t}{T}\right)\rho_T^{t-1-s}\right)\right]$$

$$= O\left(Tk_T^2\right) + O\left(\left[\sum_{j=1}^{T-1}\left(\sum_{t=1}^{j}\phi_\ell\left(\frac{t}{T}\right)\rho_T^{t-1-j}\right)\right]^2\right)$$

$$= O\left(Tk_T^2\right) + O\left(\left[\sum_{j=1}^{T-1}\left(\sum_{t=1}^{j}\rho_T^{t-1-j}\right)\right]^2\right)$$

$$= O\left(Tk_T^2\right) + O\left(T^2k_T^2\right) = O\left(T^2k_T^2\right)$$

上述结果意味着：

$$\sum_{j=1}^{T}\left(\sum_{t=1}^{j}\phi_\ell\left(\frac{t}{T}\right)\rho_T^{t-1-j}\right)\varepsilon_j = O\left(\sqrt{T}\,k_T\right) = o_p\left(\sqrt{T}\,k_T\rho_T^T\right)$$

和

$$k_T^{-1}\sum_{j=1}^{T-1}\left(\sum_{t=1}^{j}\phi_\ell\left(\frac{t}{T}\right)\rho_T^{t-1-j}\right)\tilde{\varepsilon}_j = O\left(T\right) = o_p\left(\sqrt{T}\,k_T\rho_T^T\right)$$

因此引理 3-3（b）得证。

定理 3-6 的证明

我们给出定理 3-6 在 $\tau\in(0,\infty]$ 情形下的证明。在 $\tau=0$ 的情形下，定理 3-6 的证明与 $\tau\in(0,\infty]$ 情形时的证明过程非常类似，仅需做一些微小的调整。为避免重复，我们省去 $\tau=0$ 的情形下的证明。

首先来看定理 3-6（a）部分的证明。注意到：

$$\hat{u}_t = y_t - \hat{\mu}_T - \hat{\rho}_T y_{t-1} = u_t - \left(1 \quad y_{t-1}\right)\left(\sum_{t=1}^{T}\tilde{x}_t\tilde{x}_t'\right)^{-1}\sum_{t=1}^{T}\tilde{x}_t u_t$$

因此，我们有：

$$\frac{1}{\sqrt{T}}\sum_{t=1}^{T}\phi_\ell\left(\frac{t}{T}\right)\hat{u}_t$$

$$= \frac{1}{\sqrt{T}}\sum_{t=1}^{T}\phi_\ell\left(\frac{t}{T}\right)u_t - \frac{1}{\sqrt{T}}\sum_{t=1}^{T}\phi_\ell\left(\frac{t}{T}\right)\left(1 \quad y_{t-1}\right)\left(\sum_{t=1}^{T}\tilde{x}_t\tilde{x}_t'\right)^{-1}\sum_{t=1}^{T}\tilde{x}_t u_t$$

$$= \frac{1}{\sqrt{T}}\sum_{t=1}^{T}\phi_\ell\left(\frac{t}{T}\right)u_t$$

$$- \left[\frac{1}{\sqrt{T}} \sum_{t=1}^{T} \phi_{\ell} \left(\frac{t}{T} \right) (1 \quad y_{t-1}) \widetilde{D}_T^{-1} \right] \left[\widetilde{D}_T^{-1} \left(\sum_{t=1}^{T} \tilde{x}_t \tilde{x}_t' \right)^{-1} \widetilde{D}_T^{-1} \right]^{-1} \widetilde{D}_T^{-1} \sum_{t=1}^{T} \tilde{x}_t u_t$$

而其中:

$$\frac{1}{\sqrt{T}} \sum_{t=1}^{T} \phi_{\ell} \left(\frac{t}{T} \right) (1 \quad y_{t-1}) \widetilde{D}_T^{-1}$$

$$= \left(\frac{1}{T} \sum_{t=1}^{T} \phi_{\ell} \left(\frac{t}{T} \right), \quad \frac{1}{\mu_T \sqrt{T} \, k_T^{3/2} \, \rho_T^T} \sum_{t=1}^{T} \phi_{\ell} \left(\frac{t}{T} \right) y_{t-1} \right)$$

$$= \left(o(1), \quad \frac{1}{\mu_1 \sqrt{T} \, k_T^{3/2} \, \rho_T^T} \sum_{t-1}^{T} \phi_{\ell} \left(\frac{t}{T} \right) y_{t-1} \right)$$

对上述向量中的第二个元素,应用引理 3-3(a) 可以得到:

$$\frac{1}{\mu_T \sqrt{T} \, k_T^{3/2} \, \rho_T^T} \sum_{t=1}^{T} \phi_{\ell} \left(\frac{t}{T} \right) y_{t-1}$$

$$= \frac{1}{\mu_T \sqrt{T} \, k_T^{3/2} \, \rho_T^T} \sum_{t=1}^{T} \phi_{\ell} \left(\frac{t}{T} \right) \left[\bar{y}_{t-1} + \mu_T (\rho_T^{t-1} - 1) k_T / c \right]$$

$$= \frac{1}{\mu_T \sqrt{T} \, k_T^{3/2} \, \rho_T^T} \sum_{t=1}^{T} \phi_{\ell} \left(\frac{t}{T} \right) \bar{y}_{t-1} + \frac{1}{c \sqrt{T} \, k_T^{1/2} \, \rho_T^T} \sum_{t=1}^{T} \phi_{\ell} \left(\frac{t}{T} \right) (\rho_T^{t-1} - 1)$$

$$= \frac{1}{\mu_T \sqrt{T} \, k_T^{3/2} \, \rho_T^T} \sum_{t=1}^{T} \phi_{\ell} \left(\frac{t}{T} \right) \bar{y}_{t-1} + o(1)$$

展开 $\bar{y}_t = \rho_T^t y_0 + \sum_{j=1}^{t} \rho_T^{t-j} u_j$ 可得:

$$\frac{1}{\mu_T \sqrt{T} \, k_T^{3/2} \rho_T^T} \sum_{t=1}^{T} \phi_{\ell} \left(\frac{t}{T} \right) \bar{y}_{t-1} = \frac{1}{\mu_T \sqrt{T} \, k_T^{3/2} \, \rho_T^T} \sum_{t=1}^{T} \phi_{\ell} \left(\frac{t}{T} \right) \left(\rho_T^{t-1} y_0 + \sum_{j-1}^{t-1} \rho_T^{t-1-j} u_j \right)$$

$$= \frac{y_0}{\mu_T \sqrt{T} \, k_T^{3/2} \, \rho_T^T} \sum_{t=1}^{T} \phi_{\ell} \left(\frac{t}{T} \right) \rho_T^{t-1} + \frac{1}{\mu_T \sqrt{T} \, k_T^{3/2} \, \rho_T^T} \sum_{t=1}^{T} \phi_{\ell} \left(\frac{t}{T} \right) \sum_{j=1}^{t-1} \rho_T^{t-1-j} u_j$$

$$= \frac{1}{\mu_T \sqrt{T} \, k_T^{3/2} \, \rho_T^T} \sum_{t=1}^{T} \phi_{\ell} \left(\frac{t}{T} \right) \sum_{j=1}^{t-1} \rho_T^{t-1-j} u_j + o_p \left(\frac{1}{\mu_T k_T^{1/2} \sqrt{T/k_T}} \right)$$

$$= \frac{1}{\mu_T \sqrt{T} \, k_T^{3/2} \rho_T^T} \sum_{t=1}^{T} \phi_\ell\left(\frac{t}{T}\right) \sum_{j=1}^{T} \rho_T^{t-1-j} u_j - \frac{1}{\mu_T \sqrt{T} \, k_T^{3/2} \rho_T^T} \sum_{t=1}^{T} \phi_\ell\left(\frac{t}{T}\right) \sum_{j=t}^{T} \rho_T^{t-1-j} u_j$$

$$+ o_p(1)$$

$$= \frac{1}{\mu_T \sqrt{T} \, k_T \rho_T^T} \left[\sum_{t=1}^{T} \phi_\ell\left(\frac{t}{T}\right) \rho_T^{t-1} \right] \widetilde{Y}_T + o_p\left(\mu_T^{-1} k_T^{-1/2}\right) + o_p(1)$$

$$= O_p\left(\frac{1}{\mu_T k_T^{1/2} \sqrt{T/k_T}}\right) + o_p(1) = o_p(1)$$

在上述证明过程中我们用到了定理 2-1（b）和定理 2-1（c）、引理 3-3（a）和引理 3-3（b）以及条件 $\mu_T k_T^{1/2} \to \tau > 0$。综上所述，我们有：

$$\frac{1}{\mu_T \sqrt{T} \, k_T^{3/2} \rho_T^T} \sum_{t=1}^{T} \phi_\ell\left(\frac{t}{T}\right) y_{t-1} = o_p(1)$$

以及

$$\frac{1}{\sqrt{T}} \sum_{t=1}^{T} \phi_\ell\left(\frac{t}{T}\right) \hat{u}_t = \frac{1}{\sqrt{T}} \sum_{t=1}^{T} \phi_\ell\left(\frac{t}{T}\right) u_t + o_p(1)$$

$$= C(1) \frac{1}{\sqrt{T}} \sum_{t=1}^{T} \phi_\ell\left(\frac{t}{T}\right) \varepsilon_t + o_p(1)$$

在假设 3-2 的条件下，我们有：

$$\frac{1}{\sqrt{T}} \sum_{t=1}^{[Tr]} u_t \Rightarrow \lambda W(r)$$

因为基函数 $\phi_\ell(\cdot)$ 连续可导，应用连续映射定理可以推出：

$$\frac{1}{\sqrt{T}} \sum_{t=1}^{T} \phi_\ell\left(\frac{t}{T}\right) \hat{u}_t \Rightarrow \lambda \eta_\ell$$

其中，对 $\ell = 1, 2, \cdots, K$，有：

$$\eta_\ell = \int_0^1 \phi_\ell(r) \, dW(r) \sim i.i.d.N(0, 1)$$

根据式（3-27）长期方差估计量的构造，我们可以得到：

$$\frac{\hat{\lambda}_K^2}{\lambda^2} \Rightarrow \frac{1}{K} \sum_{\ell=1}^{K} \eta_\ell^2 \overset{d}{=} \frac{1}{K} \chi_K^2$$

因此，定理 3-6（a）得证。

现在来证定理 3-6（b）部分。注意到：

$$\mu_T k_T^{3/2} \rho_T^T (\hat{\rho}_T - \rho_T)$$

$$= \left(\frac{1}{\mu_T^2 k_T^3 \rho_T^{2T}} \sum_{t=1}^T y_{t-1}^2 \right)^{-1} \frac{1}{\mu_T k_T^{3/2} \rho_T^T} \sum_{t=1}^T y_{t-1} u_t + o_p(1)$$

$$\Rightarrow \frac{\widetilde{X}(\widetilde{Y}/\tau + 1/c)}{(\widetilde{Y}/\tau + 1/c)^2/(2c)} = \frac{2c\widetilde{X}}{\widetilde{Y}/\tau + 1/c}$$

另外，根据式（2-17）的鞅分解，可得：

$$\frac{1}{\sqrt{k_T}} \sum_{t=1}^T \rho_T^{-(T-t)-1} u_t = \frac{C(1)}{\sqrt{k_T}} \sum_{t=1}^T \rho_T^{-(T-t)-1} \varepsilon_t + \frac{1}{\sqrt{k_T}} \sum_{t=1}^T \rho_T^{-(T-t)-1} (\tilde{\varepsilon}_{t-1} - \tilde{\varepsilon}_t)$$

$$= \frac{C(1)}{\sqrt{k_T}} \sum_{t=1}^T \rho_T^{-(T-t)-1} \varepsilon_t + \frac{1}{\sqrt{k_T}} (\rho_T^{-T} \tilde{\varepsilon}_0 - \rho_T^{-1} \tilde{\varepsilon}_T) + \frac{\rho_T - 1}{\sqrt{k_T}} \sum_{t=1}^{T-1} \rho_T^{-(T-t)-1} \tilde{\varepsilon}_t$$

$$= \frac{C(1)}{\sqrt{k_T}} \sum_{t=1}^T \rho_T^{-(T-t)-1} \varepsilon_t + c k_T^{-3/2} \sum_{t=1}^{T-1} \rho_T^{-(T-t)-1} \tilde{\varepsilon}_t + o_p(1)$$

$$= \frac{C(1)}{\sqrt{k_T}} \sum_{t=1}^T \rho_T^{-(T-t)-1} \varepsilon_t + o_p(1)$$

上式推导中最后一个等式成立是因为：

$$\text{var}\left(k_T^{-3/2} \sum_{t=1}^{T-1} \rho_T^{-(T-t)-1} \tilde{\varepsilon}_t \right)$$

$$= k_T^{-3} \left[\left(\sum_{t=1}^{T-1} \rho_T^{-2(T-t)-2} \tilde{\varepsilon}_t \right) \text{var}(\tilde{\varepsilon}_t) + 2 \sum_{t<s} \rho_T^{-(T-t)-1} \rho_T^{-(T-s)-1} \text{cov}(\tilde{\varepsilon}_t, \tilde{\varepsilon}_s) \right]$$

$$= k_T^{-3} \left[\left(\sum_{t=1}^{T-1} \rho_T^{-2(T-t)-2} \tilde{\varepsilon}_t \right) \text{var}(\tilde{\varepsilon}_t) + \left(2 \sum_{t<s} \sum_{j=0}^{\infty} \tilde{c}_i \tilde{c}_{(s-t)+j} \rho_T^{-(T-t)-1} \rho_T^{-(T-s)-1} \right) \text{var}(\varepsilon_t) \right]$$

$$= k_T^{-3} \left[O(k_T) + O\left(\sum_{t<s} \left(\sum_{j=0}^{\infty} \tilde{c}_j^2 \right) \rho_T^{-(T-t)-1} \rho_T^{-(T-s)-1} \right) \right]$$

$$= k_T^{-3} \left[O(k_T) + O\left(\left(\sum_{t=1}^{T-1} \rho_T^{-(T-t)-1} \right)^2 \right) \right] = O(k_T^{-1}) = o(1)$$

在此基础上，根据引理 3-3（a），我们有：

$$\left| \text{cov}\left(\frac{1}{\sqrt{k_T}} \sum_{t=1}^{T} \rho_T^{-(T-t)-1} u_t, \quad \frac{1}{\sqrt{T}} \sum_{t=1}^{T} \phi_\ell\left(\frac{t}{T} \right) \varepsilon_t \right) \right|$$

$$= \left| \text{cov}\left(\frac{C(1)}{\sqrt{k_T}} \sum_{t=1}^{T} \rho_T^{-(T-t)-1} \varepsilon_t + o_p(1), \quad \frac{1}{\sqrt{T}} \sum_{t=1}^{T} \phi_\ell\left(\frac{t}{T} \right) \varepsilon_t \right) \right|$$

$$= \left| \frac{C(1)\sigma^2}{\sqrt{Tk_T}} \sum_{t=1}^{T} \phi_\ell\left(\frac{t}{T} \right) \rho_T^{-(T-t)-1} \right| + o_p(1)$$

$$= O\left(\frac{1}{\sqrt{Tk_T}} \sum_{t=1}^{T} \rho_T^{-(T-t)-1} \right) + o_p(1) = o_p(1)$$

这一结果意味着变量 $\widetilde{X}$ 与 $\{\eta_1, \eta_2, \cdots, \eta_K\}$ 两两独立。

此时，令 $\eta_0 = \widetilde{X}/\lambda_c$，那么我们有 $\eta_0 \sim N(0, 1)$ 且 η_0 与 $\{\eta_1, \eta_2, \cdots \eta_K\}$ 两两独立。因此，在 Cramér-Wold 定理的作用下，我们可以推出：

$$\frac{\hat{\rho}_T - \rho_T}{\widetilde{\sigma}_{\rho,K}} = \frac{\mu_T k_T^{3/2} \rho_T^T (\hat{\rho}_T - \rho_T)}{\sqrt{\hat{\lambda}_K^2} \sqrt{e_2' \left[\widetilde{D}_T^{-1} \left(\sum_{t=1}^{T} \widetilde{x}_t \widetilde{x}_t' \right)^{-1} \widetilde{D}_T^{-1} \right]^{-1} e_2}}$$

$$\Rightarrow \frac{2c\widetilde{X}/(\widetilde{Y}/\tau + 1/c)}{\sqrt{\dfrac{\sum_{\ell=1}^{K} \eta_\ell^2}{K}} \lambda^2} \frac{\widetilde{Y}/\tau + 1/c}{\sqrt{2c}} = \frac{\eta_0}{\sqrt{\dfrac{\sum_{\ell=1}^{K} \eta_\ell^2}{K}}} =^d t_K$$

定理 3-6（b）得证。

第四章 中度偏离单位根过程中的结构突变问题研究

在时间序列分析领域，结构突变理论一直都是前沿热点问题，更是实证研究中不可忽视的检验工具。现实经济系统中，由于一些外部冲击（如金融危机、政策制定、体制改革等）的存在，数据生成过程往往带有结构突变。Perron（1989）正是基于此提出了结构突变的单位根问题。Perron指出，当真实数据生成过程带有结构突变的趋势平稳过程时，传统的不含结构突变的单位根检验会产生严重的检验尺度，极易将真实的带有结构突变的平稳过程错误地识别为一个单位根过程。Perron 的发现也被称为"Perron 现象"。在此基础上，Zivot 和 Andrews（1992）、Leybourne 等（1998）考虑了"逆 Perron 现象"，即当真实数据生成过程为带有结构突变的单位根过程时，不含结构突变的单位根检验也存在过度拒绝的可能性，从而导致检验功效的大幅下降。由此可见，结构突变现象的存在，将显著地影响检验方法的统计性质和检验信度。基于此，Zivot 和 Andrews（1992）考虑以每个点作为可能的突变点，通过序贯回归来建立结构突变情形下的单位根检验，并寻找自回归系数 ADF 统计量的最小值来估计突变点的位置。Perron（1997）建议在序贯回归检验式中加入关于结构突变点的虚拟变量，通过选取虚拟变量系数估计量 t 值的绝对值最大化的思路来确定突变点位置，以此来改进检验尺度。后续相关发展均在某种程度上采纳了 Perron（1997）的策略。可以说，现有文献已形成了单位根过程结构突变现象研究的成熟理论体系，具有结构突变的单位根检验也被广泛应用到各类实际问题中，多篇博士论文也对结构突变情形下的单位根检验做了综述（左秀霞，2012；张阳，2013；于寄语，2017）。

然而，相比单位根过程结构突变研究进展而言，中度偏离单位根过程的结构突变研究在现有文献中几乎是一片空白。事实上，不论是单位根过程还是中度偏离单位根过程，当主导模型的确定性趋势或随机累积趋势发生结构性变化时，自回归系数的估计量收敛速度和渐近性质都会发生实质性变化。本章研究的目的，是提出不同结构突变情形下的中度偏离单位根检验，并推导相应的检验统计量渐近性质。本章理论部分考虑三种形式的结构突变：自回归系数由中度偏离单位根突变为另一中度偏离单位根，自回归系数由中度偏离单位根突变为单位根，以及中度偏离单位根模型的随机误差项方差存在结构突变。需要重点说明的是，自回归系数由一个中度偏离单位根突变为一个单位根，通常意味着存在于价格序列中的非理性泡沫破灭，价格序列将会恢复到弱有效状态下的基本面价值。这一思想是对现有非理性泡沫理论的发展和突破。本章的结果证明了，不论出现何种形式的结构突变，基于自回归系数的 t 统计量均渐近收敛到标准分布（标准正态分布或标准 t 分布）。这意味着我们不需要使用结构突变中常用的wild bootstrap 对数据进行重抽样，即可得到渐近正确的理论分布临界值。我们设计了蒙特卡洛仿真实验来验证不同结构突变情形下的中度偏离单位根自回归系数检验的有限样本性质。从某种意义来说，本章的研究是对前沿中度偏离单位根检验理论的进一步扩展，具有开创性和引领后续研究的重要意义。

本章的主要内容安排如下：本章的第一节研究自回归系数由一个中度偏离单位根突变为另一个中度偏离单位根时的自回归系数 t 检验。当模型误差项序列独立同分布时，基于自回归系数的 t 检验统计量具有渐近正态性；当模型误差项序列具有自相关或条件异方差结构时，经长期方差估计量修正的 t 检验统计量渐近收敛到学生 t 分布。当结构突变时点内生时，Bai 和 Perron（1998，2003）所提出的残差平方和最小准则可得到结构突变点位置参数的一致估计。第二节研究自回归系数由中度偏离单位根突变为单位根时的自回归系数 t 检验。通过推导可以发现自回归系数突变为单位根后，样本后半段的累积效应覆盖了前半段的累积效应，但正则化后的 t 检验统计量依然收敛到相同的标准分布。第三节研究随机误差项方差发生结构突变的情形。在这一节里，我们给出了估计误差项方差结构突变点以及突变前后误差项方差的方法。考虑到此种情形下随机累积趋势是由不同方差的随机误差项累积而成，因此在自回归系数估计量的渐近性质上也存在一定的差异；但结果表明，正则化后的 t 检验统计量的构造只需要用到结构突变后的误差项方差估计量，不需要用到结构突变前的误差项方差估计量，这使得基于中度偏离单位根自回归系数的 t 检验统计量依然渐近服从标准正态分布。第四节从不同情形出发，设计蒙特卡洛模拟实验，验证前面三节理论的正确性。第五节是本章小结。本章的附录给出本章所有引理和定理的详细证明过程。

第一节　中度偏离单位根自回归系数存在结构突变

在上一章里，模型（3-1）描述了由非线性确定性趋势和随机累积趋势共同驱动的中度偏离单位根过程。注意到，不论是非线性确定性趋势还是由随机误差项累积形成的随机累积趋势，都会受到中度偏离单位根自回归系数的影响。由此提出的问题是，当中度偏离单位根自回归系数带有结构突变时，中度偏离单位根过程的非线性确定性趋势成分和随机趋累积势成分会发生何种变化？不同自回归系数的估计偏误和相应的检验统计量具有什么统计性质？为研究这些问题，本节和下节将分别考虑自回归系数由一个中度偏离单位根突变为另一个中度偏离根以及由中度偏离单位根突变为单位根这两种情形下的时间序列模型。

一、独立同分布新息情形

考虑模型：

$$y_t = \mu_T + \left[\rho_{1,T} + (\rho_{2,T} - \rho_{1,T}) D_t \right] y_{t-1} + \varepsilon_t \tag{4-1}$$

我们依然设定：随机误差项 $\{\varepsilon_t\}$ 满足独立同分布条件 $\varepsilon_t \sim i.i.d.$ $(0, \sigma^2)$，$\rho_T = 1 + c/k_T$ 满足式（2-2）的条件，初始值 y_0 服从假设 2-2 的条件。同时，记结构突变发生的时刻为 T_B，令模型（4-1）中的变量 D_t 为依赖于结构突变发生时刻 T_B 的虚拟变量：

$$D_t = \begin{cases} 1 & \text{if } t > T_B \\ 0 & \text{otherwise} \end{cases} \tag{4-2}$$

在结构突变发生之前，虚拟变量 D_t 的值为 0，模型（4-1）的自回归系数为 $\rho_{1,T}$；在结构突变发生之后，虚拟变量 D_t 的值为 1，模型（4-1）的自回归系数变为 $\rho_{2,T}$。假定 $\rho_{1,T}$ 和 $\rho_{2,T}$ 满足如下条件：

$$\rho_{1,T} = 1 + \frac{c_1}{k_{1,T}}, \quad c_1 > 0, \quad k_{1,T} = o(T) \to \infty \tag{4-3}$$

$$\rho_{2,T} = 1 + \frac{c_2}{k_{2,T}}, \quad c_2 > 0, \quad k_{2,T} = o(T) \to \infty \tag{4-4}$$

式（4-3）和式（4-4）表明，突变前后模型的自回归系数均为中度偏离单位根。值得注意的是，$k_{1,T}$ 和 $k_{2,T}$ 完全可以具有不同的收敛速度。正是这种不同，使得模型（4-1）能够描述不同偏离程度（重度或轻度）的中度偏离单位根之间的结构性变化。定义 $\delta := T_B/T$ 为结构突变点的位置参数[①]（$0 < \delta < 1$）。例如，$\delta = 1/2$ 表示结构突变发生在时间序列的中间位置。基于上述设定，模型（4-1）可表示为：

$$y_t = \begin{cases} \mu_T + \rho_{1,T} y_{t-1} + \varepsilon_t & 1 \leqslant t \leqslant \delta T \\ \mu_T + \rho_{2,T} y_{t-1} + \varepsilon_t & \delta T < t \leqslant T \end{cases} \tag{4-5}$$

---

① 本章考虑位置参数 δ 为常数的情形。

通过迭代，我们可以推出：当 $1 \leq t \leq \delta T$ 时，

$$y_t = \rho_{1,T}^t y_0 + \sum_{j=1}^{t} \rho_{1,T}^{t-j} \varepsilon_j + \mu_T \frac{\rho_{1,T}^t - 1}{\rho_{1,T} - 1}$$

$$= \rho_{1,T}^t y_0 + \sum_{j=1}^{t} \rho_{1,T}^{t-j} \varepsilon_j + \frac{1}{c_1} \mu_T k_{1,T} \rho_{1,T}^t - \frac{1}{c_1} \mu_T k_{1,T}$$

当 $\delta T < t \leq T$ 时，

$$y_t = \rho_{2,T}^{t-\delta T} y_{\delta T} + \sum_{j=\delta T+1}^{t} \rho_{2,T}^{t-j} \varepsilon_j + \mu_T \frac{\rho_{2,T}^{t-\delta T} - 1}{\rho_{2,T} - 1}$$

$$= (\rho_{1,T}/\rho_{2,T})^{\delta T} \rho_{2,T}^t y_0 + \rho_{2,T}^{t-\delta T} \sum_{j=1}^{\delta T} \rho_{1,T}^{\delta T-j} \varepsilon_j + \frac{1}{c_1} \mu_T k_{1,T} \rho_{1,T}^{\delta T} \rho_{2,T}^{t-\delta T} - \frac{1}{c_1} \mu_T k_{1,T} \rho_{2,T}^{t-\delta T} +$$

$$\sum_{j=\delta T+1}^{t} \rho_{2,T}^{t-j} \varepsilon_j + \frac{1}{c_2} \mu_T k_{2,T} \rho_{2,T}^{t-\delta T} - \frac{1}{c_2} \mu_T k_{2,T}$$

$$= (\rho_{1,T}/\rho_{2,T})^{\delta T} \rho_{2,T}^t y_0 + \left[(\rho_{1,T}/\rho_{2,T})^{\delta T} \sum_{j=1}^{\delta T} \rho_{1,T}^{-j} \varepsilon_j + \sum_{j=\delta T+1}^{t} \rho_{2,T}^{-j} \varepsilon_j \right] \rho_{2,T}^t +$$

$$\left(\frac{1}{c_1} k_{1,T} \rho_{2,T}^{\delta T} - \frac{1}{c_1} k_{1,T} + \frac{1}{c_2} k_{2,T} \right) \rho_{2,T}^{-\delta T} \mu_T \rho_{2,T}^t - \frac{1}{c_2} \mu_T k_{2,T}$$

上式清晰地表明，当累积到 $t > T_B$ 时，驱动模型（4-1）发生爆炸式增长的两个主导趋势均发生了结构变化。随机累积趋势成分可表述为 $\left[(\rho_{1,T}/\rho_{2,T})^{\delta T} \sum_{j=1}^{\delta T} \rho_{1,T}^{-j} \varepsilon_j + \sum_{j=\delta T+1}^{t} \rho_{2,T}^{-j} \varepsilon_j \right] \rho_{2,T}^t$，而非线性确定性趋势成分可表述为 $(k_{1,T} \rho_{1,T}^{\delta T}/c_1 - k_{1,T}/c_1 + k_{2,T}/c_2) \rho_{2,T}^{-\delta T} \mu_T \rho_{2,T}^t - \mu_T k_{2,T}/c_2$。

注意到，结构突变前后的自回归系数 $\rho_{1,T}$ 和 $\rho_{2,T}$ 均为中度偏离单位根。因此，我们有：

$$\left(\frac{1}{\sqrt{k_{1,T}}} \sum_{t=1}^{T} \rho_{1,T}^{-(T-t)-1} \varepsilon_t, \quad \frac{1}{\sqrt{k_{1,T}}} \sum_{t=1}^{T} \rho_{1,T}^{-t} \varepsilon_t \right) \Rightarrow (X_1, Y_1) \tag{4-6}$$

$$\left(\frac{1}{\sqrt{k_{2,T}}} \sum_{t=1}^{T} \rho_{2,T}^{-(T-t)-1} \varepsilon_t, \quad \frac{1}{\sqrt{k_{2,T}}} \sum_{t=1}^{T} \rho_{2,T}^{-t} \varepsilon_t \right) \Rightarrow (X_2, Y_2) \tag{4-7}$$

其中，X_1，$Y_1 \sim i.i.d. N(0, \sigma^2/(2c_1))$，$X_2$，$Y_2 \sim i.i.d. N(0, \sigma^2/(2c_2))$。

同时，可以证明：

$$\left(\frac{1}{\sqrt{k_{1,T}}} \sum_{t=1}^{\delta T} \rho_{1,T}^{-(\delta T-t)-1} \varepsilon_t, \quad \frac{1}{\sqrt{k_{1,T}}} \sum_{t=1}^{\delta T} \rho_{1,T}^{-t} \varepsilon_t \right) \Rightarrow (X_1, Y_1) \tag{4-8}$$

$$\left(\frac{1}{\sqrt{k_{2,T}}} \sum_{t=1}^{\delta T} \rho_{2,T}^{-(\delta T-t)-1} \varepsilon_t, \quad \frac{1}{\sqrt{k_{2,T}}} \sum_{t=1}^{\delta T} \rho_{2,T}^{-t} \varepsilon_t \right) \Rightarrow (X_2, Y_2) \tag{4-9}$$

$$\left(k_{1,T}^{-1/2} \sum_{t=\delta T+1}^{T} \rho_{1,T}^{-(T-t)-1} \varepsilon_t, \quad k_{1,T}^{-1/2} \rho_{1,T}^{\delta T} \sum_{t=\delta T+1}^{T} \rho_{1,T}^{-t} \varepsilon_t \right) \Rightarrow (X_1, Y_1) \tag{4-10}$$

$$\left(k_{2,T}^{-1/2} \sum_{t=\delta T+1}^{T} \rho_{2,T}^{-(T-t)-1} \varepsilon_t, \quad k_{2,T}^{-1/2} \rho_{2,T}^{\delta T} \sum_{t=\delta T+1}^{T} \rho_{2,T}^{-t} \varepsilon_t \right) \Rightarrow (X_2, Y_2) \tag{4-11}$$

依据上述结果，我们清晰地看到，当累积到 $t=T$ 时且 $T \to \infty$ 时，主导模型 (4-1) 的随机累积趋势的发散速度为：

$$\left[(\rho_{1,T}/\rho_{2,T})^{\delta T} \sum_{j=1}^{\delta T} \rho_{1,T}^{-j} \varepsilon_j + \sum_{j=\delta T+1}^{T} \rho_{2,T}^{-j} \varepsilon_j \right] \rho_{2,T}^{T}$$

$$= O_p\left((\rho_{1,T}/\rho_{2,T})^{\delta T} \sqrt{k_{1,T}} \rho_{2,T}^{T} \right) + O_p\left(\sqrt{k_{2,T}} \rho_{2,T}^{-\delta T} \rho_{2,T}^{T} \right) = O_p\left(\sqrt{k_{1,T}} \rho_{1,T}^{\delta T} \rho_{2,T}^{(1-\delta)T} \right)$$

其中，我们用到了引理 2-1 的结果以及条件 $\delta \in (0, 1)$。另外，主导模型 (4-1) 的非线性确定性趋势的发散速度为：

$$\left(\frac{1}{c_1} k_{1,T} \rho_{1,T}^{\delta T} - \frac{1}{c_1} k_{1,T} + \frac{1}{c_2} k_{2,T} \right) \rho_{2,T}^{-\delta T} \mu_T \rho_{2,T}^{T} - \frac{1}{c_2} \mu_T k_{2,T} = O\left(\mu_T k_{1,T} \rho_{1,T}^{\delta T} \rho_{2,T}^{(1-\delta)T} \right)$$

我们对初始值和漂移项做出如下假设：

假设 4-1 初始值满足 $y_0 = o_p\left(\sqrt{k_{1,T}} \right)$、$y_0 = o_p\left(\sqrt{k_{2,T}} \right)$ 且独立于 $\{\varepsilon_t, t=1, \cdots, T\}$。

假设 4-2 当 $T \to \infty$ 时，有 $\mu_T \sqrt{k_{1,T}} \to \bar{\tau}_1$ 和 $\mu_T \sqrt{k_{2,T}} \to \bar{\tau}_2$，其中 $\bar{\tau}_1, \bar{\tau}_2 \in [0, \infty]$。

可以看出，上述非线性确定性趋势的发散速度为 $O\left(\bar{\tau}_1 \sqrt{k_{1,T}} \rho_{1,T}^{\delta T} \rho_{2,T}^{(1-\delta)T} \right)$。

因此，当 $\bar{\tau}_1 \to \infty$ 时，主导全样本爆炸式增长的累积趋势是由漂移项累积形成的非线性确定性趋势。反之，当 $\bar{\tau}_1 \to 0$ 时，主导全样本爆炸式增长的累积趋势是由随机误差项累积形成的随机累积趋势。在此基础上，我们介绍如下引理：

引理 4-1　在假设 2-1 成立的条件下，我们有：

（a）$\left(k_{1,T}^{3/2}\rho_{1,T}^{2\delta T}\right)^{-1}\sum_{t-1}^{\delta T+1}\sum_{j=t}^{\delta T+1}\rho_{1,T}^{2(t-1)-j}\varepsilon_j=o_p(1)$；

（b）$\left(k_{1,T}^{3/2}\rho_{1,T}^{\delta T}\right)^{-1}\sum_{t=1}^{\delta T+1}\sum_{j=t}^{\delta T+1}\rho_{1,T}^{t-1-j}\varepsilon_j=o_p(1)$；

（c）$\left(k_{1,T}\rho_{1,T}^{\delta T}\right)^{-1}\sum_{t=1}^{\delta T+1}\sum_{j=t}^{\delta T+1}\rho_{1,T}^{t-1-j}\varepsilon_j\varepsilon_t=o_p(1)$。

根据引理 4-1，我们可以推出如下定理：

定理 4-1　在假设 2-1、假设 4-1 和假设 4-2 成立的条件下，对模型（4-1），我们有：

（a）$\sum_{t=1}^{T}y_{t-1}^2=\dfrac{1}{2c_2}\left(Y_1+\dfrac{1}{c_1}\bar{\tau}_1\right)^2k_{1,T}k_{2,T}\rho_{1,T}^{2\delta T}\rho_{2,T}^{2(1-\delta)T}(1+o_p(1))$；

（b）$\sum_{t=1}^{T}y_{t-1}=\dfrac{1}{c_2}\left(Y_1+\dfrac{1}{c_1}\bar{\tau}_1\right)\sqrt{k_{1,T}}\,k_{2,T}\rho_{1,T}^{\delta T}\rho_{2,T}^{(1-\delta)T}(1+o_p(1))$；

（c）$\sum_{t=1}^{T}y_{t-1}\varepsilon_t=X_2\left(Y_1+\dfrac{1}{c_1}\bar{\tau}_1\right)\sqrt{k_{1,T}}\,\sqrt{k_{2,T}}\,\rho_{1,T}^{\delta T}\rho_{2,T}^{(1-\delta)T}(1+o_p(1))$。

定理 4-1 展示了独立同分布新息情形下，中度偏离单位根自回归系数的结构突变对模型（4-1）的样本统计量的影响。结果表明，样本方差统计量 $\sum_{t=1}^{T}y_{t-1}^2$、样本均值统计量 $\sum_{t=1}^{T}y_{t-1}$ 和样本协方差统计量 $\sum_{t=1}^{T}y_{t-1}\varepsilon_t$ 的渐近分布均依赖于结构突变的位置（取决于位置参数 δ）和结构突变前后的中度偏离单位根结构。依据定理 4-1，我们直接得到如下两个推论，其证明过程将不再赘述。

推论 4-1　在假设 2 1、假设 4-1 和假设 4-2 成立的条件下，对模型（4-1），当 $\bar{\tau}_1\in(0,\ \infty]$ 时，我们有：

（a）$\left(\mu_T^2k_{1,T}^2k_{2,T}\rho_{1,T}^{2\delta T}\rho_{2,T}^{2(1-\delta)T}\right)^{-1}\sum_{t=1}^{T}y_{t-1}^2\Rightarrow\dfrac{1}{2c_2}\left(\dfrac{Y_1}{\bar{\tau}_1}+\dfrac{1}{c_1}\right)^2$；

（b）$\left(\mu_T k_{1,T} k_{2,T} \rho_{1,T}^{\delta T} \rho_{2,T}^{(1-\delta)T}\right)^{-1} \sum\limits_{t=1}^{T} y_{t-1} \Rightarrow \dfrac{1}{c_2}\left(\dfrac{Y_1}{\tilde{\tau}_1} + \dfrac{1}{c_1}\right)$；

（c）$\left(\mu_T k_{1,T} \sqrt{k_{2,T}} \rho_{1,T}^{\delta T} \rho_{2,T}^{(1-\delta)T}\right)^{-1} \sum\limits_{t=1}^{T} y_{t-1}\varepsilon_t \Rightarrow X_2\left(\dfrac{Y_1}{\tilde{\tau}_1} + \dfrac{1}{c_1}\right)$。

推论 4-2　在假设 2-1、假设 4-1 和假设 4-2 成立的条件下，对模型（4-1），当 $\tilde{\tau}_1 = 0$ 时，我们有：

（a）$\left(k_{1,T} k_{2,T} \rho_{1,T}^{2\delta T} \rho_{2,T}^{2(1-\delta)T}\right)^{-1} \sum\limits_{t=1}^{T} y_{t-1}^2 \Rightarrow \dfrac{1}{2c_2} Y_1^2$；

（b）$\left(\sqrt{k_{1,T}} k_{2,T} \rho_{1,T}^{\delta T} \rho_{2,T}^{(1-\delta)T}\right)^{-1} \sum\limits_{t=1}^{T} y_{t-1} \Rightarrow \dfrac{1}{c_2} Y_1$；

（c）$\left(\sqrt{k_{1,T}} \sqrt{k_{2,T}} \rho_{1,T}^{\delta T} \rho_{2,T}^{(1-\delta)T}\right)^{-1} \sum\limits_{t=1}^{T} y_{t-1}\varepsilon_t \Rightarrow X_2 Y_1$。

事实上，中度偏离单位根自回归系数的结构突变意味着结构突变前后的漂移项强度不一定相同。我们可将 $\mu_T \sqrt{k_{1,T}} \to \infty$ 和 $\mu_T \sqrt{k_{1,T}} \to 0$ 的情形理解为结构突变前漂移项分别为强漂移项和弱漂移项，它们对应的情形即为 $\tilde{\tau}_1 = \infty$ 和 $\tilde{\tau}_1 = 0$。相应地，可将 $\tilde{\tau}_2 = \infty$ 和 $\tilde{\tau}_2 = 0$ 对应的情形理解为结构突变后漂移项分别为强漂移项和弱漂移项。如前所述，决定全样本爆炸式增长的主导趋势是非线性确定性趋势还是随机累积趋势的关键因素在于结构突变前的漂移项强度，而与结构突变后的漂移项强度无关。推论 4-1 和推论 4-2 证明了这一论断。推论 4-1 表明，当结构突变前的漂移项满足 $\tilde{\tau}_1 \in (0, \infty]$，条件时，样本方差统计量 $\sum\limits_{t=1}^{T} y_{t-1}^2$ 以 $\mu_T^2 k_{1,T}^2 k_{2,T} \rho_{1,T}^{2\delta T} \rho_{2,T}^{2(1-\delta)T}$ 的速度收敛到变量 $(Y_1/\tilde{\tau}_1 + 1/c_1)^2/(2c_2)$，样本均值统计量 $\sum\limits_{t=1}^{T} y_{t-1}$ 以 $\mu_T k_{1,T} k_{2,T} \rho_{1,T}^{\delta T} \rho_{2,T}^{(1-\delta)T}$ 的速度收敛到变量 $(Y_1/\tilde{\tau}_1 + 1/c_1)/c_2$，样本协方差统计量 $\sum\limits_{t=1}^{T} y_{t-1}\varepsilon_t$ 以 $\mu_T k_{1,T} \sqrt{k_{2,T}} \rho_{1,T}^{\delta T} \rho_{2,T}^{(1-\delta)T}$ 的速度收敛到变量 $X_2(Y_1/\tilde{\tau}_1 + 1/c_1)$。它们的收敛速度和极

限分布都依赖于结构突变前后的中度偏离单位根自回归系数。推论4-2表明，当结构突变后的漂移项是弱漂移项时，样本方差统计量 $\sum_{t=1}^{T} y_{t-1}^2$ 以 $k_{1,T}$ $k_{2,T} \rho_{1,T}^{2\delta T} \rho_{2,T}^{2(1-\delta)T}$ 的速度收敛到变量 $Y_1^2/(2c_2)$，样本均值统计量 $\sum_{t=1}^{T} y_{t-1}$ 以 $\sqrt{k_{1,T}}$ $k_{2,T} \rho_{1,T}^{\delta T} \rho_{2,T}^{(1-\delta)T}$ 的速度收敛到变量 Y_1/c_2，样本协方差统计量 $\sum_{t=1}^{T} y_{t-1}\varepsilon_t$ 以 $\sqrt{k_{1,T}} \sqrt{k_{2,T}} \rho_{1,T}^{\delta T} \rho_{2,T}^{(1-\delta)T}$ 的速度收敛到变量 $X_2 Y_1$。当结构突变前后 $\rho_{1,T} = \rho_{2,T}$ 且 $k_{1,T} = k_{2,T}$ 时，也即中度偏离单位根系数不发生结构突变，推论4-1和推论4-2将退化到定理3-1和定理3-2。

下面，我们研究 $\bar{\tau}_1 \in (0, \infty]$ 和 $\bar{\tau}_1 = 0$ 两种情形下的参数估计和统计推断。假定突变的时刻 T_B 外生。与模型（4-1）保持一致，本节使用含有截距项和虚拟变量的检验方程：

$$y_t = \mu + \rho_1 (1 - D_t) y_{t-1} + \rho_2 D_t y_{t-1} + \varepsilon_t \tag{4-12}$$

检验式（4-12）中回归元包含有常数项、交叉项 $(1 - D_t) y_{t-1}$ 以及 $D_t y_{t-1}$。我们将证明，基于结构突变前后的自回归系数所构建的 t 检验统计量均具有渐近稳健性。

具体而言，在 $\bar{\tau}_1 \in (0, \infty]$ 情形下，定义回归元向量 $\bar{x}_t = (1, (1 - D_t) y_{t-1}, D_t y_{t-1})'$，以及尺度矩阵：

$$\bar{\bar{D}}_T = \begin{pmatrix} \sqrt{T} & 0 & 0 \\ 0 & \mu_T k_{1,T}^{3/2} \rho_{1,T}^{\delta T} & 0 \\ 0 & 0 & \mu_T k_{1,T}\sqrt{k_{2,T}} \rho_{1,T}^{\delta T} \rho_{2,T}^{(1-\delta)T} \end{pmatrix} \tag{4-13}$$

根据定理3-1（a）、定理3-1（b）、推论4-1（a）、推论4-1（b）以及引理2-1，我们有：

$$\bar{\bar{D}}_T^{-1} \left(\sum_{t=1}^{T} \bar{x}_t \bar{x}_t' \right) \bar{\bar{D}}_T^{-1}$$

$$
= \begin{pmatrix}
\dfrac{1}{T}\sum_{t=1}^{T}1 & \dfrac{\sum_{t=1}^{T}(1-D_t)y_{t-1}}{\mu_T\sqrt{T}\,k_{1,T}^{3/2}\,\rho_{1,T}^{\delta T}} & \dfrac{\sum_{t=1}^{T}D_t y_{t-1}}{\mu_T\sqrt{T}\,k_{1,T}\sqrt{k_{2,T}}\,\rho_{1,T}^{\delta T}\rho_{2,T}^{(1-\delta)T}} \\[3ex]
\dfrac{\sum_{t=1}^{T}(1-D_t)y_{t-1}}{\mu_T\sqrt{T}\,k_{1,T}^{3/2}\,\rho_{1,T}^{\delta T}} & \dfrac{\sum_{t=1}^{T}(1-D_t)^2 y_{t-1}^2}{\mu_T^2\,k_{1,T}^3\,\rho_{1,T}^{2\delta T}} & \dfrac{\sum_{t=1}^{T}(1-D_t)D_t y_{t-1}^2}{\mu_T^2\,k_{1,T}^{5/2}\sqrt{k_{2,T}}\,\rho_{1,T}^{2\delta T}\rho_{2,T}^{(1-\delta)T}} \\[3ex]
\dfrac{\sum_{t=1}^{T}D_t y_{t-1}}{\mu_T\sqrt{T}\,k_{1,T}\sqrt{k_{2,T}}\,\rho_{1,T}^{\delta T}\rho_{2,T}^{(1-\delta)T}} & \dfrac{\sum_{t=1}^{T}(1-D_t)D_t y_{t-1}^2}{\mu_T^2\,k_{1,T}^{5/2}\sqrt{k_{2,T}}\,\rho_{1,T}^{2\delta T}\rho_{2,T}^{(1-\delta)T}} & \dfrac{\sum_{t=1}^{T}D_t^2 y_{t-1}^2}{\mu_T^2\,k_{1,T}^2\,k_{2,T}\,\rho_{1,T}^{2\delta T}\rho_{2,T}^{2(1-\delta)T}}
\end{pmatrix}
$$

$$
= \begin{pmatrix}
1 & \dfrac{\sum_{t=1}^{\delta T}y_{t-1}}{\mu_T\sqrt{T}\,k_{1,T}^{3/2}\,\rho_{1,T}^{\delta T}} & \dfrac{\sum_{t=\delta T+1}^{T}y_{t-1}}{\mu_T\sqrt{T}\,k_{1,T}\sqrt{k_{2,T}}\,\rho_{1,T}^{\delta T}\rho_{2,T}^{(1-\delta)T}} \\[3ex]
\dfrac{\sum_{t=1}^{\delta T}y_{t-1}}{\mu_T\sqrt{T}\,k_{1,T}^{3/2}\,\rho_{1,T}^{\delta T}} & \dfrac{\sum_{t=1}^{\delta T}y_{t-1}^2}{\mu_T^2\,k_{1,T}^3\,\rho_{1,T}^{2\delta T}} & 0 \\[3ex]
\dfrac{\sum_{t=\delta T+1}^{T}y_{t-1}}{\mu_T\sqrt{T}\,k_{1,T}\sqrt{k_{2,T}}\,\rho_{1,T}^{\delta T}\rho_{2,T}^{(1-\delta)T}} & 0 & \dfrac{\sum_{t=1}^{T}D_t^2 y_{t-1}^2}{\mu_T^2\,k_{1,T}^2\,k_{2,T}\,\rho_{1,T}^{2\delta T}\rho_{2,T}^{2(1-\delta)T}}
\end{pmatrix}
$$

$$
= \begin{pmatrix}
1 & O_p(\sqrt{k_{1,T}/T}) & O_p(\sqrt{k_{2,T}/T}) \\[2ex]
O_p\sqrt{k_{1,T}/T} & \dfrac{1}{\mu_T^2\,k_{1,T}^3\,\rho_{1,T}^{2\delta T}}\sum_{t=1}^{\delta T}y_{t-1}^2 & 0 \\[2ex]
O_p(\sqrt{k_{2,T}/T}) & 0 & \dfrac{\sum_{t=\delta T+1}^{T}y_{t-1}^2}{\mu_T^2\,k_{1,T}^2\,k_{2,T}\,\rho_{1,T}^{2\delta T}\rho_{2,T}^{2(1-\delta)T}}
\end{pmatrix}
$$

$$
\Rightarrow \begin{pmatrix}
1 & 0 & 0 \\[2ex]
0 & \dfrac{1}{2c_1}\left(\dfrac{Y_1}{\bar{\tau}_1}+\dfrac{1}{c_1}\right)^2 & 0 \\[2ex]
0 & 0 & \dfrac{1}{2c_2}\left(\dfrac{Y_1}{\bar{\tau}_1}+\dfrac{1}{c_1}\right)^2
\end{pmatrix}
\tag{4-14}
$$

其中用到了：

$$\frac{1}{\mu_T \sqrt{T} \, k_{1,T} \sqrt{k_{2,T}} \, \rho_{1,T}^{\delta T} \rho_{2,T}^{(1-\delta)T}} \sum_{t=\delta T+1}^{T} y_{t-1}$$

$$= \frac{1}{\mu_T \sqrt{T} \, k_{1,T} \sqrt{k_{2,T}} \, \rho_{1,T}^{\delta T} \rho_{2,T}^{(1-\delta)T}} \sum_{t=1}^{T} y_{t-1} - \frac{1}{\mu_T \sqrt{T} \, k_{1,T} \sqrt{k_{2,T}} \, \rho_{1,T}^{\delta T} \rho_{2,T}^{(1-\delta)T}} \sum_{t=1}^{\delta T} y_{t-1}$$

$$= O_p \left(\frac{\mu_T k_{1,T} k_{2,T} \rho_{1,T}^{\delta T} \rho_{2,T}^{(1-\delta)T}}{\mu_T \sqrt{T} \, k_{1,T} \sqrt{k_{2,T}} \, \rho_{1,T}^{\delta T} \rho_{2,T}^{(1-\delta)T}} \right) - O_p \left(\frac{\mu_T k_{1,T}^2 \rho_{1,T}^{\delta T}}{\mu_T \sqrt{T} \, k_{1,T} \sqrt{k_{2,T}} \, \rho_{1,T}^{\delta T} \rho_{2,T}^{(1-\delta)T}} \right)$$

$$= O_p \left(\sqrt{k_{2,T}/T} \right)$$

以及

$$\frac{1}{\mu_T^2 k_{1,T}^2 k_{2,T} \rho_{1,T}^{2\delta T} \rho_{2,T}^{2(1-\delta)T}} \sum_{t=\delta T+1}^{T} y_{t-1}^2$$

$$= \frac{1}{\mu_T^2 k_{1,T}^2 k_{2,T} \rho_{1,T}^{2\delta T} \rho_{2,T}^{2(1-\delta)T}} \sum_{t=1}^{T} y_{t-1}^2 - \frac{1}{\mu_T^2 k_{1,T}^2 k_{2,T} \rho_{1,T}^{2\delta T} \rho_{2,T}^{2(1-\delta)T}} \sum_{t=1}^{\delta T} y_{t-1}^2$$

$$= \frac{1}{2c_2} \left(\frac{Y_1}{\tau_1} + \frac{1}{c_1} \right)^2 + o_p(1)$$

根据定理 3-1（c），推论 4-1（c）、引理 2-1 以及中心极限定理，我们有：

$$\bar{\bar{D}}_T^{-1} \sum_{t=1}^{T} \bar{\bar{x}}_t' \varepsilon_t$$

$$= \left(\frac{1}{\sqrt{T}} \sum_{t=1}^{T} \varepsilon_t, \quad \frac{1}{\mu_T k_{1,T}^{3/2} \rho_{1,T}^{\delta T}} \sum_{t=1}^{T} (1-D_t) y_{t-1} \varepsilon_t, \quad \frac{1}{\mu_T k_{1,T} \sqrt{k_{2,T}} \, \rho_{1,T}^{\delta T} \rho_{2,T}^{(1-\delta)T}} \sum_{t=1}^{T} D_t y_{t-1} \varepsilon_t \right)'$$

$$= \left(\frac{1}{\sqrt{T}} \sum_{t=1}^{T} \varepsilon_t, \quad \frac{1}{\mu_T k_{1,T}^{3/2} \rho_{1,T}^{\delta T}} \sum_{t=1}^{\delta T} y_{t-1} \varepsilon_t, \quad \frac{1}{\mu_T k_{1,T} \sqrt{k_{2,T}} \, \rho_{1,T}^{\delta T} \rho_{2,T}^{(1-\delta)T}} \sum_{t=\delta T+1}^{T} y_{t-1} \varepsilon_t \right)'$$

$$\Rightarrow \left(Z \quad X_1 \left(\frac{Y_1}{\tau_1} + \frac{1}{c_1} \right) \quad X_2 \left(\frac{Y_1}{\tau_1} + \frac{1}{c_1} \right) \right)' \tag{4-15}$$

其中用到了：

$$\frac{1}{\mu_T k_{1,T} \sqrt{k_{2,T}} \, \rho_{1,T}^{\delta T} \rho_{2,T}^{(1-\delta)T}} \sum_{t=\delta T+1}^{T} y_{t-1} \, \varepsilon_t$$

$$= \frac{1}{\mu_T k_{1,T} \sqrt{k_{2,T}} \, \rho_{1,T}^{\delta T} \rho_{2,T}^{(1-\delta)T}} \sum_{t=1}^{T} y_{t-1} \, \varepsilon_t - \frac{1}{\mu_T k_{1,T} \sqrt{k_{2,T}} \, \rho_{1,T}^{\delta T} \rho_{2,T}^{(1-\delta)T}} \sum_{t=1}^{\delta T} y_{t-1} \, \varepsilon_t$$

$$= X_2 \left(\frac{Y_1}{\bar{\tau}_1} + \frac{1}{c_1} \right) + o_p(1)$$

综合式（4-4）、式（4-15）以及 Cramér–Wold 定理，我们有：

$$\mu_T k_{1,T}^{3/2} \rho_{1,T}^{\delta T} (\hat{\rho}_1 - \rho_{1,T}) \Rightarrow \frac{2c_1 X_1}{Y_1/\bar{\tau}_1 + 1/c_1} \tag{4-16}$$

$$\mu_T k_{1,T} \sqrt{k_{2,T}} \, \rho_{1,T}^{\delta T} \rho_{2,T}^{(1-\delta)T} (\hat{\rho}_2 - \rho_{2,T}) \Rightarrow \frac{2c_2 X_2}{Y_1/\bar{\tau}_1 + 1/c_1} \tag{4-17}$$

结构突变前的自回归系数估计偏误会以 $\mu_T k_{1,T}^{3/2} \rho_{1,T}^{\delta T}$ 的速度收敛到一个混合正态分布 $2c_1 X_1 / (Y_1/\bar{\tau}_1 + 1/c_1)$。其收敛速度和渐近分布依赖于正态变量 X_1 和 Y_1，同时也依赖于位置参数 δ 以及结构突变前后的中度偏离单位根系数。结构突变后的自回归系数估计偏误则以 $\mu_T k_{1,T} \sqrt{k_{2,T}} \, \rho_{1,T}^{\delta T} \rho_{2,T}^{(1-\delta)T}$ 的速度收敛到另一个混合正态分布 $2c_2 X_2 / (Y_1/\bar{\tau}_1 + 1/c_1)$，其收敛速度和渐近分布依赖于正态变量 X_2 和 Y_1。若结构突变后的自回归系数等于突变前的自回归系数（即未发生突变[①]），那么式（4-17）会自动退化为式（4-16）。当 $\bar{\tau}_1 \to \infty$ 继而模型的漂移项为强漂移项时，式（4-16）和式（4-17）中的极限分布分别退化为 $2c_1^2 X_1$ 和 $2c_1 c_2 X_2$，两个自回归系数的估计量均具有渐近正态性。进一步，定义自回归系数估计量 $\hat{\rho}_1$ 的标准误和标准 t 统计量分别为 $\tilde{\sigma}_{\rho,1}$ 和 $t_{ME,1}$，定义自回归系数估计量 $\hat{\rho}_2$ 的标准误和标准 t 统计量分别为 $\tilde{\sigma}_{\rho,2}$ 和 $t_{ME,2}$。我们有如下渐近结果：

---

① 此时，我们可将位置参数 δ 看作 1。

$$t_{ME,1}: \Rightarrow \frac{\hat{\rho}_1 - \rho_{1,T}}{\tilde{\sigma}_{\rho,1}} \Rightarrow \frac{2c_1 X_1}{Y_1/\bar{\tau}_1 + 1/c_1}\left(\frac{1}{\sigma}\frac{Y_1/\bar{\tau}_1 + 1/c_1}{\sqrt{2c_1}}\right) = \frac{X_1}{\sigma/\sqrt{2c_1}} =^d N(0,1)$$

$$(4-18)$$

$$t_{ME,2}: \Rightarrow \frac{\hat{\rho}_2 - \rho_{2,T}}{\tilde{\sigma}_{\rho,2}} \Rightarrow \frac{2c_2 X_2}{Y_1/\bar{\tau}_1 + 1/c_1}\left(\frac{1}{\sigma}\frac{Y_1/\bar{\tau}_1 + 1/c_1}{\sqrt{2c_2}}\right) = \frac{X_2}{\sigma/\sqrt{2c_2}} =^d N(0,1)$$

$$(4-19)$$

在 $\bar{\tau}_1 = 0$ 情形下，依据定理 3-2（a）至定理 3-2（c）、推论 4-2（a）至推论 4-2（c）以及 Cramér-Wold 定理，我们有：

$$k_{1,T}\rho_{1,T}^{\delta T}(\hat{\rho}_1 - \rho_{1,T}) \Rightarrow \frac{2c_1 X_1}{Y_1} \tag{4-20}$$

$$\sqrt{k_{1,T}}\sqrt{k_{2,T}}\rho_{1,T}^{\delta T}\rho_{2,T}^{(1-\delta)T}(\hat{\rho}_2 - \rho_{2,T}) \to \frac{2c_2 X_2}{Y_1} \tag{4-21}$$

结构突变前的自回归系数估计偏误会以 $k_{1,T}\rho_{1,T}^{\delta T}$ 的速度收敛到一个混合正态分布 $2c_1 X_1/Y_1$。其收敛速度和渐近分布依赖于位置参数 δ 以及结构突变前后的中度偏离单位根系数。结构突变后的自回归系数估计偏误则以 $\sqrt{k_{1,T}}\sqrt{k_{2,T}}\rho_{1,T}^{\delta T}\rho_{2,T}^{(1-\delta)T}$ 的速度收敛到另一个混合正态分布 $2c_2 X_2/Y_1$。此时，基于检验回归式（4-12）而构建的 t 统计量具有如下渐近性质：

$$t_{ME,1} \Rightarrow \frac{2c_1 X_1}{Y_1}\left(\frac{1}{\sigma}\frac{Y_1}{\sqrt{2c_1}}\right) = \frac{X_1}{\sigma/\sqrt{2c_1}} =^d N(0,1) \tag{4-22}$$

$$t_{ME,2} \Rightarrow \frac{2c_2 X_2}{Y_1}\left(\frac{1}{\sigma}\frac{Y_1}{\sqrt{2c_2}}\right) = \frac{X_2}{\sigma/\sqrt{2c_2}} =^d N(0,1) \tag{4-23}$$

我们将 $\bar{\tau}_1 \in (0, \infty]$ 情形下的 $t_{ME,1}$ 统计量和 $t_{ME,2}$ 统计量的渐近结果 [见式（4-18）和式（4-19）] 以及 $\bar{\tau}_1 = 0$ 情形下的 $t_{ME,1}$ 统计量和 $t_{ME,2}$ 统计量的渐近结果 [见式（4-22）和式（4-23）] 整理成如下定理：

定理 4-2 在假设 2-1、假设 4-1 和假设 4-2 成立的条件下，对模型（4-1），当 $T \to \infty$ 时，我们有 $t_{ME,1} \Rightarrow N(0,1)$ 和 $t_{ME,2} \Rightarrow N(0,1)$。

定理 4-2 表明，$t_{ME,1}$ 和 $t_{ME,2}$ 检验的渐近正态性不依赖于自回归系数结构突变发生的位置，也不依赖于结构突变前后漂移项的相对强弱。不论主导全样本的趋势成分是随机累积趋势还是非线性确定性趋势，基于结构突变前后自回归系数的 t 统计量均渐近服从标准正态分布。这一稳健性成立的关键在于，样本方差统计量 $T^{-1}\sum_{t=1}^{T} y_{t-1}^2$ 随机地主导样本统计量 $\left(T^{-1}\sum_{t=1}^{T} y_{t-1}\right)^2$，同时样本协方差统计量 $T^{-1}\sum_{t=1}^{T} y_{t-1}\varepsilon_t$ 随机地主导样本统计量 $\left(T^{-1}\sum_{t=1}^{T} y_{t-1}\right)\left(T^{-1}\sum_{t=1}^{T}\varepsilon_t\right)$。这一稳健性与单位根情形具有较明显的差异。

定理 4-2 的另一个重要意义在于，两组渐近正态检验具有不依赖于自回归系数结构突变时点位置的稳健性。然而，当结构突变时点内生时，我们仍需寻找未知结构突变时点的一致估计量。早期确定内生结构突变时点位置的手段主要是基于自回归系数 t 类统计量的最小化来进行（Banerjee et al.，1992；Zivot and Andrews，1992）。其思想可概括为，对于每一个潜在的结构突变时点重复实施自回归系数 t 检验，然后对所得到的全部 t 统计值取最小值，则最小 t 值所对应的时点即为估计的结构突变时点。这一估计思想曾在很长一段时间占据主流地位，并不断被丰富和完善（Perron and Vogelsang，1992；Perron，1997；Vogelsang and Perron，1998；Harvey et al.，2001；Harvey et al.，2009，2013）。然而，Bai 和 Perron（1998，2003）指出，上述结构突变研究是一种非对称分析，其原假设不含结构突变，而备择假设含有结构突变。这一思路事实上不符合 Perron（1989）关于外生结构突变的研究，前者所对应的检验统计量的渐近性质也与原假设含有结构突变的情形不一致。因此，近年来的主流方法往往将结构突变同时纳入原假设和备择假设，并基于残差平方和最小化准则来确定内生结构突变的时点位置。

我们应用 Bai 和 Perron（1998，2003）所提出的残差平方和最小化方法来估计结构突变位置参数 δ。对任一个潜在的结构突变点而言，我们可将全样本数据过程分为两个样本子区间，并在两个区间段上分别进行最小二乘回归。全样本的残差平方和是关于参数 δ 的函数：

$$RSS(\delta) = \sum_{t=1}^{\delta T} (y_t - \hat{\mu}_T - \hat{\rho}_1 y_{t-1})^2 + \sum_{t=\delta T+1}^{T} (y_t - \hat{\mu}_T - \hat{\rho}_2 y_{t-1})^2 \tag{4-24}$$

其中，$\hat{\mu}_T$、$\hat{\rho}_1$ 和 $\hat{\rho}_2$ 是参数 μ_T、$\rho_{1,T}$ 和 $\rho_{2,T}$ 的最小二乘估计量。对所有潜在的结构突变点进行格点搜寻，寻找残差平方和函数的最小值，并基于此求得结构突变点位置参数的估计量：

$$\hat{\delta} = \arg \min_{\delta \in (0,1)} RSS(\delta)$$

$$= \arg \min_{\delta \in (0,1)} \left\{ \sum_{t=1}^{\delta T} (y_t - \hat{\mu}_T - \hat{\rho}_1 y_{t-1})^2 + \sum_{t=\delta T+1}^{T} (y_t - \hat{\mu}_T - \hat{\rho}_2 y_{t-1})^2 \right\} \tag{4-25}$$

根据 Bai 和 Perron（1998）的证明[①]，当 δ∈（0，1）时，我们有：

$$\hat{\delta} - \delta = o_p(1) \tag{4-26}$$

需要说明的是，将结构突变时点处理为内生意味着我们可能错误地识别最显著的结构突变点，这也是现有文献对内生结构突变理论方法的主要批评之处。Vogelsang 和 Perron（1998）指出使用内生结构突变点确定准则极易造成对原假设的"虚假拒绝"。Perron 和 Vogelsang（1992）指出，当突变程度较大时，相关方法会导致较大的检验尺度扭曲。实证中，选取外生的结构突变点还是将结构突变点处理为内生进而估计这一时点，目前仍有较多争论。Maddala 和 Kim（1998）认为，"计量经济学确定结构突变点，更应当使用外生的经济信息"。但若我们无法先验地掌握未知结构突变点的位置信息，式（4-26）所示的一致性可以保证大样本下大概率正确识别结构突变点的位置。这无疑有利于提升检验的功效（Zivot and Andrews，1992；Banerjeer et al.，1992；张阳，2013）。

---

① Bai 和 Perron（1998，2003）所提出的残差平方和最小化准则同样适用于多个内生结构突变点的确定，且均可保证结构突变时点位置参数估计量的一致性。考虑到本书的重点在于讨论中度偏离单位根过程在单个结构突变方向的扩展，因此多个结构突变情形将在后续研究中予以解析。

二、自相关及条件异方差新息情形

上一小节讨论了独立同分布新息下中度偏离单位根自回归系数对中度偏离单位根检验的影响。这一小节我们考虑存在自相关及条件异方差结构的新息情形。如前所述，当中度偏离单位根自回归系数带有结构突变时，全样本爆炸式增长的非线性确定性趋势成分和随机累积趋势成分都会发生结构变化。具体而言，考虑模型：

$$y_t = \mu_T + \left[\rho_{1,T} + (\rho_{2,T} - \rho_{1,T}) D_t \right] y_{t-1} + u_t \tag{4-27}$$

我们假定随机误差项满足假设 3-2 的自相关或条件异方差条件，模型 (4-27) 其他变量和参数的设定均与模型 (4-1) 相同。因此，当累积到 t > T_B 时，模型 (4-27) 的两个主导趋势（非线性确定性趋势和随机累积趋势）均发生了结构变化。与本节的第一小节类似，我们定义独立的正态变量 $\widetilde{X}_1$，$\widetilde{Y}_1$~i.i.d.N $(0, \lambda^2/(2c_1))$，$\widetilde{X}_2$，$\widetilde{Y}_2$~i.i.d.N $(0, \lambda^2/(2c_1))$ 并基于此推导出下列若干结果。这些结果的证明步骤与本节的第一小节相关结果的证明步骤相似，本章的附录将不再对它们的证明进行赘述。

$$\left(\frac{1}{\sqrt{k_{1,T}}} \sum_{t=1}^{T} \rho_{1,T}^{-(T-t)-1} u_t, \ \frac{1}{\sqrt{k_{1,T}}} \sum_{t=1}^{T} \rho_{1,T}^{-t} u_t \right) \Rightarrow (\widetilde{X}_1, \ \widetilde{Y}_1) \tag{4-28}$$

$$\left(\frac{1}{\sqrt{k_{2,T}}} \sum_{t=1}^{T} \rho_{2,T}^{-(T-t)-1} u_t, \ \frac{1}{\sqrt{k_{2,T}}} \sum_{t=1}^{T} \rho_{2,T}^{-t} u_t \right) \Rightarrow (\widetilde{X}_2, \ \widetilde{Y}_2) \tag{4-29}$$

$$\left(\frac{1}{\sqrt{k_{1,T}}} \sum_{t=1}^{\delta T} \rho_{1,T}^{-(\delta T-t)-1} u_t, \ \frac{1}{\sqrt{k_{1,T}}} \sum_{t=1}^{\delta T} \rho_{1,T}^{-t} u_t \right) \Rightarrow (\widetilde{X}_1, \ \widetilde{Y}_1) \tag{4-30}$$

$$\left(\frac{1}{\sqrt{k_{2,T}}} \sum_{t=1}^{\delta T} \rho_{2,T}^{-(\delta T-t)-1} u_t, \ \frac{1}{\sqrt{k_{2,T}}} \sum_{t=1}^{\delta T} \rho_{2,T}^{-t} u_t \right) \Rightarrow (\widetilde{X}_2, \ \widetilde{Y}_2) \tag{4-31}$$

$$\left(k_{1,T}^{-1/2} \sum_{t=\delta T+1}^{T} \rho_{1,T}^{-(T-t)-1} u_t, \ k_{1,T}^{-1/2} \rho_{1,T}^{\delta T} \sum_{t=\delta T+1}^{T} \rho_{1,T}^{-t} u_t \right) \Rightarrow (\widetilde{X}_1, \ \widetilde{Y}_1) \tag{4-32}$$

$$\left(k_{2,T}^{-1/2} \sum_{t=\delta T+1}^{T} \rho_{2,T}^{-(T-t)-1} u_t, \ k_{2,T}^{-1/2} \rho_{2,T}^{\delta T} \sum_{t=\delta T+1}^{T} \rho_{2,T}^{-t} u_t \right) \Rightarrow (\widetilde{X}_2, \ \widetilde{Y}_2) \tag{4-33}$$

引理 4-2 在假设 3-2 成立的条件下，我们有：

(a) $\left(k_{1,T}^{3/2}\rho_{1,T}^{2\delta T}\right)^{-1}\sum_{t=1}^{\delta T+1}\sum_{j=t}^{\delta T+1}\rho_{1,T}^{2(t-1)-j}u_{j}=o_{p}(1)$;

(b) $\left(k_{1,T}^{3/2}\rho_{1,T}^{\delta T}\right)^{-1}\sum_{t=1}^{\delta T+1}\sum_{j=t}^{\delta T+1}\rho_{1,T}^{t-1-j}u_{j}=o_{p}(1)$;

(c) $\left(k_{1,T}\rho_{1,T}^{\delta T}\right)^{-1}\sum_{t=1}^{\delta T+1}\sum_{j=t}^{\delta T+1}\rho_{1,T}^{t-1-j}u_{j}u_{t}=o_{p}(1)$。

定理 4-3 在假设 3-2、假设 4-1 和假设 4-2 成立的条件下，对模型 (4-27)，我们有：

(a) $\sum_{t=1}^{T}y_{t-1}^{2}=\dfrac{1}{2c_{2}}\left(\widetilde{Y}_{1}+\dfrac{1}{c_{1}}\bar{\tau}_{1}\right)^{2}k_{1,T}k_{2,T}\rho_{1,T}^{2\delta T}\rho_{2,T}^{2(1-\delta)T}(1+o_{p}(1))$;

(b) $\sum_{t=1}^{T}y_{t-1}=\dfrac{1}{c_{2}}\left(\widetilde{Y}_{1}+\dfrac{1}{c_{1}}\bar{\tau}_{1}\right)\sqrt{k_{1,T}}k_{2,T}\rho_{1,T}^{\delta T}\rho_{2,T}^{(1-\delta)T}(1+o_{p}(1))$;

(c) $\sum_{t=1}^{T}y_{t-1}u_{t}=\widetilde{X}_{2}\left(\widetilde{Y}_{1}+\dfrac{1}{c_{1}}\bar{\tau}_{1}\right)\sqrt{k_{1,T}}\sqrt{k_{2,T}}\rho_{1,T}^{\delta T}\rho_{2,T}^{(1-\delta)T}(1+o_{p}(1))$。

依据定理 4-3 可直接得出如下两个推论：

推论 4-3 在假设 3-2、假设 4-1 和假设 4-2 成立的条件下，对模型 (4-27)，当 $\bar{\tau}_{1}\in(0,\infty]$ 时，我们有：

(a) $\left(\mu_{T}^{2}k_{1,T}^{2}k_{2,T}\rho_{1,T}^{2\delta T}\rho_{2,T}^{2(1-\delta)T}\right)^{-1}\sum_{t=1}^{T}y_{t-1}^{2}\Rightarrow\dfrac{1}{2c_{2}}\left(\dfrac{\widetilde{Y}_{1}}{\bar{\tau}_{1}}+\dfrac{1}{c_{1}}\right)^{2}$;

(b) $\left(\mu_{T}k_{1,T}k_{2,T}\rho_{1,T}^{\delta T}\rho_{2,T}^{(1-\delta)T}\right)^{-1}\sum_{t=1}^{T}y_{t-1}\Rightarrow\dfrac{1}{c_{2}}\left(\dfrac{\widetilde{Y}_{1}}{\bar{\tau}_{1}}+\dfrac{1}{c_{1}}\right)$;

(c) $\left(\mu_{T}k_{1,T}\sqrt{k_{2,T}}\rho_{1,T}^{\delta T}\rho_{2,T}^{(1-\delta)T}\right)^{-1}\sum_{t=1}^{T}y_{t-1}u_{t}\Rightarrow\widetilde{X}^{2}\left(\dfrac{\widetilde{Y}_{1}}{\bar{\tau}_{1}}+\dfrac{1}{c_{1}}\right)$。

推论 4-4 在假设 3-2、假设 4-1 和假设 4-2 成立的条件下，对模型 (4-27)，当 $\bar{\tau}_{1}=0$ 时，我们有：

(a) $\left(k_{1,T}k_{2,T}\rho_{1,T}^{2\delta T}\rho_{2,T}^{2(1-\delta)T}\right)^{-1}\sum_{t=1}^{T}y_{t-1}^{2}\Rightarrow\dfrac{1}{2c_{2}}\widetilde{Y}_{1}^{2}$;

（b）$\left(\sqrt{k_{1,T}}\, k_{2,T}\, \rho_{1,T}^{\delta T}\, \rho_{2,T}^{(1-\delta)T}\right)^{-1} \sum_{t=1}^{T} y_{t-1} \Rightarrow \dfrac{1}{c_2} \widetilde{Y}_1 ;$

（c）$\left(\sqrt{k_{1,T}}\, \sqrt{k_{2,T}}\, \rho_{1,T}^{\delta T}\, \rho_{2,T}^{(1-\delta)T}\right)^{-1} \sum_{t=1}^{T} y_{t-1} u_t \Rightarrow \widetilde{X}_2 \widetilde{Y}_1 。$

从上述结果可以看出，当 $t = T$ 时，全样本的主导趋势取决于结构突变前的漂移项强弱。结构突变前的漂移项为强漂移项时，时间序列的主导趋势是非线性确定性趋势；结构突变前的漂移项为弱漂移项时，时间序列的主导趋势是随机累积趋势。推论 4-3 和推论 4-4 中样本统计量 $\sum_{t=1}^{T} y_{t-1}^2$ 、 $\sum_{t=1}^{T} y_{t-1}$ 和 $\sum_{t=1}^{T} y_{t-1} u_t$ 的收敛速度均和独立同分布新息情形（推论 4-1 和推论 4-2）样本统计量的收敛速度相同。与上一小节相同，我们将含截距项的方程设定为检验回归式。当 $\bar{\tau}_1 \in (0, \infty]$ 时，结构突变前后的中度偏离单位根系数估计偏误满足：

$$\mu_T\, k_{1,T}^{3/2}\, \rho_{1,T}^{\delta T}\, (\hat{\rho}_1 - \rho_{1,T}) \Rightarrow \frac{2c_1 \widetilde{X}_1}{\widetilde{Y}_1 / \bar{\tau}_1 + 1/c_1} \tag{4-34}$$

$$\mu_T\, k_{1,T}\, \sqrt{k_{2,T}}\, \rho_{1,T}^{\delta T}\, \rho_{2,T}^{(1-\delta)T}\, (\hat{\rho}_2 - \rho_{2,T}) \Rightarrow \frac{2c_2 \widetilde{X}_2}{\widetilde{Y}_1 / \bar{\tau}_1 + 1/c_1} \tag{4-35}$$

当 $\bar{\tau}_1 = 0$ 时，结构突变前后的中度偏离单位根系数估计偏误满足：

$$k_{1,T}\, \rho_{1,T}^{\delta T}\, (\hat{\rho}_1 - \rho_{1,T}) \Rightarrow \frac{2c_1 \widetilde{X}_1}{\widetilde{Y}_1} \tag{4-36}$$

$$\sqrt{k_{1,T}}\, \sqrt{k_{2,T}}\, \rho_{1,T}^{\delta T}\, \rho_{2,T}^{(1-\delta)T}\, (\hat{\rho}_2 - \rho_{2,T}) \Rightarrow \frac{2c_2 \widetilde{X}_2}{\widetilde{Y}_1} \tag{4-37}$$

式（4-34）、式（4-35）、式（4-36）、式（4-37）的结果与式（4-16）、式（4-17）、式（4-20）、式（4-21）相似。

基于式（3-27）构造随机误差项的长期方差估计量，我们可以证明，

长期方差估计量 $\hat{\lambda}_k^2$ 满足 $\hat{\lambda}_k^2/\lambda^2 \Rightarrow \chi_K^2/K$ [证明可参考定理 3-6（a）的证明]。在此基础上构建经长期方差修正后的 t 统计量，使用的标准误是经长期方差调整后的标准误。具体而言，定义自回归系数估计量 $\hat{\rho}_1$ 经长期方差修正后的 t 统计量为 $\tilde{t}_{ME,1}$，定义自回归系数估计量 $\hat{\rho}_2$ 经长期方差修正的 t 统计量为 $\tilde{t}_{ME,2}$。两个修正的 t 统计量的渐近性质在如下定理中给出：

定理 4-4 在假设 3-2、假设 4-1 和假设 4-2 成立的条件下，对模型（4-27），当平滑参数 K 固定而样本量 $T \to \infty$ 时，我们有 $\tilde{t}_{ME,1} \Rightarrow t_K$ 和 $\tilde{t}_{ME,2} \Rightarrow t_K$，其中 t_K 是自由度为 K 的学生 t 分布。

定理 4-4 表明，平滑参数 K 固定的框架下，对于结构突变前后的自回归系数而言，修正的 t 统计量均渐近服从学生 t 分布。当 $K \to \infty$ 时（保持 $K/T \to 0$），以 K 为自由度 t 分布依分布等价于标准正态分布。此时，样本方差统计量 $T^{-1} \sum_{t=1}^{T} y_{t-1}^2$ 随机地主导样本统计量 $\left(T^{-1} \sum_{t=1}^{T} y_{t-1} \right)^2$、样本协方差统计量 $T^{-1} \sum_{t=1}^{T} y_{t-1} u_t$ 随机地主导样本统计量 $\left(T^{-1} \sum_{t=1}^{T} y_{t-1} \right)\left(T^{-1} \sum_{t=1}^{T} u_t \right)$。这一性质决定了定理 4-4 所提出的渐近 t 检验的稳健性。不论随机误差项是否存在自相关或条件异方差偏误，使用定理 4-4 中的渐近 t 检验都不会产生理论上的检验尺度扭曲。这一渐近稳定性不依赖于结构突变的位置参数，也不依赖于结构突变前后的中度偏离单位根系数（不需要知道中度偏离单位根向单位根收敛的快慢）。这一理论贡献是中度偏离单位根过程检验领域最前沿的研究成果。注意到，定理 4-4 对全部 $\bar{\tau}_1 \in [0, \infty]$ 和 $\bar{\tau}_2 \in [0, \infty]$ 情形都成立，并且不依赖于结构突变发生的位置。因此，不论中度偏离单位根时间序列模型中自回归系数是否存在结构突变、不论主导全样本的趋势成分是非线性确定性趋势成分还是随机累积趋势成分、不论随机误差项是否存在自相关或条件异方差偏误，使用定理 4-4 中的两组渐近 t 检验都具有稳健性。

在上述方法论的支撑下，实证分析中，我们不需要过多担心错误识别结构突变的位置参数，也不需要过多担心错误识别结构突变前后的中度偏离单位根系数（不需要知道中度偏离单位根向单位根收敛的快慢）。理论上来讲，两组渐近 t 检验对上述两种错误识别不存在检验尺度扭曲。

最后，需要说明的是，实际中最优平滑参数 K 的选取可依据第三章中的式（3-39），内生结构突变时点位置参数 δ 的最优值选取可依据式（4-25）。

第二节　中度偏离单位根突变为单位根

一、独立同分布新息情形

在本章上一节里，我们假定时间序列 AR（1）模型的自回归系数由一个中度偏离单位根突变为另一个中度偏离单位根。事实上，我们对中度偏离单位根突变为一个单位根更感兴趣。Phillips 等（2011）、Phillip 等（2015a，2015b）认为，泡沫过程是基于单位根过程的偏离。其中，由鞅过程所描述的弱有效市场过渡到爆炸性增长的泡沫市场以及由泡沫市场回复到基本面状态，可解读为中度偏离单位根过程和单位根过程的相互转变。因此，研究中度偏离单位根自回归系数在某一时刻突变为单位根，将补充和发展关于泡沫过程的现有文献。

考虑模型：

$$y_t = \mu_T + [\rho_T + (1 - \rho_T) D_t] y_{t-1} + \varepsilon_t \tag{4-38}$$

其中，随机误差项 $\{\varepsilon_t\}$ 满足独立同分布条件 $\varepsilon_t \sim i.i.d.\ (0,\ \sigma^2)$，$\rho_T = 1 + c/k_T$ 满足式（2-2）的条件，初始值 y_0 服从假设 2-2，漂移项 μ_T 服从假设 3-1。定义 D_t 为式（4-2）所示的虚拟变量，则自回归系数在 T_B 时刻发生

结构突变，由中度偏离单位根 ρ_T 突变为单位根。我们依旧定义 $\delta = T_B / T$ 为结构突变点的位置参数，假定 δ 为常数且 $0 < \delta < 1$。基于上述设定，模型（4-38）可表示为：

$$y_t = \begin{cases} \mu_T + \rho_T\, y_{t-1} + \varepsilon_t & 1 \leqslant t \leqslant \delta T \\ \mu_T + y_{t-1} + \varepsilon_t & \delta T < t \leqslant T \end{cases} \tag{4-39}$$

上式也等价于：

$$y_t = \mu_T + \left(\rho_T - \frac{c D_t}{k_T} \right) y_{t-1} + \varepsilon_t = \mu_T + \tilde{\rho}_{T,t}\, y_{t-1} + \varepsilon_t \tag{4-40}$$

其中，$\tilde{\rho}_{T,t} := 1 + \tilde{c}_t / k_T$，而 $\tilde{c}_t = c(1 - D_t)$。

通过迭代，我们可以推出：当 $1 \leqslant t \leqslant \delta T$ 时，

$$y_t = \rho_T^t\, y_0 + \sum_{j=1}^{t} \rho_T^{t-j} \varepsilon_j + \frac{1}{c} \mu_T k_T \rho_T^t - \frac{1}{c} \mu_T k_T$$

当 $\delta T < t \leqslant T$ 时，

$$y_t = y_{\delta T} + \sum_{j=\delta T+1}^{t} \varepsilon_j + \mu_T(t - \delta T)$$

$$= \rho_T^{\delta T}\, y_0 + \left(\sum_{j=1}^{\delta T} \rho_T^{\delta T - j} \varepsilon_j + \sum_{j=\delta T+1}^{t} \varepsilon_j \right) + \left(\mu_T t + \frac{1}{c} \mu_T k_T \rho_T^{\delta T} - \frac{1}{c} \mu_T k_T - \delta \mu_T T \right)$$

由上述迭代可以看出，当自回归系数由中度偏离单位根突变为单位根时，由随机误差项累积形成的随机累积趋势和由漂移项累积形成的非线性确定性趋势均发生结构性变化。当累积到 $t > T_B$ 时，随机累积趋势成分可表述为 $\sum_{j=1}^{\delta T} \rho_T^{\delta T - j} \varepsilon_j + \sum_{j=\delta T+1}^{t} \varepsilon_j$。前一部分为结构突变前的"中度偏离式"随机累积趋势，后一部分为单位根情形下的随机趋势。同时，非线性确定性趋势成分可表述为 $\mu_T t + \mu_T k_T \rho_T^{\delta T}/c - \mu_T k_T/c - \delta \mu_T T$。注意到，结构突变前的自回归系数 ρ_T 为中度偏离单位根。因此，式（2-6）成立，并且不难证明：

$$\left(\frac{1}{\sqrt{k_T}} \sum_{t=1}^{\delta T} \rho_T^{-(\delta T - t) - 1} \varepsilon_t,\ \frac{1}{\sqrt{k_T}} \sum_{t=1}^{\delta T} \rho_T^{-t} \varepsilon_t \right) \Rightarrow (X,\ Y) \tag{4-41}$$

根据式（4-41）以及中心极限定理可得，当累积到 $t = T$ 时刻且 $T \to \infty$ 时，主导模型（4-38）的随机累积趋势的发散速度为：

$$\sum_{j=1}^{\delta T} \rho_T^{\delta T - j} \varepsilon_j + \sum_{j=\delta T+1}^{T} \varepsilon_j = O_p \left(\sqrt{k_T} \, \rho_T^{\delta T} \right) + O_p \left(\sqrt{T} \right) = O_p \left(\sqrt{k_T} \, \rho_T^{\delta T} \right)$$

这意味着，渐近意义上，结构突变发生后的随机累积趋势不依赖于后半段的单位根过程。这一点与上一节结果相同。不论结构突变后的自回归系数为中度偏离单位根还是单位根，大样本下全样本增长的随机累积趋势只取决于结构突变前的随机累积趋势成分。但不同于上一节，当结构突变后的自回归系数为中度偏离单位根时，结构突变前的随机累积趋势成分受到结构突变后中度偏离单位根自回归系数的影响；而结构突变后的自回归系数为单位根时，结构突变前的随机累积趋势成分不与结构突变后的任何参数相关。

另外，主导模型（4-38）的非线性确定性趋势的发散速度为：

$$\mu_T T + \frac{1}{c} \mu_T k_T \rho_T^{\delta T} - \frac{1}{c} \mu_T k_T - \delta \mu_T T = O \left(\mu_T k_T \rho_T^{\delta T} \right) = O \left(\tau \sqrt{k_T} \, \rho_T^{\delta T} \right)$$

可以看出，上述非线性确定性趋势的发散速度依赖于结构突变前的漂移项强弱。当结构突变前的漂移项为强漂移项继而有 $\tau \to \infty$ 时，主导全样本增长的累积趋势是由漂移项累积形成的非线性确定性趋势。反之，当结构突变前的漂移项为弱漂移项继而有 $\tau \to 0$ 时，主导全样本增长的累积趋势是由随机误差项累积形成的随机累积趋势。

基于上述分析，我们可以推出如下定理：

定理 4-5 在假设 2-1、假设 2-2 和假设 3-1 成立的条件下，对模型（4-38），我们有：

（a） $\displaystyle\sum_{t=1}^{T} y_{t-1}^2 = \delta \left(Y + \frac{1}{c} \tau \right)^2 T k_T \rho_T^{2\delta T} \left(1 + o_p (1) \right)$；

（b） $\displaystyle\sum_{t=1}^{T} y_{t-1} = \delta \left(Y + \frac{1}{c} \tau \right) T \sqrt{k_T} \, \rho_T^{\delta T} \left(1 + o_p (1) \right)$；

（c） $\displaystyle\sum_{t=1}^{T} y_{t-1} \varepsilon_t = \sqrt{\delta} \, Z \left(Y + \frac{1}{c} \tau \right) \sqrt{T k_T} \, \rho_T^{\delta T} \left(1 + o_p (1) \right)$。

定理 4-5 展示了独立同分布新息情形下，自回归系数由中度偏离单位根突变为单位根对模型（4-38）的样本统计量的影响。结果表明，样本方差统计量 $\sum\limits_{t=1}^{T} y_{t-1}^2$、样本均值统计量 $\sum\limits_{t=1}^{T} y_{t-1}$ 和样本协方差统计量 $\sum\limits_{t=1}^{T} y_{t-1}\varepsilon_t$ 的渐近分布均依赖于结构突变的位置（取决于位置参数 δ）。依据定理 4-5，我们直接得到如下两个推论：

推论 4-5　在假设 2-1、假设 2-2 和假设 3-1 成立的条件下，对模型（4-38），当 $\tau \in (0, \infty]$ 时，我们有：

（a）$(T\mu_T^2 k_T^2 \rho_T^{2\delta T})^{-1} \sum\limits_{t=1}^{T} y_{t-1}^2 \Rightarrow \delta\left(\dfrac{Y}{\tau} + \dfrac{1}{c}\right)^2$；

（b）$(T\mu_T k_T \rho_T^{\delta T})^{-1} \sum\limits_{t=1}^{T} y_{t-1} \Rightarrow \delta\left(\dfrac{Y}{\tau} + \dfrac{1}{c}\right)$；

（c）$(\sqrt{T}\,\mu_T k_T \rho_T^{\delta T})^{-1} \sum\limits_{t=1}^{T} y_{t-1}\varepsilon_t \Rightarrow \sqrt{\delta}\,Z\left(\dfrac{Y}{\tau} + \dfrac{1}{c}\right)$。

推论 4-6　在假设 2-1、假设 2-2 和假设 3-1 成立的条件下，对模型（4-38），当 $\tau = 0$ 时，我们有：

（a）$(Tk_T \rho_T^{2\delta T})^{-1} \sum\limits_{t=1}^{T} y_{t-1}^2 \Rightarrow \delta Y^2$；

（b）$(T\sqrt{k_T}\,\rho_T^{\delta T})^{-1} \sum\limits_{t=1}^{T} y_{t-1} \Rightarrow \delta Y$；

（c）$(\sqrt{Tk_T}\,\rho_T^{\delta T})^{-1} \sum\limits_{t=1}^{T} y_{t-1}\varepsilon_t \Rightarrow \sqrt{\delta}\,ZY$。

推论 4-5 表明，当模型（4-38）的漂移项为强漂移项继而 $\tau \in (0, \infty]$ 时，样本方差统计量 $\sum\limits_{t=1}^{T} y_{t-1}^2$ 以 $T\mu_T^2 k_T^2 \rho_T^{2\delta T}$ 的速度收敛到变量 $\delta\,(Y/\tau + 1/c)^2$，样本均值统计量 $\sum\limits_{t=1}^{T} y_{t-1}$ 以 $T\mu_T k_T \rho_T^{\delta T}$ 的速度收敛到变量 $\delta\,(Y/\tau + 1/c)$，样本协方差统计量 $\sum\limits_{t=1}^{T} y_{t-1}\varepsilon_t$ 以 $\sqrt{T}\,\mu_T k_T \rho_T^{\delta T}$ 的速度收敛到变量 $\sqrt{\delta}\,Z\,(Y/\tau + 1/$

c)。它们的收敛速度和极限分布都依赖于结构突变发生的位置。推论4-6表明，当模型（4-38）的漂移项为弱漂移项继而 $\tau = 0$ 时，样本方差统计量 $\sum\limits_{t=1}^{T} y_{t-1}^2$ 以 $Tk_T\, \rho_T^{2\delta T}$ 的速度收敛到变量 δY^2，样本均值统计量 $\sum\limits_{t=1}^{T} y_{t-1}$ 以 $T\sqrt{k_T}\, \rho_T^{\delta T}$ 的速度收敛到变量 δY，样本协方差统计量 $\sum\limits_{t=1}^{T} y_{t-1}\, \varepsilon_t$ 以 $\sqrt{Tk_T}\, \rho_T^{\delta T}$ 的速度收敛到变量 $\sqrt{\delta}\, ZY$。值得注意的是，推论4-5和推论4-6中样本统计量的收敛速度均慢于不含结构突变情形下的定理3-1和定理3-2。究其原因，在于结构突变发生后全样本的趋势成分既包含结构突变前的中度偏离单位根部分，又包含结构突变后的单位根部分。

下面，我们研究 $\tau \in (0, \infty]$ 和 $\tau = 0$ 两种情形下的参数估计和统计推断。我们依然使用含截距项的检验方程（4-12），所构建的 t 检验统计量仍将具有渐近稳健性。

在 $\tau \in (0, \infty]$ 情形下，依据定理3-1（a）、定理3-1（b）、推论4-5（a）、推论4-5（b）以及 Cramér-Wold 定理，我们可得到：

$$\mu_T\, k_T^{3/2}\, \rho_T^{\delta T}\, (\hat{\rho}_1 - \rho_T) \Rightarrow \frac{2cX}{Y/\tau + 1/c} \tag{4-42}$$

$$\sqrt{T}\, \mu_T\, k_T\, \rho_T^{\delta T}\, (\hat{\rho}_2 - 1) \Rightarrow \frac{Z}{\sqrt{\delta}\, (Y/\tau + 1/c)} \tag{4-43}$$

结构突变前自回归系数估计偏误的渐近性质类似于上一节结果。结构突变后自回归系数估计偏误则以 $\sqrt{T}\, \mu_T\, k_T\, \rho_T^{\delta T}$ 的速度收敛到一个混合正态分布 $Z/[\sqrt{\delta}\, (Y/\tau + 1/c)]$。其收敛速度和渐近分布依赖于正态变量 Z 和 Y，同时也依赖于位置参数 δ 以及结构突变前后的中度偏离单位根系数。此时收敛速度较式（3-6）的收敛速度而言更快，并且极限分布与正态变量 X 无关。由于自回归系数由中度偏离单位根结构性突变为单位根，因此我们可将真实数据生成过程看作一个拥有时变自回归系数 $\tilde{\rho}_{T,t}$ 的中度偏离单位根过程。当 $\tau \to \infty$ 继而模型的漂移项为强漂移项时，式（4-42）和式（4-

43) 中的极限分布分别退化为 $2cX$ 和 $cZ/\sqrt{\delta}$。基于检验回归式 (4-12) 而构建结构突变前后自回归系数估计量的 t 统计量具有如下渐近性质：

$$t_{ME,1} \Rightarrow \frac{2cX}{Y/\tau + 1/c} \left(\frac{1}{\sigma} \frac{Y/\tau + 1/c}{\sqrt{2c}} \right) = \frac{X}{\sigma/\sqrt{2c}} =^d N(0, 1) \tag{4-44}$$

$$t_{ME,2} \Rightarrow \frac{Z}{\sqrt{\delta}(Y/\tau + 1/c)} \left(\frac{1}{\sigma} \sqrt{\delta \left(\frac{Y}{\tau} + \frac{1}{c} \right)^2} \right) = \frac{Z}{\sigma} =^d N(0, 1) \tag{4-45}$$

在 $\tau = 0$ 情形下，依据定理 3-2(a)、定理 3-2(b)、推论 4-6(a)、推论 4-6(b) 以及 Cramér-Wold 定理，我们可得到：

$$k_T \rho_1^{\delta T}(\hat{\rho}_1 - \rho_T) \Rightarrow \frac{2cX}{Y} \tag{4-46}$$

$$\sqrt{Tk_T} \rho_T^{\delta T}(\hat{\rho}_2 - 1) \Rightarrow \frac{Z}{\sqrt{\delta} Y} \tag{4-47}$$

此时，基于结构突变前后自回归系数估计量的 t 统计量具有如下渐近性质：

$$t_{ME,1} \Rightarrow \frac{2cX}{Y} \left(\frac{1}{\sigma} \frac{Y}{\sqrt{2c}} \right) = \frac{X}{\sigma/\sqrt{2c}} =^d N(0, 1) \tag{4-48}$$

$$t_{ME,2} \Rightarrow \frac{Z}{\sqrt{\delta} Y} \left(\frac{1}{\sigma} \sqrt{\delta Y^2} \right) = \frac{Z}{\sigma} =^d N(0, 1) \tag{4-49}$$

我们将 $\tau \in (0, \infty]$ 情形下的 $t_{ME,1}$ 统计量和 $t_{ME,2}$ 统计量的渐近结果 [见式 (4-44) 和式 (4-45)] 以及 $\tau = 0$ 情形下的 $t_{ME,1}$ 统计量和 $t_{ME,2}$ 统计量的渐近结果 [见式 (4-48) 和式 (4-49)] 整理成如下定理：

定理 4-6　在假设 2-1、假设 2-2 和假设 3-1 成立的条件下，对模型 (4-38)，当 $T \to \infty$ 时，我们有 $t_{ME,1} \Rightarrow N(0, 1)$ 和 $t_{ME,2} \Rightarrow N(0, 1)$。

定理 4-6 表明，不论模型的漂移项是强还是弱、不论主导全样本爆炸式增长的趋势是非线性确定性趋势还是随机累积趋势，不论结构突变后的自回归系数是中度偏离单位根还是单位根，基于自回归系数的 t 统计量都具有渐近正态性。与定理 3-3 不同，统计量 $t_{ME,2}$ 不收敛到正态变量 X/σ_c，而是收敛到另一正态变量 Z/σ。这两个正态变量是独立的，并且都依分布等价于标准正态变量。究其原因，在于自回归系数突变为单位根后，样本后半段的累积效应覆盖了前半段的累积效应。定理 4-6 构建的渐近 t 检验不依赖于漂移项强弱，这是因为 $\sum_{t=1}^{T} y_{t-1} = o_p\left(\sqrt{\sum_{t=1}^{T} y_{t-1}^2}\right)$。因此，我们所提出的渐近 t 检验具有不依赖于漂移项强弱以及自回归系数结构突变位置的双重稳健性。然而实际中，当结构突变的位置内生时，我们依然可以使用式（4-25）所给出的残差平方和最小化准则来估计未知的结构突变时点位置。

研究自回归系数由中度偏离单位根过程突变到单位根过程具有重要的现实意义。绝大多数经济尤其是价格类数据，是不可能永远爆炸性上升的。举例而言，我国的上证指数从 2007 年 4 月的 3800 点，以相对平缓到近乎垂直直线式上升到 2007 年 10 月的 6124 点。而后，由于金融危机的冲击，上证指数从 6124 点下跌至 2000 多点。因此，从分布函数的角度原创性地研究中度偏离单位根过程向单位根过程转换的问题，不仅是由现实数据特征提炼而出的，更是一个体现理论前沿的方法论问题。我们的结果不仅实质性地扩展了 Phillips 的系列研究［Phillips 等（2011）的单个泡沫检验；Phillips 等（2015a，2015b）的多个泡沫检验；Harvey 等（2016）的泡沫结构性分解］，而且具有引领这一方向后续研究的意义。从这个角度来说，本书的检验理论为我国资本市场干预与监管提供了新的计量工具。

二、自相关及条件异方差新息情形

本小节考虑自相关及条件异方差新息情形下的结构突变模型：

$$y_t = \mu_T + \left[\rho_T + (1 - \rho_T) D_t\right] y_{t-1} + u_t \tag{4-50}$$

其中，随机误差项满足假设 3-2 的自相关条件或异方差条件，其他变量和参数的设定均与模型（4-38）相同。当自回归系数由中度偏离单位根突变为单位根时，随机累积趋势和非线性确定性趋势均发生结构性变化。当累积到 $t = T$ 时刻且 $T \to \infty$ 时，主导模型的随机累积趋势的发散速度为

$O_p\left(\sqrt{k_T}\,\rho_T^{\delta T}\right)$，主导模型的非线性确定性趋势的发散速度为 $O\left(\tau\sqrt{k_T}\,\rho_T^{\delta T}\right)$。当结构突变前的漂移项为强漂移项时，主导全样本增长的累积趋势是非线性确定性趋势。反之，当结构突变前的漂移项为弱漂移项时，主导全样本增长的累积趋势是随机累积趋势。

定义正态变量 $\widetilde{Z}\sim N(0,\lambda^2)$。基于上述分析，我们可以推出如下定理和推论（本章的附录将不再对它们的证明进行赘述）：

定理 4-7　在假设 2-2、假设 3-1 和假设 3-2 成立的条件下，对模型 (4-50)，我们有：

（a）$\displaystyle\sum_{t=1}^{T} y_{t-1}^2 = \delta\left(\widetilde{Y} + \frac{1}{c}\tau\right)^2 T k_T \rho_T^{2\delta T}(1 + o_p(1))$；

（b）$\displaystyle\sum_{t=1}^{T} y_{t-1} = \delta\left(\widetilde{Y} + \frac{1}{c}\tau\right) T \sqrt{k_T}\,\rho_T^{\delta T}(1 + o_p(1))$；

（c）$\displaystyle\sum_{t=1}^{T} y_{t-1} u_t = \sqrt{\delta}\,\lambda\left(\widetilde{Y} + \frac{1}{c}\tau\right)\sqrt{T k_T}\,\rho_T^{\delta T}(1 + o_p(1))$。

推论 4-7　在假设 2-2、假设 3-1 和假设 3-2 成立的条件下，对模型 (4-50)，当 $\tau \in (0,\infty]$ 时，我们有：

（a）$\displaystyle(T\mu_T^2 k_T^2 \rho_T^{2\delta T})^{-1}\sum_{t=1}^{T} y_{t-1}^2 \Rightarrow \delta\left(\frac{\widetilde{Y}}{\tau} + \frac{1}{c}\right)^2$；

（b）$\displaystyle(T\mu_T k_T \rho_T^{\delta T})^{-1}\sum_{t=1}^{T} y_{t-1} \Rightarrow \delta\left(\frac{\widetilde{Y}}{\tau} + \frac{1}{c}\right)$；

（c）$\displaystyle(\sqrt{T}\,\mu_T k_T \rho_T^{\delta T})^{-1}\sum_{t=1}^{T} y_{t-1} u_t \Rightarrow \sqrt{\delta}\,\widetilde{Z}\left(\frac{\widetilde{Y}}{\tau} + \frac{1}{c}\right)$。

推论 4-8　在假设 2-2、假设 3-1 和假设 3-2 成立的条件下，对模型 (4-50)，当 $\tau = 0$ 时，我们有：

（a）$\displaystyle(T k_T \rho_T^{2\delta T})^{-1}\sum_{t=1}^{T} y_{t-1}^2 \Rightarrow \delta\widetilde{Y}^2$；

（b）$\displaystyle(T\sqrt{k_T}\,\rho_T^{\delta T})^{-1}\sum_{t=1}^{T} y_{t-1} \Rightarrow \delta\widetilde{Y}$；

（c）$\left(\sqrt{Tk_T}\,\rho_T^{\delta T}\right)^{-1}\sum_{t=1}^{T}y_{t-1}\,u_t\Rightarrow\sqrt{\delta}\,\widetilde{Z}\widetilde{Y}$。

检验回归式使用含截距项的检验方程（4-12）。在 $\tau\in(0,\infty]$ 情形下，依据定理3-1（a）、定理3-1（b）、推论4-7（a）、推论4-7（b）以及 Cramér-Wold 定理可得：

$$\mu_T\,k_T^{3/2}\,\rho_T^{\delta T}\,(\hat{\rho}_1-\rho_T)\Rightarrow\frac{2c\widetilde{X}}{\widetilde{Y}/\tau+1/c} \tag{4-51}$$

$$\sqrt{T}\,\mu_T\,k_T\,\rho_T^{\delta T}\,(\hat{\rho}_2-1)\Rightarrow\frac{\widetilde{Z}}{\sqrt{\delta}\,(\widetilde{Y}/\tau+1/c)} \tag{4-52}$$

在 $\tau=0$ 情形下，依据定理3-2（a）、定理3-2（b）、推论4-8（a）、推论4-8（b）以及 Cramér-Wold 定理可得：

$$k_T\,\rho_T^{\delta T}\,(\hat{\rho}_1-\rho_T)\Rightarrow\frac{2c\widetilde{X}}{\widetilde{Y}} \tag{4-53}$$

$$\sqrt{Tk_T}\,\rho_T^{\delta T}\,(\hat{\rho}_2-1)\Rightarrow\frac{\widetilde{Z}}{\sqrt{\delta}\,\widetilde{Y}} \tag{4-54}$$

式（4-61）至式（4-64）的结果与式（4-42）、式（4-43）、式（4-46）、式（4-47）相一致。

式（3-27）构造随机误差项的长期方差估计量 $\hat{\lambda}_k^2$ 依然满足 $\hat{\lambda}_k^2/\lambda^2\Rightarrow\chi_K^2/K$。相应地，经长期方差估计量修正后的 t 统计量 $\tilde{t}_{ME,1}$ 和 $\tilde{t}_{ME,2}$，具有如下稳健的渐近性质：

定理4-8 在假设2-2、假设3-1和假设3-2成立的条件下，对模型（4-50），当平滑参数 K 固定而样本量 $T\to\infty$ 时，我们有 $\tilde{t}_{ME,1}\Rightarrow t_K$ 和 $\tilde{t}_{ME,2}\Rightarrow t_K$，其中 t_K 是自由度为 K 的学生 t 分布。

定理4-8表明，不论模型的漂移项是强还是弱、不论主导全样本爆炸式增长的趋势是非线性确定性趋势还是随机累积趋势，经长期方差估计量修正后的 t 统计量都渐近服从学生 t 分布。这一渐近稳定性不依赖于结构突变的位置参数，也不依赖于结构突变前的中度偏离单位根系数。实际中，最优平滑参数 K 的选取可依据第三章中的式（3-39），内生结构突变时点位置参数 δ 的最优值选取可依据式（4-25）。这一理论发展了近年来著名计量经济学家 Peter Phillips 等所提出的中度偏离检验，是在最新研究成果（Guo et al.，2019）之上的进一步扩展和创新，由此体现了突出的理论创新和应用价值。

第三节　随机误差项方差存在结构突变

对于一个中度偏离单位根过程而言，中度偏离单位根自回归系数的结构突变对全样本主导趋势的影响是巨大的。然而，经济变量的自回归模型不仅可能存在自回归系数层面的结构突变，还有可能存在随机误差项方差层面的结构突变（Kim and Nelson，1999；Justiniano and Primiceri，2008）。大量的文献证实，随机误差项的结构变化源自于变量向均衡的调节速度发生变化。例如，由于交易成本的存在，经济变量偏离于最终均衡值的程度越小，向均衡调节的速度也就越慢；反之，若经济变量偏离于最终均衡值的程度越大，则意味着具有更大的套利空间，因而向均衡调节的速度也就越快。但是，相比自回归系数层面的结构突变，允许随机误差项方差结构突变的中度偏离单位根检验在现有文献中几乎仍是空白。本节的研究，旨在提出针对随机误差项方差存在结构突变情形的中度偏离单位根检验。我们的结果表明，不论漂移项是强漂移项还是弱漂移项，中度偏离单位根自回归系数的估计偏误依赖于结构突变前后的误差项方差，但不依赖于结构突变发生的位置。这一结果不同于单位根情形（当自回归系数为单位根时，自回归系数的估计偏误依赖于结构突变发生的位置）。若我们进一步构建 t 检验统计量，则相应的 t 统计量表述只依赖于结构突变后随机误差项方差的估计量，与结构突变前随机误差项方差的估计量无关。在大样本情形下，我们构建的 t 统计量将具有渐近正态性。

具体而言，考虑模型：

$$y_t = \mu_T + \rho_T y_{t-1} + e_t \tag{4-55}$$

其中，$\rho_T = 1 + c/k_T$ 满足式（2-2）的条件，漂移项 μ_T 服从假设 3-1。我们假设模型（4-55）中的随机误差项和初始值服从如下假设：

假设 4-3 $e_t = \sigma_1 \epsilon_t I\{t \leq T_\sigma\} + \sigma_2 \epsilon_t I\{t > T_\sigma\}$，其中，$I\{\cdot\}$ 为示性函数，序列 $\{\epsilon_t\}$ 满足独立同分布条件 $\epsilon_t \sim$ i.i.d.（0，1），σ_1，$\sigma_2 > 0$。

假设 4-4 初始值 $y_0 = o_p(\sqrt{k_T})$ 且独立于 $\{e_t, t = 1, \cdots, T\}$。

假设 4-3 表明，模型（4-55）的随机误差项方差在 $t = T_\sigma$ 时刻发生结构性突变。在这一时刻前，随机误差项方差为 σ_1^2；发生结构突变后，随机误差项方差突变为 σ_2^2。定义 $\delta_\sigma = T_\sigma/T$ 为误差项方差发生结构突变的位置参数（假定 δ_σ 为常数且 $0 < \delta_\sigma < 1$）。定义两个随机序列：

$$\overline{X}_T := \frac{1}{\sqrt{k_T}} \sum_{t=1}^{T} \rho_T^{-(T-t)-1} e_t \tag{4-56}$$

$$\overline{Y}_T := \frac{1}{\sqrt{k_T}} \sum_{t=1}^{T} \rho_T^{-t} e_t \tag{4-57}$$

式（4-56）和式（4-57）所定义的随机序列与式（2-4）和式（2-5）相似，不同之处在于此处的随机误差项为带有结构突变的序列 $\{e_t\}$。我们可证得：

$$(\overline{X}_T, \overline{Y}_T) \Rightarrow (\overline{X}, \overline{Y}) \tag{4-58}$$

其中，$\overline{X} \sim N(0, \sigma_2^2/(2c))$，$\overline{Y} \sim N(0, \sigma_1^2/(2c))$，且变量 $\overline{X}$ 和 $\overline{Y}$ 相互独立。式（4-58）的证明可参照 Xu 和 Pang（2018），也可参照本书定理 3-1 的证明。主要证明工具是 Cramér-Wold 定理和中心极限定理。

基于上述分析，我们可以得到如下定理和推论：

定理 4-9 在假设 3-1、假设 4-3 和假设 4-4 成立的条件下，对模型（4-55），我们有：

（a）$\displaystyle\sum_{t=1}^{T} y_{t-1}^2 = \frac{1}{2c}\left(\overline{Y} + \frac{\tau}{c}\right)^2 k_T^2 \rho_T^{2T}(1 + o_p(1))$；

（b）$\displaystyle\sum_{t=1}^{T} y_{t-1} = \frac{1}{c}\left(\overline{Y} + \frac{\tau}{c}\right) k_T^{3/2} \rho_T^{T}(1 + o_p(1))$；

（c）$\displaystyle\sum_{t=1}^{T} y_{t-1} e_t = \overline{X}\left(\overline{Y} + \frac{\tau}{c}\right) k_T \rho_T^{T}(1 + o_p(1))$。

推论 4-9 在假设 3-1、假设 4-3 和假设 4-4 成立的条件下，对模型（4-55），当 $\tau \in (0, \infty]$ 时，我们有：

（a）$\displaystyle\left(\mu_T^2 k_T^3 \rho_T^{2T}\right)^{-1}\sum_{t=1}^{T} y_{t-1}^2 \Rightarrow \frac{1}{2c}\left(\frac{\overline{Y}}{\tau} + \frac{1}{c}\right)^2$；

（b）$\displaystyle\left(\mu_T k_T^2 \rho_T^{T}\right)^{-1}\sum_{t=1}^{T} y_{t-1} \Rightarrow \frac{1}{c}\left(\frac{\overline{Y}}{\tau} + \frac{1}{c}\right)$；

（c）$\displaystyle\left(\mu_T k_T^{3/2} \rho_T^{T}\right)^{-1}\sum_{t=1}^{T} y_{t-1} e_t \Rightarrow \overline{X}\left(\frac{\overline{Y}}{\tau} + \frac{1}{c}\right)$。

推论 4-10 在假设 3-1、假设 4-3 和假设 4-4 成立的条件下，对模型（4-55），当 $\tau = 0$ 时，我们有：

（a）$\displaystyle\left(k_T^2 \rho_T^{2T}\right)^{-1}\sum_{t=1}^{T} y_{t-1}^2 \Rightarrow \frac{1}{2c}\overline{Y}^2$；

（b）$\displaystyle\left(k_T^{3/2} \rho_T^{T}\right)^{-1}\sum_{t=1}^{T} y_{t-1} = \frac{1}{c}\overline{Y}$；

（c）$\displaystyle\left(k_T \rho_T^{T}\right)^{-1}\sum_{t=1}^{T} y_{t-1} e_t = \overline{X}\,\overline{Y}$。

定理 4-9、推论 4-9 和推论 4-10 表明，样本方差统计量 $\displaystyle\sum_{t=1}^{T} y_{t-1}^2$、样本均值统计量 $\displaystyle\sum_{t=1}^{T} y_{t-1}$ 和样本协方差统计量 $\displaystyle\sum_{t=1}^{T} y_{t-1} e_t$ 的渐近分布不依赖于结构突变的位置（取决于位置参数 δ_σ），但和结构突变前后的误差项方差有关。结构突变对样本统计量渐近性质的影响体现在正态变量 $\overline{X}$ 和 $\overline{Y}$ 之上。若误差项方差不发生结构性突变，也即 $\sigma_1 = \sigma_2$，那么正态变量 $\bar{X}$ 和 $\bar{Y}$ 具有相同的分布，其结果回到了定理 3-1 和定理 3-2。若 $\sigma_1 \neq \sigma_2$，则正态变量 $\bar{X}$ 的方差与突变后的误差项方差有关，而正态变量 $\bar{Y}$ 的方差依赖于突变前的误差项方差。当漂移项为强漂移项继而 $\tau = \infty$ 时，主导模型（4-55）的趋势成分是漂移项累积形成的非线性确定性趋势；当漂移项为弱漂移项继而 $\tau = 0$ 时，主导模型（4-55）的趋势成分是随机误差项累积形成的随机累积趋势。不同的是，此处的随机累积趋势是由不同方差的随机误差项累积而成，因此在渐近性质上也存在一定的差异。

在 $\tau \in (0, \infty]$ 情形下，依据推论 4-9（a）、推论 4-9（b）以及 Cramér-Wold 定理，我们可以得到中度偏离单位根自回归系数估计偏误的渐近结果：

$$\mu_T k_T^{3/2} \rho_T^T (\hat{\rho}_T - \rho_T) \Rightarrow \frac{2c\bar{X}}{\bar{Y}/\tau + 1/c} \tag{4-59}$$

自回归系数估计偏误会以 $\mu_T k_T^{3/2} \rho_T^T$ 的速度收敛到一个混合正态分布 $2c\bar{X}/(\bar{Y}/\tau + 1/c)$。其收敛速度和渐近分布依赖于正态变量 $\bar{X}$ 和 $\bar{Y}$，同时也依赖于结构突变前后的误差项方差，但不依赖于结构突变发生的位置。当模型的漂移项为强漂移项而 $\tau \to \infty$ 时，式（4-59）中的极限分布为 $2c^2\bar{X}$，此时中度偏离单位根自回归系数估计偏误的收敛速度和极限分布都不与结构突变前的误差项方差有关。换言之，在强漂移项情形下，不论误差项方差是否发生结构突变、在何处发生结构突变、突变前后的误差项方差有多大差异，自回归系数估计偏误的渐近性质均保持稳健性，只决定于结构突变后的误差项方差参数。

在 $\tau = 0$ 情形下，依据推论 4-10（a）、推论 4-10（b）以及 Cramér-Wold 定理，我们可以得到中度偏离单位根自回归系数估计偏误的渐近结果：

$$k_T \rho_T^T (\hat{\rho}_T - \rho_T) \Rightarrow \frac{2c\bar{X}}{\bar{Y}} =_d \frac{2c\sigma_2 C(0, 1)}{\sigma_1} \tag{4-60}$$

自回归系数估计偏误会以 $k_T \rho_T^T$ 的速度收敛到一个混合正态分布 $2c\bar{X}/$ $\bar{Y}$，这一结果与 Xu 和 Pang（2018）相一致。在弱漂移项情形下，中度偏离单位根自回归系数估计偏误的收敛速度和极限分布依赖于结构突变前后的误差项方差，但不依赖于结构突变发生的位置。这一发现与单位根情形的结果有很大不同。在单位根情形 $\rho_T = 1$ 下，Kim 等（2002）表明，若随机误差项方差存在结构突变，那么单位根自回归系数估计偏误会以 $\sqrt{T}$ 的速度收敛到一个非标准分布：

$$\frac{\sigma_1^2 \int_0^{\delta_\sigma} W(r)\,dW(\iota) + \sigma_2 \int_{\delta_\sigma}^1 \{\sigma_1 W(\delta_\sigma) + \sigma_2[W(r) - W(\delta_\sigma)]\}\,dW(\iota)}{\hat{\sigma}_1^2 \int_0^{\delta_\sigma} [W(r)]^2\,dr + \int_{\delta_\sigma}^1 \{\sigma_1 W(\delta_\sigma) + \sigma_2[W(r) - W(\delta_\sigma)]\}^2\,dr} \quad (4-61)$$

该分布不仅依赖于结构突变前后的误差项方差，同时也依赖于结构突变发生的位置（参数 δ_σ）。

为避免冗杂参数的干扰，我们接下来研究不同漂移项强度情形下 t 检验统计量的渐近性质。首先，我们需要估计结构突变前后的误差项方差。我们应用 Kim 等（2002）的拟最大似然估计法（quasi-maximum likelihood）来估计结构突变位置参数 δ_σ 和突变前后误差项方差 σ_1 和 σ_2。中心化的拟对数似然函数是关于这三个参数的函数：

$$Q_T(\delta_\sigma) = -\delta_\sigma \log \sigma_1^2(\delta_\sigma) - (1 - \delta_\sigma) \log \sigma_2^2(\delta_\sigma) \quad (4-62)$$

其中：

$$\sigma_1^2(\delta_\sigma) = \frac{1}{\delta_\sigma T} \sum_{t=1}^{\delta_\sigma T} e_t^2, \quad \sigma_2^2(\delta_\sigma) = \frac{1}{(1-\delta_\sigma)T} \sum_{t=\delta_\sigma T+1}^{T} e_t^2$$

那么，最大化拟对数似然函数可求得结构突变点位置参数 δ_σ 的估计量：

$$\hat{\delta}_\sigma = \arg\max_{\delta_\sigma \in (0,1)} \hat{Q}_T(\delta_\sigma) = \arg\max_{\delta_\sigma \in (0,1)} \{-\delta_\sigma \log \hat{\sigma}_1^2(\delta_\sigma) - (1-\delta_\sigma) \log \hat{\sigma}_2^2(\delta_\sigma)\}$$

$$(4-63)$$

其中：

$$\hat{\sigma}_1^2(\delta_\sigma) = \frac{1}{\delta_\sigma T} \sum_{t=1}^{\delta_\sigma T} (y_t - \hat{\mu}_T - \hat{\rho}_T y_{t-1})^2, \quad \hat{\sigma}_2^2(\delta_\sigma)$$

$$= \frac{1}{(1-\delta_\sigma)T} \sum_{t=\delta_\sigma T+1}^{T} (y_t - \hat{\mu}_T - \hat{\rho}_T y_{t-1})^2$$

一旦我们得到位置参数 δ_σ 的估计量，那么相应的误差项方差估计量（$\hat{\sigma}_1^2$ 和 $\hat{\sigma}_2^2$）即为：

$$\hat{\sigma}_1^2 = \hat{\sigma}_1^2(\hat{\delta}_\sigma) = \frac{1}{\hat{\delta}_\sigma T} \sum_{t=1}^{\hat{\delta}_\sigma T} (y_t - \hat{\mu}_T - \hat{\rho}_T y_{t-1})^2 \tag{4-64}$$

$$\hat{\sigma}_2^2 = \hat{\sigma}_2^2(\hat{\delta}_\sigma) = \frac{1}{(1-\hat{\delta}_\sigma)T} \sum_{t=\hat{\delta}_\sigma T+1}^{T} (y_t - \hat{\mu}_T - \hat{\rho}_T y_{t-1})^2 \tag{4-65}$$

Xu 和 Pang（2018）已证得，当 $c \neq 0$ 且 $\delta_\sigma \in (0, 1)$ 时，有：

$$\hat{\delta}_\sigma - \delta_\sigma = o_p(1), \quad \hat{\sigma}_1^2 - \sigma_1^2 = o_p(1), \quad \hat{\sigma}_2^2 - \sigma_2^2 = o_p(1) \tag{4-66}$$

下面我们构建关于中度偏离单位根的 t 检验。我们选取 $\check{\sigma}_\rho^2 = \hat{\sigma}_2^2 \left(\sum_{t=1}^{T} y_{t-1}^2 \right)^{-1}$ 作为自回归系数估计量的标准误的平方，并基于此构造如下所示的 t 统计量：

$$\check{t}_{ME} := \frac{\hat{\rho}_T - \rho_T}{\check{\sigma}_\rho} \tag{4-67}$$

式（4-67）中 $\check{t}_{ME}$ 统计量的渐近性质在如下定理中予以给出[①]：

定理 4-10 在假设 3-1、假设 4-3 和假设 4-4 成立的条件下，对模型（4-55），当 $T \to \infty$ 时，我们有 $\check{t}_{ME} \Rightarrow N(0, 1)$。

定理 4-10 表明，基于中度偏离单位根自回归系数的 $\check{t}_{ME}$ 统计量渐近服从标准正态分布。注意到，$\check{t}_{ME}$ 统计量的构造只需要用到结构突变后的误差项方差估计量，不需要用到结构突变前的误差项方差估计量。这是因为 $\check{t}_{ME}$ 统计量在大样本情形下渐近收敛到一个正态变量 $\bar{X}/(\sigma_2/\sqrt{2c})$，而该

[①] 定理 4-10 的证明与 Kim 等（2002）的证明过程非常相似。为避免重复，本章附录将不再赘述。证明思路也可参考本书关于定理 3-6（b）的证明。

正态变量不依赖于结构突变前的误差项方差。对 $\check{t}_{ME}$ 统计量极限分布的研究需证明中度偏离单位根自回归系数估计偏误 $(\hat{\rho}_T - \rho_T)$ 和标准误 $\hat{\sigma}_2 / \sqrt{\sum_{t=1}^{T} y_{t-1}^2}$ 的渐近独立性。对上述渐近独立性的证明可参考本书关于定理 3-6（b）的证明。

定理 4-10 的渐近正态 $\check{t}_{ME}$ 检验具有不依赖于误差项方差结构突变的稳健性。正是基于这种稳健性，我们并不需要使用 wild bootstrap 等方法来对残差进行重抽样，直接对原始样本实施渐近正态检验就能保证检验具有渐近正确的尺度。

第四节 不同结构突变情形下的蒙特卡洛仿真实验

一、自回归系数由中度偏离单位根突变为另一中度偏离单位根

在这一小节中，我们通过蒙特卡洛模拟的方法来评估自回归系数由一个中度偏离单位根突变为另一个中度偏离单位根时，基于突变前后中度偏离单位根自回归系数的渐近正态检验 $t_{ME,1}$、$t_{ME,2}$ 和渐近 t 检验 $\check{t}_{ME,1}$、$\check{t}_{ME,2}$ 的有限样本性质。

不失一般性，我们设定数据生成过程为：

$$y_t = \mu + [\rho_1 + (\rho_2 - \rho_1)D_t]y_{t-1} + u_t, \ t = 1, \ 2, \ \cdots, \ T \tag{4-68}$$

其中，$D_t = I\{t > \delta T\}$ 为描述结构突变发生时刻的虚拟变量，$\rho_1 = 1 + 1/T^{\alpha_1}$，$\rho_2 = 1 + 1/T^{\alpha_2}$。初始值设定为 $y_0 = \mu$。在蒙特卡洛实验中，我们选取三

组结构突变位置参数 $\delta \in \{0.25, 0.50, 0.75\}$，并考虑六种自回归系数结构突变情形 $(\alpha_1, \alpha_2) \in \{(0.3, 0.5), (0.3, 0.8), (0.5, 0.3), (0.5, 0.8), (0.8, 0.3), (0.8, 0.5)\}$。我们考虑线性相关新息并设计 AR 组实验和 MA 组实验。两组实验中，线性相关参数均选取为 $\theta \in \{0.00, 0.25, 0.50\}$。为避免重复并节省空间，我们仅报告 $T = 100$、$\mu = T^{-1/4}$ 的情形。构建 $\tilde{t}_{ME,1}$ 和 $\tilde{t}_{ME,2}$ 统计量时所使用的平滑参数 K 根据式（3-39）的准则选取。蒙特卡洛模拟的实验次数为 N = 5000 次。表 4-1、表 4-2、表 4-3、表 4-4、表 4-5、表 4-6 报告了 $t_{ME,1}$ 检验、$t_{ME,2}$ 检验、$\tilde{t}_{ME,1}$ 检验和 $\tilde{t}_{ME,2}$ 检验的有限样本检验尺度和经尺度调整的检验功效计算结果。检验功效计算中，真实数据过程是在 $\rho_1 = \rho_2 = 1 + 1/T$ 条件下生成的。

表 4-1　中度偏离单位根突变为另一中度偏离单位根下检验尺度和检验功效：
$(\alpha_1, \alpha_2) = (0.3, 0.5)$

突变点位置参数	线性相关参数	检验尺度				检验功效			
		$t_{ME,1}$	$t_{ME,2}$	$\tilde{t}_{ME,1}$	$\tilde{t}_{ME,2}$	$t_{ME,1}$	$t_{ME,2}$	$\tilde{t}_{ME,1}$	$\tilde{t}_{ME,2}$
		（a）AR 组实验							
$\delta = 0.25$	$\theta = 0.00$	0.062	0.055	0.069	0.064	0.979	1.000	0.972	0.979
	$\theta = 0.25$	0.122	0.131	0.071	0.073	1.000	0.931	0.998	1.000
	$\theta = 0.50$	0.221	0.244	0.070	0.083	0.910	0.995	0.843	0.910
		（b）MA 组实验							
	$\theta = 0.00$	0.062	0.056	0.070	0.066	0.978	1.000	0.969	1.000
	$\theta = 0.25$	0.111	0.112	0.070	0.070	1.000	0.999	1.000	0.999
	$\theta = 0.50$	0.148	0.152	0.070	0.076	1.000	0.997	1.000	0.997
		（a）AR 组实验							
$\delta = 0.50$	$\theta = 0.00$	0.051	0.057	0.060	0.061	1.000	0.999	1.000	1.000
	$\theta = 0.25$	0.114	0.131	0.062	0.072	0.999	1.000	0.993	0.999
	$\theta = 0.50$	0.193	0.239	0.062	0.081	1.000	0.990	0.998	1.000

续表

突变点位置参数	线性相关参数	检验尺度				检验功效			
		$t_{ME,1}$	$t_{ME,2}$	$\tilde{t}_{ME,1}$	$\tilde{t}_{ME,2}$	$t_{ME,1}$	$t_{ME,2}$	$\tilde{t}_{ME,1}$	$\tilde{t}_{ME,2}$
		（b）MA 组实验							
$\delta = 0.50$	$\theta = 0.00$	0.051	0.055	0.059	0.060	0.941	0.999	0.921	0.998
	$\theta = 0.25$	0.099	0.113	0.060	0.068	1.000	0.994	1.000	0.992
	$\theta = 0.50$	0.133	0.156	0.064	0.074	1.000	0.986	1.000	0.985
		（a）AR 组实验							
$\delta = 0.75$	$\theta = 0.00$	0.052	0.053	0.060	0.063	1.000	0.998	1.000	1.000
	$\theta = 0.25$	0.118	0.132	0.062	0.077	0.997	1.000	0.982	0.997
	$\theta = 0.50$	0.214	0.243	0.065	0.083	1.000	0.979	1.000	1.000
		（b）MA 组实验							
	$\theta = 0.00$	0.050	0.055	0.060	0.064	0.910	0.998	0.873	0.993
	$\theta = 0.25$	0.103	0.113	0.058	0.069	1.000	0.991	0.999	0.984
	$\theta = 0.50$	0.144	0.160	0.066	0.073	1.000	0.973	1.000	0.968

注：此表报告了 5%显著性水平下的有限样本检验尺度和经尺度调整后的检验功效。在"AR 组实验"中，随机误差项 $u_t = \theta u_{t-1} + \sqrt{1-\theta^2}\,\varepsilon_t$，其中 $\varepsilon_t \sim$ i.i.d.N（0，1）。在"MA 组实验"中，随机误差项 $u_t = \theta \varepsilon_{t-1} + \sqrt{1-\theta^2}\,\varepsilon_t$，同样有 $\varepsilon_t \sim$ i.i.d.N（0，1）。模拟的次数均为 5000 次。

表 4-2　中度偏离单位根突变为另一中度偏离单位根下检验尺度和检验功效：$(\alpha_1,\ \alpha_2) = (0.3,\ 0.8)$

突变点位置参数	线性相关参数	检验尺度				检验功效			
		$t_{ME,1}$	$t_{ME,2}$	$\tilde{t}_{ME,1}$	$\tilde{t}_{ME,2}$	$t_{ME,1}$	$t_{ME,2}$	$\tilde{t}_{ME,1}$	$\tilde{t}_{ME,2}$
		（a）AR 组实验							
	$\theta = 0.00$	0.064	0.057	0.071	0.064	0.974	0.679	0.961	0.656
	$\theta = 0.25$	0.121	0.125	0.072	0.076	0.919	0.507	0.897	0.459
	$\theta = 0.50$	0.217	0.256	0.069	0.092	0.834	0.334	0.795	0.287
$\delta = 0.25$		（b）MA 组实验							
	$\theta = 0.00$	0.067	0.056	0.073	0.065	0.972	0.676	0.964	0.657
	$\theta = 0.25$	0.113	0.111	0.076	0.069	1.000	0.728	1.000	0.718
	$\theta = 0.50$	0.152	0.154	0.075	0.080	1.000	0.719	1.000	0.718

突变点位置参数	线性相关参数	检验尺度				检验功效			
		$t_{ME,1}$	$t_{ME,2}$	$\tilde{t}_{ME,1}$	$\tilde{t}_{ME,2}$	$t_{ME,1}$	$t_{ME,2}$	$\tilde{t}_{ME,1}$	$\tilde{t}_{ME,2}$
		（a）AR 组实验							
	$\theta=0.00$	0.052	0.051	0.057	0.056	1.000	0.732	1.000	0.719
	$\theta=0.25$	0.110	0.127	0.062	0.075	1.000	0.558	1.000	0.524
$\delta=0.50$	$\theta=0.50$	0.203	0.260	0.064	0.090	0.998	0.387	0.995	0.349
		（b）MA 组实验							
	$\theta=0.00$	0.052	0.052	0.058	0.056	0.931	0.516	0.910	0.510
	$\theta=0.25$	0.096	0.108	0.059	0.065	1.000	0.589	1.000	0.569
	$\theta=0.50$	0.133	0.152	0.065	0.073	1.000	0.586	1.000	0.575
		（a）AR 组实验							
	$\theta=0.00$	0.053	0.049	0.057	0.058	1.000	0.724	1.000	0.715
	$\theta=0.25$	0.121	0.132	0.065	0.074	1.000	0.563	1.000	0.543
$\delta=0.75$	$\theta=0.50$	0.216	0.259	0.067	0.090	1.000	0.420	1.000	0.392
		（b）MA 组实验							
	$\theta=0.00$	0.050	0.049	0.057	0.058	0.897	0.451	0.866	0.401
	$\theta=0.25$	0.106	0.107	0.060	0.066	1.000	0.503	0.999	0.458
	$\theta=0.50$	0.145	0.154	0.069	0.073	1.000	0.521	1.000	0.476

注：此表报告了 5%显著性水平下的有限样本检验尺度和经尺度调整后的检验功效。在"AR 组实验"中，随机误差项 $u_t=\theta u_{t-1}+\sqrt{1-\theta^2}\,\varepsilon_t$，其中 $\varepsilon_t\sim$i.i.d.N（0，1）。在"MA 组实验"中，随机误差项 $u_t=\theta\varepsilon_{t-1}+\sqrt{1-\theta^2}\,\varepsilon_t$，同样有 $\varepsilon_t\sim$i.i.d.N（0，1）。模拟的次数均为 5000 次。

表 4-3　中度偏离单位根突变为另一中度偏离单位根下检验尺度和检验功效：
（α_1，α_2）=（0.5，0.3）

突变点位置参数	线性相关参数	检验尺度				检验功效			
		$t_{ME,1}$	$t_{ME,2}$	$\tilde{t}_{ME,1}$	$\tilde{t}_{ME,2}$	$t_{ME,1}$	$t_{ME,2}$	$\tilde{t}_{ME,1}$	$\tilde{t}_{ME,2}$
		（a）AR 组实验							
	$\theta=0.00$	0.076	0.056	0.085	0.061	0.589	1.000	0.583	1.000
$\delta=0.25$	$\theta=0.25$	0.138	0.121	0.085	0.069	0.455	1.000	0.415	1.000
	$\theta=0.50$	0.232	0.220	0.073	0.068	0.354	1.000	0.320	1.000

续表

突变点位置参数	线性相关参数	检验尺度				检验功效			
		$t_{ME,1}$	$t_{ME,2}$	$\tilde{t}_{ME,1}$	$\tilde{t}_{ME,2}$	$t_{ME,1}$	$t_{ME,2}$	$\tilde{t}_{ME,1}$	$\tilde{t}_{ME,2}$
		（b）MA 组实验							
$\delta = 0.25$	$\theta = 0.00$	0.075	0.058	0.080	0.061	0.610	1.000	0.593	1.000
	$\theta = 0.25$	0.123	0.108	0.077	0.067	0.972	1.000	0.968	1.000
	$\theta = 0.50$	0.157	0.145	0.075	0.068	0.999	1.000	0.999	1.000
		（a）AR 组实验							
	$\theta = 0.00$	0.057	0.055	0.063	0.062	0.971	1.000	0.968	1.000
	$\theta = 0.25$	0.125	0.120	0.077	0.067	0.900	1.000	0.881	1.000
$\delta = 0.50$	$\theta = 0.50$	0.235	0.224	0.083	0.065	0.783	1.000	0.710	1.000
		（b）MA 组实验							
	$\theta = 0.00$	0.056	0.056	0.062	0.062	0.489	1.000	0.463	1.000
	$\theta = 0.25$	0.111	0.105	0.069	0.066	0.922	1.000	0.890	1.000
	$\theta = 0.50$	0.145	0.144	0.081	0.066	0.995	1.000	0.990	0.999
		（a）AR 组实验							
	$\theta = 0.00$	0.053	0.057	0.058	0.066	0.999	1.000	0.999	1.000
	$\theta = 0.25$	0.124	0.123	0.071	0.072	0.993	0.999	0.986	0.999
$\delta = 0.75$	$\theta = 0.50$	0.237	0.220	0.074	0.067	0.968	0.996	0.940	0.993
		（b）MA 组实验							
	$\theta = 0.00$	0.055	0.056	0.059	0.065	0.409	1.000	0.392	1.000
	$\theta = 0.25$	0.105	0.108	0.066	0.068	0.868	1.000	0.828	1.000
	$\theta = 0.50$	0.150	0.145	0.071	0.072	0.989	0.999	0.976	0.998

注：此表报告了 5% 显著性水平下的有限样本检验尺度和经尺度调整后的检验功效。在"AR 组实验"中，随机误差项 $u_t = \theta u_{t-1} + \sqrt{1-\theta^2}\, \varepsilon_t$，其中 $\varepsilon_t \sim i.i.d.N\,(0,1)$。在"MA 组实验"中，随机误差项 $u_t = \theta \varepsilon_{t-1} + \sqrt{1-\theta^2}\, \varepsilon_t$，同样有 $\varepsilon_t \sim i.i.d.N\,(0,1)$。模拟的次数均为 5000 次。

表 4-4　中度偏离单位根突变为另一中度偏离单位根下检验尺度和检验功效：
$$(\alpha_1, \alpha_2) = (0.5, 0.8)$$

突变点位置参数	线性相关参数	检验尺度				检验功效			
		$t_{ME,1}$	$t_{ME,2}$	$\tilde{t}_{ME,1}$	$\tilde{t}_{ME,2}$	$t_{ME,1}$	$t_{ME,2}$	$\tilde{t}_{ME,1}$	$\tilde{t}_{ME,2}$
		(a) AR 组实验							
	$\theta = 0.00$	0.099	0.069	0.104	0.074	0.547	0.581	0.519	0.560
	$\theta = 0.25$	0.159	0.155	0.096	0.094	0.400	0.415	0.351	0.382
$\delta = 0.25$	$\theta = 0.50$	0.250	0.289	0.086	0.110	0.301	0.286	0.257	0.249
		(b) MA 组实验							
	$\theta = 0.00$	0.093	0.069	0.098	0.074	0.550	0.572	0.516	0.559
	$\theta = 0.25$	0.142	0.141	0.092	0.087	0.966	0.692	0.962	0.677
	$\theta = 0.50$	0.183	0.188	0.095	0.099	0.999	0.725	0.999	0.711
		(a) AR 组实验							
	$\theta = 0.00$	0.058	0.056	0.067	0.060	0.965	0.685	0.959	0.681
	$\theta = 0.25$	0.137	0.133	0.081	0.076	0.891	0.518	0.865	0.480
$\delta = 0.50$	$\theta = 0.50$	0.242	0.258	0.092	0.098	0.763	0.353	0.685	0.314
		(b) MA 组实验							
	$\theta = 0.00$	0.058	0.057	0.065	0.060	0.419	0.413	0.394	0.395
	$\theta = 0.25$	0.112	0.111	0.072	0.072	0.904	0.549	0.879	0.527
	$\theta = 0.50$	0.157	0.156	0.085	0.080	0.995	0.578	0.990	0.564
		(a) AR 组实验							
	$\theta = 0.00$	0.053	0.046	0.060	0.058	0.998	0.726	0.998	0.716
	$\theta = 0.25$	0.126	0.131	0.075	0.074	0.992	0.559	0.985	0.537
	$\theta = 0.50$	0.246	0.259	0.082	0.095	0.964	0.404	0.926	0.379
$\delta = 0.75$		(b) MA 组实验							
	$\theta = 0.00$	0.051	0.049	0.058	0.059	0.366	0.364	0.315	0.323
	$\theta = 0.25$	0.106	0.113	0.065	0.066	0.852	0.462	0.801	0.418
	$\theta = 0.50$	0.149	0.155	0.075	0.075	0.986	0.508	0.968	0.474

注：此表报告了 5% 显著性水平下的有限样本检验尺度和经尺度调整后的检验功效。在"AR 组实验"中，随机误差项 $u_t = \theta u_{t-1} + \sqrt{1-\theta^2}\,\varepsilon_t$，其中 $\varepsilon_t \sim$ i.i.d.N $(0, 1)$。在"MA 组实验"中，随机误差项 $u_t = \theta\varepsilon_{t-1} + \sqrt{1-\theta^2}\,\varepsilon_t$，同样有 $\varepsilon_t \sim$ i.i.d.N $(0, 1)$。模拟的次数均为 5000 次。

表 4–5　中度偏离单位根突变为另一中度偏离单位根下检验尺度和检验功效：
$$(\alpha_1, \alpha_2) = (0.8, 0.3)$$

突变点位置参数	线性相关参数	检验尺度				检验功效			
		$t_{ME,1}$	$t_{ME,2}$	$\bar{t}_{ME,1}$	$\bar{t}_{ME,2}$	$t_{ME,1}$	$t_{ME,2}$	$\bar{t}_{ME,1}$	$\bar{t}_{ME,2}$
		(a) AR 组实验							
	$\theta = 0.00$	0.089	0.057	0.095	0.061	0.081	1.000	0.083	1.000
	$\theta = 0.25$	0.122	0.121	0.068	0.068	0.098	1.000	0.091	1.000
$\delta = 0.25$	$\theta = 0.50$	0.177	0.217	0.045	0.067	0.105	1.000	0.100	1.000
		(b) MA 组实验							
	$\theta = 0.00$	0.088	0.059	0.094	0.061	0.090	1.000	0.089	1.000
	$\theta = 0.25$	0.111	0.106	0.068	0.065	0.184	1.000	0.186	1.000
	$\theta = 0.50$	0.134	0.146	0.054	0.068	0.396	1.000	0.384	1.000
		(a) AR 组实验							
	$\theta = 0.00$	0.069	0.055	0.078	0.063	0.183	1.000	0.186	1.000
	$\theta = 0.25$	0.132	0.117	0.079	0.066	0.152	1.000	0.153	1.000
$\delta = 0.50$	$\theta = 0.50$	0.215	0.222	0.071	0.063	0.137	1.000	0.128	1.000
		(b) MA 组实验							
	$\theta = 0.00$	0.069	0.054	0.077	0.061	0.091	1.000	0.091	1.000
	$\theta = 0.25$	0.116	0.104	0.073	0.066	0.150	1.000	0.150	1.000
	$\theta = 0.50$	0.149	0.145	0.076	0.066	0.317	0.999	0.283	0.999
		(a) AR 组实验							
	$\theta = 0.00$	0.054	0.058	0.063	0.068	0.390	1.000	0.389	1.000
	$\theta = 0.25$	0.136	0.119	0.076	0.072	0.289	0.999	0.271	0.999
$\delta = 0.75$	$\theta = 0.50$	0.251	0.217	0.081	0.066	0.206	0.996	0.195	0.993
		(b) MA 组实验							
	$\theta = 0.00$	0.053	0.057	0.061	0.067	0.093	1.000	0.097	1.000
	$\theta = 0.25$	0.112	0.105	0.068	0.070	0.141	1.000	0.138	1.000
	$\theta = 0.50$	0.162	0.142	0.072	0.069	0.266	0.999	0.242	0.998

注：此表报告了 5% 显著性水平下的有限样本检验尺度和经尺度调整后的检验功效。在"AR 组实验"中，随机误差项 $u_t = \theta u_{t-1} + \sqrt{1-\theta^2}\, \varepsilon_t$，其中 $\varepsilon_t \sim i.i.d.N(0, 1)$。在"MA 组实验"中，随机误差项 $u_t = \theta \varepsilon_{t-1} + \sqrt{1-\theta^2}\, \varepsilon_t$，同样有 $\varepsilon_t \sim i.i.d.N(0, 1)$。模拟的次数均为 5000 次。

表 4-6　中度偏离单位根突变为另一中度偏离单位根下检验尺度和检验功效：
$(\alpha_1,\ \alpha_2) = (0.8,\ 0.5)$

突变点位置参数	线性相关参数	检验尺度				检验功效			
		$t_{ME,1}$	$t_{ME,2}$	$\tilde{t}_{ME,1}$	$\tilde{t}_{ME,2}$	$t_{ME,1}$	$t_{ME,2}$	$\tilde{t}_{ME,1}$	$\tilde{t}_{ME,2}$
		（a）AR 组实验							
$\delta = 0.25$	$\theta = 0.00$	0.088	0.055	0.095	0.064	0.075	1.000	0.079	1.000
	$\theta = 0.25$	0.120	0.134	0.066	0.076	0.095	0.998	0.091	0.996
	$\theta = 0.50$	0.181	0.244	0.047	0.083	0.099	0.991	0.097	0.976
		（b）MA 组实验							
	$\theta = 0.00$	0.085	0.056	0.092	0.066	0.081	1.000	0.084	1.000
	$\theta = 0.25$	0.111	0.114	0.066	0.070	0.187	0.999	0.190	0.999
	$\theta = 0.50$	0.133	0.159	0.053	0.077	0.371	0.997	0.363	0.996
		（a）AR 组实验							
$\delta = 0.50$	$\theta = 0.00$	0.068	0.051	0.080	0.061	0.187	0.999	0.186	0.999
	$\theta = 0.25$	0.132	0.134	0.080	0.075	0.151	0.993	0.152	0.989
	$\theta = 0.50$	0.215	0.246	0.076	0.090	0.130	0.971	0.117	0.955
		（b）MA 组实验							
	$\theta = 0.00$	0.067	0.053	0.078	0.061	0.093	0.999	0.086	0.998
	$\theta = 0.25$	0.115	0.113	0.076	0.068	0.157	0.994	0.154	0.992
	$\theta = 0.50$	0.151	0.158	0.078	0.076	0.290	0.985	0.267	0.983
		（a）AR 组实验							
$\delta = 0.75$	$\theta = 0.00$	0.058	0.055	0.066	0.060	0.383	0.998	0.369	0.997
	$\theta = 0.25$	0.142	0.132	0.080	0.075	0.268	0.980	0.242	0.976
	$\theta = 0.50$	0.256	0.251	0.090	0.090	0.192	0.936	0.169	0.920
		（b）MA 组实验							
	$\theta = 0.00$	0.058	0.054	0.065	0.059	0.093	0.998	0.094	0.993
	$\theta = 0.25$	0.120	0.113	0.073	0.069	0.148	0.991	0.134	0.984
	$\theta = 0.50$	0.166	0.158	0.082	0.079	0.242	0.972	0.211	0.964

注：此表报告了 5% 显著性水平下的有限样本检验尺度和经尺度调整后的检验功效。在"AR 组实验"中，随机误差项 $u_t = \theta u_{t-1} + \sqrt{1-\theta^2}\,\varepsilon_t$，其中 $\varepsilon_t \sim$ i.i.d.N $(0,\ 1)$。在"MA 组实验"中，随机误差项 $u_t = \theta\varepsilon_{t-1} + \sqrt{1-\theta^2}\,\varepsilon_t$，同样有 $\varepsilon_t \sim$ i.i.d.N $(0,\ 1)$。模拟的次数均为 5000 次。

由表 4–1~表 4–6 的结果可以得出以下结论：

第一，即便自回归系数发生结构突变而由一个中度偏离单位根突变为另一个中度偏离单位根，基于突变前后自回归系数的修正的 t 检验依然具有稳健性。不论自回归系数是由偏离于单位根程度更大的中度偏离单位根突变为偏离程度较小的中度偏离单位根，还是相反，由偏离于单位根程度更小的中度偏离单位根突变为偏离程度较大的中度偏离单位根，$\tilde{t}_{ME,1}$ 检验和 $\tilde{t}_{ME,2}$ 检验都具有精确的有限样本性质。当新息项存在线性相关偏误时，$\tilde{t}_{ME,1}$ 检验和 $\tilde{t}_{ME,2}$ 检验的有限样本检验尺度精确性明显优于标准的 $t_{ME,1}$ 检验和 $t_{ME,2}$ 检验。以 $\delta = 0.25$、$\theta = 0.25$ 为例。在 AR 组实验中，当自回归系数由 $\rho_1 = 1 + 1/T^{0.3}$ 突变为 $\rho_2 = 1 + 1/T^{0.5}$ 时，$\tilde{t}_{ME,1}$ 检验和 $\tilde{t}_{ME,2}$ 检验的有限样本检验尺度分别为 7.1% 和 7.3%，优于 $t_{ME,1}$ 检验和 $t_{ME,2}$ 检验的有限样本检验尺度 12.2% 和 13.1%；在 MA 组实验中，$\tilde{t}_{ME,1}$ 检验和 $\tilde{t}_{ME,2}$ 检验的有限样本检验尺度均为 7.0%，优于 $t_{ME,1}$ 检验和 $t_{ME,2}$ 检验的有限样本检验尺度 11.1% 和 11.2%。其他突变情况，如自回归系数由 $\rho_1 = 1 + 1/T^{0.3}$ 突变为 $\rho_2 = 1 + 1/T^{0.8}$ 或由 $\rho_1 = 1 + 1/T^{0.5}$ 突变为 $\rho_2 = 1 + 1/T^{0.8}$，也具有类似的有限样本表现。上述例子是偏离于单位根程度更大的中度偏离单位根突变为偏离程度较小的中度偏离单位根。再来看偏离于单位根程度更小的中度偏离单位根突变为偏离程度较大的中度偏离单位根的实例。我们分析 $\delta = 0.75$、$\theta = 0.50$、自回归系数由 $\rho_1 = 1 + 1/T^{0.5}$ 突变为 $\rho_2 = 1 + 1/T^{0.3}$ 的情形。$\tilde{t}_{ME,1}$ 检验和 $\tilde{t}_{ME,2}$ 检验在 AR 组实验中的有限样本检验尺度分别为 7.4% 和 6.7%，优于 $t_{ME,1}$ 检验和 $t_{ME,2}$ 检验的有限样本检验尺度 23.7% 和 22.0%；$\tilde{t}_{ME,1}$ 检验和 $\tilde{t}_{ME,2}$ 检验在 MA 组实验中的有限样本检验尺度分别为 7.1% 和 7.2%，优于 $t_{ME,1}$ 检验和 $t_{ME,2}$ 检验的有限样本检验尺度 15.0% 和 14.5%。

第二，$\tilde{t}_{ME,1}$ 检验和 $\tilde{t}_{ME,2}$ 检验对自回归系数的结构突变发生的位置具有一定的稳健性。不论漂移项的突变位置是在全样本的前段、中段还是后段，$\tilde{t}_{ME,1}$ 检验和 $\tilde{t}_{ME,2}$ 检验都具有精确的有限样本性质。例如，对于线性相

关参数为 $\theta = 0.50$ 的 AR 组实验、自回归系数由 $\rho_1 = 1 + 1/T^{0.5}$ 突变为 $\rho_2 = 1 + 1/T^{0.3}$ 的情形，当 $\delta = 0.25$ 时 $\tilde{t}_{ME,1}$ 检验和 $\tilde{t}_{ME,2}$ 检验的有限样本检验尺度为 7.3%和6.8%，当 $\delta = 0.50$ 时 $\tilde{t}_{ME,1}$ 检验和 $\tilde{t}_{ME,2}$ 检验的有限样本检验尺度为 8.3%和6.5%，当 $\delta = 0.75$ 时 $\tilde{t}_{ME,1}$ 检验和 $\tilde{t}_{ME,2}$ 检验的有限样本检验尺度为 7.4%和6.7%。突变位置参数 δ 的变化对 $\tilde{t}_{ME,1}$ 检验和 $\tilde{t}_{ME,2}$ 检验的有限样本检验尺度的影响并不大。事实上，漂移项的突变位置对标准 $\tilde{t}_{ME,1}$ 检验和 $\tilde{t}_{ME,2}$ 检验的有限样本检验尺度的影响也不明显。

第三，不论自回归系数中度偏离单位根是向着更偏离于单位根的方向突变还是向着更接近于单位根的方向突变，不论结构突变发生的位置在何处，不论误差项是否存在线性相关，$\tilde{t}_{ME,1}$ 检验和 $\tilde{t}_{ME,2}$ 检验的检验功效均接近于或等于 $t_{ME,1}$ 检验和 $t_{ME,2}$ 检验的检验功效。实验现象表明，相比 $t_{ME,1}$ 检验和 $t_{ME,2}$ 检验而言，$\tilde{t}_{ME,1}$ 检验和 $\tilde{t}_{ME,2}$ 检验享有精确的检验尺度，而代价仅仅是非常小的检验功效损失。此外，我们注意到，不同 α 参数下，$t_{ME,1}$ 检验、$t_{ME,2}$ 检验、$\tilde{t}_{ME,1}$ 检验和 $\tilde{t}_{ME,2}$ 检验的有限样本检验功效表现不同。这容易解释，因为随着 α 越来越接近于 1，真实数据过程与原假设下的数据过程越来越逼近，而这意味着四个 t 类检验的有限样本检验功效将越来越弱。

二、自回归系数由中度偏离单位根突变为单位根

在这一小节中，我们通过蒙特卡洛模拟的方法来评估自回归系数由中度偏离单位根突变为单位根时，基于突变前后中度偏离单位根自回归系数的渐近正态检验 $t_{ME,1}$、$t_{ME,2}$ 和渐近 t 检验 $\tilde{t}_{ME,1}$、$\tilde{t}_{ME,2}$ 的有限样本性质。相应地，我们所考察的检验统计量为 $\tilde{t}_{ME}$ 统计量，同时也考察标准 t_{ME} 统计量作为比较。

不失一般性地，我们设定数据生成过程为：

$$y_t = \mu + [\rho + (1 - \rho) D_t] y_{t-1} + u_t, \quad t = 1, 2, \cdots, T \tag{4-69}$$

其中，$D_t = I\{t > \delta T\}$ 为描述结构突变发生时刻的虚拟变量，$\rho = 1 + 1/T^\alpha$。初始值设定为 $y_0 = \mu$。在蒙特卡洛实验中，我们选取三组结构突变位置参数 $\delta \in \{0.25, 0.50, 0.75\}$ 以及三组 α 参数 $\alpha \in \{0.3, 0.5, 0.8\}$。我们考虑线性相关新息并设计 AR 组实验和 MA 组实验。两组实验中，线性相关参数均选取为 $\theta \in \{0.00, 0.25, 0.50\}$。为避免重复并节省空间，我们仅报告 $T = 100$、$\mu = T^{-1/4}$ 的情形。构建 $\tilde{t}_{ME,1}$ 和 $\tilde{t}_{ME,2}$ 统计量时所使用的平滑参数 K 根据式（3-39）的准则选取。蒙特卡洛模拟的实验次数为 $N = 5000$ 次。表 4-7 至表 4-9 报告了 $t_{ME,1}$ 检验、$t_{ME,2}$ 检验、$\tilde{t}_{ME,1}$ 检验和 $\tilde{t}_{ME,2}$ 检验的有限样本检验尺度和经尺度调整的检验功效计算结果。检验功效计算中，真实数据过程是在 $\rho = 1 + 1/T$ 条件下生成。

表 4-7　中度偏离单位根突变为单位根情形的检验尺度和检验功效：$\alpha = 0.3$ 情形

突变点位置参数	线性相关参数	检验尺度				检验功效			
		$t_{ME,1}$	$t_{ME,2}$	$\tilde{t}_{ME,1}$	$\tilde{t}_{ME,2}$	$t_{ME,1}$	$t_{ME,2}$	$\tilde{t}_{ME,1}$	$\tilde{t}_{ME,2}$
	（a）AR 组实验								
$\delta = 0.25$	$\theta = 0.00$	0.064	0.058	0.070	0.066	0.973	0.242	0.964	0.239
	$\theta = 0.25$	0.127	0.134	0.072	0.081	0.919	0.230	0.896	0.214
	$\theta = 0.50$	0.230	0.259	0.074	0.100	0.821	0.204	0.772	0.194
	（b）MA 组实验								
	$\theta = 0.00$	0.064	0.058	0.071	0.066	0.972	0.262	0.964	0.258
	$\theta = 0.25$	0.113	0.114	0.071	0.077	0.930	0.246	0.911	0.230
	$\theta = 0.50$	0.152	0.157	0.072	0.082	0.888	0.227	0.854	0.207
	（a）AR 组实验								
$\delta = 0.50$	$\theta = 0.00$	0.052	0.050	0.057	0.057	1.000	0.167	1.000	0.171
	$\theta = 0.25$	0.110	0.130	0.062	0.077	1.000	0.126	1.000	0.124
	$\theta = 0.50$	0.206	0.263	0.063	0.097	0.998	0.096	0.995	0.103

突变点位置参数	线性相关参数	检验尺度				检验功效			
		$t_{ME,1}$	$t_{ME,2}$	$\tilde{t}_{ME,1}$	$\tilde{t}_{ME,2}$	$t_{ME,1}$	$t_{ME,2}$	$\tilde{t}_{ME,1}$	$\tilde{t}_{ME,2}$
		（b）MA 组实验							
$\delta=0.50$	$\theta=0.00$	0.051	0.052	0.059	0.060	1.000	0.171	1.000	0.173
	$\theta=0.25$	0.097	0.109	0.057	0.067	1.000	0.141	1.000	0.139
	$\theta=0.50$	0.136	0.156	0.066	0.077	1.000	0.131	0.999	0.119
		（a）AR 组实验							
$\delta=0.75$	$\theta=0.00$	0.052	0.049	0.058	0.057	1.000	0.237	1.000	0.228
	$\theta=0.25$	0.122	0.124	0.066	0.074	1.000	0.160	1.000	0.142
	$\theta=0.50$	0.217	0.261	0.069	0.092	1.000	0.104	1.000	0.104
		（b）MA 组实验							
	$\theta=0.00$	0.050	0.052	0.058	0.055	1.000	0.238	1.000	0.230
	$\theta=0.25$	0.106	0.104	0.062	0.067	1.000	0.172	1.000	0.161
	$\theta=0.50$	0.145	0.147	0.069	0.072	1.000	0.135	1.000	0.140

注：此表报告了 5%显著性水平下的有限样本检验尺度和经尺度调整后的检验功效。在"AR 组实验"中，随机误差项 $u_t=\theta u_{t-1}+\sqrt{1-\theta^2}\,\varepsilon_t$，其中 $\varepsilon_t\sim$i.i.d.N（0，1）。在"MA 组实验"中，随机误差项 $u_t=\theta\varepsilon_{t-1}+\sqrt{1-\theta^2}\,\varepsilon_t$，同样有 $\varepsilon_t\sim$i.i.d.N（0，1）。模拟的次数均为 5000 次。

表 4-8 中度偏离单位根突变为单位根情形的检验尺度和检验功效：$\alpha=0.5$ 情形

突变点位置参数	线性相关参数	检验尺度				检验功效			
		$t_{ME,1}$	$t_{ME,2}$	$\tilde{t}_{ME,1}$	$\tilde{t}_{ME,2}$	$t_{ME,1}$	$t_{ME,2}$	$\tilde{t}_{ME,1}$	$\tilde{t}_{ME,2}$
		（a）AR 组实验							
$\delta=0.25$	$\theta=0.00$	0.103	0.066	0.110	0.075	0.522	0.397	0.490	0.397
	$\theta=0.25$	0.175	0.150	0.107	0.088	0.369	0.329	0.332	0.326
	$\theta=0.50$	0.270	0.281	0.097	0.100	0.268	0.270	0.235	0.257
		（b）MA 组实验							
	$\theta=0.00$	0.097	0.065	0.103	0.074	0.515	0.393	0.495	0.386
	$\theta=0.25$	0.151	0.126	0.099	0.079	0.397	0.346	0.371	0.336
	$\theta=0.50$	0.195	0.171	0.099	0.083	0.340	0.310	0.298	0.295

续表

突变点位置参数	线性相关参数	检验尺度				检验功效			
		$t_{ME,1}$	$t_{ME,2}$	$\tilde{t}_{ME,1}$	$\tilde{t}_{ME,2}$	$t_{ME,1}$	$t_{ME,2}$	$\tilde{t}_{ME,1}$	$\tilde{t}_{ME,2}$
		(a) AR 组实验							
	$\theta=0.00$	0.054	0.052	0.064	0.055	0.966	0.205	0.960	0.198
	$\theta=0.25$	0.124	0.131	0.076	0.076	0.889	0.176	0.868	0.174
	$\theta=0.50$	0.250	0.268	0.087	0.101	0.755	0.151	0.680	0.142
$\delta=0.50$		(b) MA 组实验							
	$\theta=0.00$	0.055	0.054	0.060	0.061	0.966	0.201	0.961	0.195
	$\theta=0.25$	0.111	0.112	0.072	0.068	0.910	0.183	0.880	0.171
	$\theta=0.50$	0.153	0.154	0.080	0.079	0.857	0.161	0.818	0.161
		(a) AR 组实验							
	$\theta=0.00$	0.053	0.052	0.060	0.057	0.998	0.236	0.998	0.228
	$\theta=0.25$	0.123	0.131	0.077	0.076	0.992	0.165	0.985	0.147
	$\theta=0.50$	0.249	0.259	0.084	0.098	0.964	0.114	0.923	0.109
$\delta=0.75$		(b) MA 组实验							
	$\theta=0.00$	0.053	0.052	0.058	0.057	0.999	0.234	0.998	0.225
	$\theta=0.25$	0.105	0.107	0.068	0.065	0.995	0.179	0.989	0.162
	$\theta=0.50$	0.152	0.152	0.074	0.075	0.987	0.152	0.970	0.144

注：此表报告了 5% 显著性水平下的有限样本检验尺度和经尺度调整后的检验功效。在"AR 组实验"中，随机误差项 $u_t=\theta u_{t-1}+\sqrt{1-\theta^2}\,\varepsilon_t$，其中 $\varepsilon_t \sim i.i.d.N(0,1)$。在"MA 组实验"中，随机误差项 $u_t=\theta\varepsilon_{t-1}+\sqrt{1-\theta^2}\,\varepsilon_t$，同样有 $\varepsilon_t \sim i.i.d.N(0,1)$。模拟的次数均为 5000 次。

表 4-9　中度偏离单位根突变为单位根情形的检验尺度和检验功效：$\alpha=0.8$ 情形

突变点位置参数	线性相关参数	检验尺度				检验功效			
		$t_{ME,1}$	$t_{ME,2}$	$\tilde{t}_{ME,1}$	$\tilde{t}_{ME,2}$	$t_{ME,1}$	$t_{ME,2}$	$\tilde{t}_{ME,1}$	$\tilde{t}_{ME,2}$
		(a) AR 组实验							
	$\theta=0.00$	0.189	0.148	0.189	0.156	0.046	0.366	0.045	0.358
$\delta=0.25$	$\theta=0.25$	0.203	0.203	0.119	0.121	0.041	0.286	0.045	0.277
	$\theta=0.50$	0.227	0.265	0.070	0.094	0.046	0.220	0.047	0.200

续表

突变点位置参数	线性相关参数	检验尺度				检验功效			
		$t_{ME,1}$	$t_{ME,2}$	$\tilde{t}_{ME,1}$	$\tilde{t}_{ME,2}$	$t_{ME,1}$	$t_{ME,2}$	$\tilde{t}_{ME,1}$	$\tilde{t}_{ME,2}$
		(b) MA 组实验							
$\delta = 0.25$	$\theta = 0.00$	0.180	0.151	0.186	0.158	0.044	0.360	0.045	0.358
	$\theta = 0.25$	0.196	0.189	0.125	0.123	0.040	0.308	0.044	0.297
	$\theta = 0.50$	0.203	0.213	0.101	0.108	0.039	0.271	0.047	0.262
		(a) AR 组实验							
	$\theta = 0.00$	0.101	0.071	0.110	0.080	0.131	0.362	0.124	0.364
	$\theta = 0.25$	0.173	0.153	0.105	0.094	0.093	0.278	0.088	0.277
$\delta = 0.50$	$\theta = 0.50$	0.250	0.275	0.102	0.105	0.074	0.222	0.070	0.207
		(b) MA 组实验							
	$\theta = 0.00$	0.096	0.073	0.107	0.081	0.129	0.361	0.117	0.368
	$\theta = 0.25$	0.155	0.136	0.099	0.086	0.100	0.303	0.091	0.304
	$\theta = 0.50$	0.187	0.176	0.102	0.094	0.093	0.266	0.084	0.257
		(a) AR 组实验							
	$\theta = 0.00$	0.059	0.051	0.064	0.056	0.369	0.347	0.370	0.332
	$\theta = 0.25$	0.142	0.128	0.080	0.073	0.259	0.251	0.253	0.241
	$\theta = 0.50$	0.268	0.271	0.097	0.098	0.182	0.190	0.162	0.173
$\delta = 0.75$		(b) MA 组实验							
	$\theta = 0.00$	0.058	0.050	0.067	0.057	0.387	0.329	0.376	0.329
	$\theta = 0.25$	0.120	0.111	0.074	0.067	0.282	0.261	0.272	0.248
	$\theta = 0.50$	0.169	0.158	0.082	0.082	0.243	0.229	0.212	0.217

注：此表报告了 5% 显著性水平下的有限样本检验尺度和经尺度调整后的检验功效。在"AR 组实验"中，随机误差项 $u_t = \theta u_{t-1} + \sqrt{1-\theta^2}\,\varepsilon_t$，其中 $\varepsilon_t \sim i.i.d.N\,(0,1)$。在"MA 组实验"中，随机误差项 $u_t = \theta\varepsilon_{t-1} + \sqrt{1-\theta^2}\,\varepsilon_t$，同样有 $\varepsilon_t \sim i.i.d.N\,(0,1)$。模拟的次数均为 5000 次。

由表 4-7~表 4-9 的结果可以得出以下结论：

第一，自回归系数由中度偏离单位根突变为单位根情形下，基于突变前的中度偏离单位根自回归系数和基于突变后的单位根自回归系数的 t 检验均表现出精确的有限样本性质。当线性相关参数 $\theta = 0.00$ 继而数据生成过程的随机误差项独立同分布时，标准的 $t_{ME,1}$ 检验和 $t_{ME,2}$ 检验表现出良好的有限样本性质。当线性相关参数不为零时，$\tilde{t}_{ME,1}$ 检验和 $\tilde{t}_{ME,2}$ 检验表现出良好的、优于 $t_{ME,1}$ 检验和 $t_{ME,2}$ 检验的有限样本性质。以 $\delta = 0.50$、$\alpha = 0.5$、AR 组实验为例。当线性相关参数 $\theta = 0.00$ 时，基于突变前的中度偏离单位根的 $\tilde{t}_{ME,1}$ 检验和基于突变后的单位根的 $\tilde{t}_{ME,2}$ 检验的有限样本检验尺度分别为 6.4% 和 5.5%，而此时，$t_{ME,1}$ 检验和 $t_{ME,2}$ 检验的有限样本检验尺度分别为 5.4% 和 5.2%。从某种程度来讲，$t_{ME,1}$ 检验和 $t_{ME,2}$ 检验具有更精确的有限样本检验尺度表现。这是由于，$t_{ME,1}$ 检验和 $t_{ME,2}$ 检验不需要因为修正线性相关偏误而损失精度。当线性相关参数 $\theta = 0.50$ 时，$\tilde{t}_{ME,1}$ 检验和 $\tilde{t}_{ME,2}$ 检验的有限样本检验尺度分别为 8.7% 和 10.1%，远低于 $t_{ME,1}$ 检验和 $t_{ME,2}$ 检验的有限样本检验尺度 25.0% 和 26.8%。事实上，上述仿真实验结果十分重要。它从数值上证明了，当泡沫破灭而时间序列过程回复到一个单位根过程时，基于自回归系数的 t 检验依然可以由一个标准分布而非基于维纳过程的泛函分布来逼近。

第二，$\tilde{t}_{ME,1}$ 检验和 $\tilde{t}_{ME,2}$ 检验对泡沫破灭、中度偏离单位根突变为单位根的结构突变发生的位置具有一定的稳健性。不论漂移项的突变位置是在全样本的前段、中段还是后段，$\tilde{t}_{ME,1}$ 检验和 $\tilde{t}_{ME,2}$ 检验都具有精确的有限样本性质。例如，对于线性相关参数为 $\theta = 0.25$ 的 MA 组实验、突变前的自回归系数为 $\rho = 1 + 1/T^{0.5}$ 的情形，当 $\delta = 0.25$ 时，$\tilde{t}_{ME,1}$ 检验和 $\tilde{t}_{ME,2}$ 检验的有限样本检验尺度分别为 9.9% 和 7.9%，当 $\delta = 0.50$ 时，$\tilde{t}_{ME,1}$ 检验和 $\tilde{t}_{ME,2}$ 检验的有限样本检验尺度分别为 7.2% 和 6.8%，当 $\delta = 0.75$ 时，$\tilde{t}_{ME,1}$ 检验和 $\tilde{t}_{ME,2}$ 检验的有限样本检验尺度分别为 6.8% 和 6.5%。突变位置参数 δ 的变化对 $\tilde{t}_{ME,1}$ 检验和 $\tilde{t}_{ME,2}$ 检验的有限样本检验尺度的影响并不大。我们也可以看出，漂移项的突变位置对标准 $t_{ME,1}$ 检验和 $t_{ME,2}$ 检验的有限样本检验尺度的影响也不明显。

第三，不论结构突变前中度偏离单位根偏离于单位根的程度有多远、不论结构突变发生的位置在何处、不论误差项是否存在线性相关，$\tilde{t}_{ME,1}$ 检验的有限样本检验功效均表现良好，并且接近于或等于 $t_{ME,1}$ 检验的检验功效。例如，当 $\alpha = 0.3$、$\delta = 0.25$、$\theta = 0.25$ 时，在 AR 实验组中 $\tilde{t}_{ME,1}$ 检验的功效为 89.6%，接近于 $t_{ME,1}$ 检验的功效 91.9%，而在 MA 实验组中 $\tilde{t}_{ME,1}$ 检验的功效为 91.1%，接近于 $t_{ME,1}$ 检验的功效 93.0%。注意到，$\tilde{t}_{ME,1}$ 检验和 $\tilde{t}_{ME,2}$ 检验的有限样本检验功效受参数 α 和 δ 的影响较为严重。两类检验的有限样本检验功效受参数 α 影响不难理解。这是因为，随着 α 越来越接近于 1，真实数据过程与原假设下的数据过程会越来越逼近。然而，我们也发现，$\tilde{t}_{ME,1}$ 检验和 $\tilde{t}_{ME,2}$ 检验，以及标准 $t_{ME,1}$ 检验和 $t_{ME,2}$ 检验的有限样本检验功效也受参数 δ 影响。这为我们未来的进一步研究指明了方向：我们可以提出新的检验来提高检验功效。

三、随机误差项方差存在结构突变设计下的蒙特卡洛仿真实验

在这一小节中，我们通过蒙特卡洛模拟的方法来评估随机误差项方差存在结构突变时，基于中度偏离单位根自回归系数所构建的 $\tilde{t}_{ME}$ 统计量的有限样本性质。

不失一般性地，我们设定数据生成过程为：

$$y_t = \mu + \rho y_{t-1} + e_t, \quad t = 1, 2, \cdots, T \tag{4-70}$$

其中，$e_t = \sigma_1 \varepsilon_t I\{t \le \delta T\} + \sigma_2 \varepsilon_t I\{t > \delta T\}$、$\varepsilon_t \sim i.i.d. N(0, 1)$、$\rho = 1 + 1/T^{\alpha}$。初始值设定为 $y_0 = \mu$。我们选取三组突变位置参数 $\delta \in \{0.25, 0.50, 0.75\}$，并考虑六组误差项方差突变情形 $(\sigma_1, \sigma_2) \in \{(1.0, 0.9), (0.9, 1.0), (1.0, 0.8), (0.8, 1.0), (1.0, 0.7), (0.7, 1.0)\}$。我们考察三组中度偏离单位根情形 $\alpha \in \{0.3, 0.5, 0.8\}$。为避免重复并节省空间，我们仅报告 $T = 100$、$\mu = 1$ 的情形。蒙特卡洛模拟的实验次数为 $N = 5000$ 次。表 4-10~表

4-12 报告了渐近正态检验 $\check{t}_{ME}$ 的有限样本检验尺度和经尺度调整的检验功效计算结果。检验尺度计算中，真实数据过程在中度偏离单位根原假设 H_0：$\rho = 1 + 1/T^\alpha$ 条件下生成。检验功效计算中，真实数据过程在近单位根备择假设 H_1：$\rho = 1 + 1/T$ 条件下生成。

表 4–10　随机误差项方差结构突变下的检验尺度和检验功效：$\alpha = 0.3$ 情形

突变点位置参数	突变前后误差项方差	检验尺度 （H_0：$\rho = 1 + 1/T^\alpha$）	检验功效 （H_1：$\rho = 1 + 1/T$）
$\delta = 0.25$	$(\sigma_1, \sigma_2) = (1,\ 0.9)$	0.057	1.000
	$(\sigma_1, \sigma_2) = (0.9,\ 1)$	0.053	1.000
	$(\sigma_1, \sigma_2) = (1,\ 0.8)$	0.059	1.000
	$(\sigma_1, \sigma_2) = (0.8,\ 1)$	0.053	1.000
	$(\sigma_1, \sigma_2) = (1,\ 0.7)$	0.060	1.000
	$(\sigma_1, \sigma_2) = (0.7,\ 1)$	0.052	1.000
$\delta = 0.50$	$(\sigma_1, \sigma_2) = (1,\ 0.9)$	0.062	1.000
	$(\sigma_1, \sigma_2) = (0.9,\ 1)$	0.062	1.000
	$(\sigma_1, \sigma_2) = (1,\ 0.8)$	0.064	1.000
	$(\sigma_1, \sigma_2) = (0.8,\ 1)$	0.061	1.000
	$(\sigma_1, \sigma_2) = (1,\ 0.7)$	0.067	1.000
	$(\sigma_1, \sigma_2) = (0.7,\ 1)$	0.061	1.000
$\delta = 0.75$	$(\sigma_1, \sigma_2) = (1,\ 0.9)$	0.077	1.000
	$(\sigma_1, \sigma_2) = (0.9,\ 1)$	0.073	1.000
	$(\sigma_1, \sigma_2) = (1,\ 0.8)$	0.081	1.000
	$(\sigma_1, \sigma_2) = (0.8,\ 1)$	0.073	1.000
	$(\sigma_1, \sigma_2) = (1,\ 0.7)$	0.084	1.000
	$(\sigma_1, \sigma_2) = (0.7,\ 1)$	0.071	1.000

注：此表报告了 5% 显著性水平下的有限样本检验尺度和经尺度调整后的检验功效。实验中，随机误差项 $e_t = \sigma_1 \varepsilon_t I\{t \le \delta T\} + \sigma_2 \varepsilon_t I\{t > \delta T\}$，其中 $\varepsilon_t \sim$ i.i.d.$N(0,\ 1)$。仿真实验是在不同参数组合下针对中度偏离单位根原假设 H_0：$\rho = 1 + 1/T^\alpha$ 和近单位根备择假设 H_1：$\rho = 1 + 1/T$ 来实施的。模拟的次数均为 5000 次。

表 4-11　随机误差项方差结构突变下的检验尺度和检验功效：α=0.5 情形

突变点位置参数	突变前后误差项方差	检验尺度 (H_0: $\rho = 1 + 1/T^{\alpha}$)	检验功效 (H_1: $\rho = 1 + 1/T$)
$\delta = 0.25$	$(\sigma_1, \sigma_2) = (1, 0.9)$	0.057	1.000
	$(\sigma_1, \sigma_2) = (0.9, 1)$	0.053	1.000
	$(\sigma_1, \sigma_2) = (1, 0.8)$	0.058	1.000
	$(\sigma_1, \sigma_2) = (0.8, 1)$	0.052	1.000
	$(\sigma_1, \sigma_2) = (1, 0.7)$	0.064	1.000
	$(\sigma_1, \sigma_2) = (0.7, 1)$	0.051	1.000
$\delta = 0.50$	$(\sigma_1, \sigma_2) = (1, 0.9)$	0.062	1.000
	$(\sigma_1, \sigma_2) = (0.9, 1)$	0.061	1.000
	$(\sigma_1, \sigma_2) = (1, 0.8)$	0.067	1.000
	$(\sigma_1, \sigma_2) = (0.8, 1)$	0.060	1.000
	$(\sigma_1, \sigma_2) = (1, 0.7)$	0.075	1.000
	$(\sigma_1, \sigma_2) = (0.7, 1)$	0.058	1.000
$\delta = 0.75$	$(\sigma_1, \sigma_2) = (1, 0.9)$	0.076	1.000
	$(\sigma_1, \sigma_2) = (0.9, 1)$	0.067	1.000
	$(\sigma_1, \sigma_2) = (1, 0.8)$	0.083	1.000
	$(\sigma_1, \sigma_2) = (0.8, 1)$	0.065	1.000
	$(\sigma_1, \sigma_2) = (1, 0.7)$	0.092	1.000
	$(\sigma_1, \sigma_2) = (0.7, 1)$	0.063	1.000

注：此表报告了 5%显著性水平下的有限样本检验尺度和经尺度调整后的检验功效。实验中，随机误差项 $e_t = \sigma_1 \varepsilon_t I\{t \leq \delta T\} + \sigma_2 \varepsilon_t I\{t > \delta T\}$，其中 $\varepsilon_t \sim i.i.d.N(0, 1)$。仿真实验是在不同参数组合下针对中度偏离单位根原假设 H_0: $\rho = 1 + 1/T^{\alpha}$ 和近单位根备择假设 H_1: $\rho = 1 + 1/T$ 来实施的。模拟的次数均为 5000 次。

表 4-12　随机误差项方差结构突变下的检验尺度和检验功效：α=0.8 情形

突变点位置参数	突变前后误差项方差	检验尺度 (H_0: $\rho = 1 + 1/T^{\alpha}$)	检验功效 (H_1: $\rho = 1 + 1/T$)
$\delta = 0.25$	$(\sigma_1, \sigma_2) = (1, 0.9)$	0.065	1.000
	$(\sigma_1, \sigma_2) = (0.9, 1)$	0.052	1.000
	$(\sigma_1, \sigma_2) = (1, 0.8)$	0.075	1.000
	$(\sigma_1, \sigma_2) = (0.8, 1)$	0.047	1.000

续表

突变点位置参数	突变前后误差项方差	检验尺度 (H_0: $\rho = 1 + 1/T^\alpha$)	检验功效 (H_1: $\rho = 1 + 1/T$)
$\delta = 0.25$	$(\sigma_1, \sigma_2) = (1, 0.7)$	0.087	1.000
	$(\sigma_1, \sigma_2) = (0.7, 1)$	0.043	1.000
$\delta = 0.50$	$(\sigma_1, \sigma_2) = (1, 0.9)$	0.070	1.000
	$(\sigma_1, \sigma_2) = (0.9, 1)$	0.048	1.000
	$(\sigma_1, \sigma_2) = (1, 0.8)$	0.081	1.000
	$(\sigma_1, \sigma_2) = (0.8, 1)$	0.04	1.000
	$(\sigma_1, \upsilon_2) = (1, 0.7)$	0.099	1.000
	$(\sigma_1, \sigma_2) = (0.7, 1)$	0.037	1.000
$\delta = 0.75$	$(\sigma_1, \sigma_2) = (1, 0.9)$	0.079	1.000
	$(\sigma_1, \sigma_2) = (0.9, 1)$	0.054	1.000
	$(\sigma_1, \sigma_2) = (1, 0.8)$	0.093	1.000
	$(\sigma_1, \sigma_2) = (0.8, 1)$	0.048	1.000
	$(\sigma_1, \sigma_2) = (1, 0.7)$	0.110	1.000
	$(\sigma_1, \sigma_2) = (0.7, 1)$	0.040	1.000

注：此表报告了 5% 显著性水平下的有限样本检验尺度和经尺度调整后的检验功效。实验中，随机误差项 $e_t = \sigma_1 \varepsilon_t I\{t \le \delta T\} + \sigma_2 \varepsilon_t I\{t > \delta T\}$，其中 $\varepsilon_t \sim$ i.i.d.$N(0, 1)$。仿真实验是在不同参数组合下针对中度偏离单位根原假设 H_0: $\rho = 1 + 1/T^\alpha$ 和近单位根备择假设 H_1: $\rho = 1 + 1/T$ 来实施的。模拟的次数均为 5000 次。

由表 4-10~表 4-12 的结果可以得出，不论随机误差项方差是否存在结构突变，不论结构突变的位置在何处，中度偏离单位根自回归系数的 t 检验均表现出精确的有限样本检验尺度和优良的有限样本检验功效。例如，当 $\alpha = 0.3$、$\delta = 0.50$ 时，若随机误差项方差由 $\sigma_1 = 1$ 突变到 $\sigma_2 = 0.8$，$\check{t}_{ME}$ 检验的有限样本检验尺度为 6.4%；若随机误差项方差由 $\sigma_1 = 0.8$ 突变到 $\sigma_2 = 1$，$\check{t}_{ME}$ 检验的有限样本检验尺度为 6.1%。又如，当 $\alpha = 0.8$、$\delta = 0.25$ 时，若随机误差项方差由 $\sigma_1 = 1$ 突变到 $\sigma_2 = 0.9$，$\check{t}_{ME}$ 检验的有限样本检验尺度为 6.5%；若随机误差项方差由 $\sigma_1 = 0.9$ 突变到 $\sigma_2 = 1$，$\check{t}_{ME}$ 检验的有限样本检验尺度为 5.2%。这从数值上证明了，基于自回归系数的 t 检验是由标准正态分布而逼近，并且对误差项方差结构突变位置具有稳健性。从检验功效来看，$\check{t}_{ME}$ 检验的有限样本检验尺度均达到 100.0%。因此，不论是从检验尺度的角度出发，还是从检验功效的角度出发，$\check{t}_{ME}$ 检验都具有优良的有限样本性质。

第五节　本章小结

　　本章详细论述了存在于自回归系数和随机误差项方差中的结构突变对自回归系数估计量及相关检验的影响。当随机误差项方差存在结构突变时，主导中度偏离单位根模型的随机累积趋势发生结构突变。当自回归系数存在结构突变时，两大主导趋势（非线性确定性趋势和随机累积趋势）均发生结构突变。我们从理论上推导了三类结构突变情形下自回归系数估计量和相应的 t 类检验统计量的渐近性质。特别地，我们将自回归系数存在结构突变的情形细分为两类：自回归系数由中度偏离单位根突变为另一个中度偏离单位根、自回归系数由中度偏离单位根突变为单位根。表 4-13 对不同结构突变情形下的渐近逼近结果做了归纳和总结。

　　由表 4-13 可以清晰地看出，自回归系数估计偏误的收敛速度和极限分布依赖于结构突变的形式、结构突变的位置以及等价模型的漂移项强度。但是，我们证明了，这三大类结构突变情形下，基于自回归系数估计量的 t 检验均具有渐近稳健性。在自回归系数存在结构突变的情形下，上述 t 检验均渐近稳健地服从标准分布：当随机误差项为独立同分布时，这一标准分布为标准正态分布；当随机误差项带有自相关或条件异方差时，我们使用误差项长期方差的估计量修正 t 统计量，其极限分布为学生 t 分布。当结构突变的位置参数内生时，我们使用残差平方和最小化准则来一致估计结构突变的位置参数。在误差项方差存在结构突变的情形下，我们

表 4-13 不同结构突变情形下的性质比较

关键条件	误差项情形	漂移项情形	自回归系数估计量渐近性质	检验统计量渐近性质
自回归系数发生结构突变：在 $t = \delta T$ 处由 $\rho_{1,T}$ 突变为 $\rho_{2,T}$				
$\rho_{1,T} = 1 + \dfrac{c_1}{k_{1,T}}$ $\rho_{2,1} = 1 + \dfrac{c_1}{k_{2,T}}$ $\mu_T\sqrt{k_{1,T}} \to \bar{\tau}_1$ $\mu_T\sqrt{k_{2,T}} \to \bar{\tau}_2$	独立同分布新息	$\bar{\tau}_1 \in (0, \infty]$	$\mu_T k_{1,T}^{3/2}\rho_{1,T}^{\delta T}(\hat{\rho}_1 - \rho_{1,T}) \Rightarrow \dfrac{2c_1 X_1}{Y_1/\bar{\tau}_1 + 1/c_1}$ $\mu_T k_{1,T}\sqrt{k_{2,T}}\,\rho_{1,T}^{\delta T}\rho_{2,T}^{(1-\delta)T}(\hat{\rho}_2 - \rho_{2,T}) \Rightarrow$ $\dfrac{2c_2 X_2}{Y_1/\bar{\tau}_1 + 1/c_1}$	$t_{ME,1} \Rightarrow N(0,1)$ $t_{ME,2} \Rightarrow N(0,1)$
		$\tau_1 = 0$	$k_{1,T}\rho_{1,T}^{\delta T}(\hat{\rho}_1 - \rho_{1,T}) \Rightarrow \dfrac{2c_1 X_1}{Y_1} =^d 2c_1 C(0,1)$ $\sqrt{k_{1,T}}\sqrt{k_{2,T}}\,\rho_{1,T}^{\delta T}\rho_{2,T}^{(1-0)T}(\hat{\rho}_2 - \rho_{2,T}) \Rightarrow$ $\dfrac{2c_2 X_2}{Y_1}$	
	自相关及条件异方差新息	$\bar{\tau}_1 \in (0, \infty]$	$\mu_T k_{1,T}^{3/2}\rho_{1,T}^{\delta T}(\hat{\rho}_1 - \rho_{1,T}) \Rightarrow \dfrac{2c_1 \widetilde{X}_1}{\widetilde{Y}_1/\bar{\tau}_1 + 1/c_1}$ $\mu_T k_{1,T}\sqrt{k_{2,T}}\,\rho_{1,T}^{\delta T}\rho_{2,T}^{(1-\delta)T}(\hat{\rho}_2 - \rho_{2,T}) \Rightarrow$ $\dfrac{2c_2 \widetilde{X}_2}{\widetilde{Y}_1/\bar{\tau}_1 + 1/c_1}$	$\bar{t}_{ME,1} \Rightarrow t_K$ $\bar{t}_{ME,2} \Rightarrow t_K$ 当 $K \to \infty$ 时， $\bar{t}_{ME,1} \Rightarrow N(0,1)$ $\bar{t}_{ME,2} \Rightarrow N(0,1)$
		$\bar{\tau}_1 = 0$	$k_{1,T}\rho_{1,T}^{\delta T}(\hat{\rho}_1 - \rho_{1,T}) \Rightarrow \dfrac{2c_1 \widetilde{X}_1}{\widetilde{Y}_1} =^d 2c_1 C(0,1)$ $\sqrt{k_{1,T}}\sqrt{k_{2,T}}\,\rho_{1,T}^{\delta T}\rho_{2,T}^{(1-\delta)T}(\hat{\rho}_2 - \rho_{2,T}) \Rightarrow$ $\dfrac{2c_2 \widetilde{X}_2}{\widetilde{Y}_1}$	
自回归系数发生结构突变：在 $t = \delta T$ 处由 ρ_T 突变为 1				
$\rho_T = 1 + \dfrac{c}{k_T}$ $\mu_T\sqrt{k_T} \to \tau$	独立同分布新息	$\tau \in (0, \infty]$	$\mu_T k_T^{3/2}\rho_T^{\delta T}(\hat{\rho}_1 - \rho_T) \Rightarrow \dfrac{2cX}{Y/\tau + 1/c}$ $\sqrt{T}\,\mu_T k_T \rho_T^{\delta T}(\hat{\rho}_2 - 1) \Rightarrow \dfrac{Z}{\sqrt{\delta}\,(Y/\tau + 1/c)}$	$t_{ME,1} \Rightarrow N(0,1)$ $t_{ME,2} \to N(0,1)$
		$\tau = 0$	$k_T \rho_T^{\delta T}(\hat{\rho}_1 - \rho_T) \Rightarrow \dfrac{2cX}{Y} =^d 2c C(0,1)$ $\sqrt{Tk_T}\,\rho_T^{\delta T}(\hat{\rho}_2 - 1) \Rightarrow \dfrac{Z}{\sqrt{\delta}\,Y} =^d \dfrac{\sqrt{2c}}{\sqrt{\delta}}\,C(0,1)$	

关键条件	误差项情形	漂移项情形	自回归系数估计量渐近性质	检验统计量渐近性质
$\rho_T = 1 + \dfrac{c}{k_T}$ $\mu_T\sqrt{k_T} \to \tau$	自相关及条件异方差新息	$\tau \in (0,\ \infty]$	$\mu_T k_T^{3/2}\rho_T^{\delta T}(\hat{\rho}_1 - \rho_T) \Rightarrow \dfrac{2c\tilde{X}}{\tilde{Y}/\tau + 1/c}$ $\sqrt{T}\,\mu_T k_T\rho_T^{\delta T}(\hat{\rho}_2 - 1) \Rightarrow \dfrac{\tilde{Z}}{\sqrt{\delta}\,(\tilde{Y}/\tau + 1/c)}$	$\check{t}_{ME,1} \Rightarrow t_K$ $\check{t}_{ME,2} \Rightarrow t_K$ 当$K\to\infty$时, $\check{t}_{ME,1} \Rightarrow N(0,\ 1)$ $\check{t}_{ME,2} \Rightarrow N(0,\ 1)$
		$\tau = 0$	$k_T\rho_T^{\delta T}(\hat{\rho}_1 - \rho_T) \Rightarrow \dfrac{2c\tilde{X}}{\tilde{Y}} =^d 2cC(0,\ 1)$ $\sqrt{Tk_T}\,\rho_T^{\delta T}(\hat{\rho}_2 - 1) \Rightarrow \dfrac{\tilde{Z}}{\sqrt{\delta}\,\tilde{Y}} =^d \dfrac{\sqrt{2c}}{\sqrt{\delta}}$ $C(0,\ 1)$	
随机误差项方差发生结构突变：在$t = \delta T$处由σ_1^2突变为σ_2^2				
$\rho_T = 1 + \dfrac{c}{k_T}$ $\mu_T\sqrt{k_T} \to \tau$	随机误差项方差结构突变	$\tau \in (0,\ \infty]$	$\mu_T k_T^{3/2}\rho_T^T(\hat{\rho}_T - \rho_T) \Rightarrow \dfrac{2c\overline{X}}{\overline{Y}/\tau + 1/c}$	$\check{t}_{ME} \Rightarrow N(0,\ 1)$
		$\tau = 0$	$k_T\rho_T^T(\hat{\rho}_T - \rho_T) \Rightarrow \dfrac{2c\overline{X}}{\overline{Y}} =^d \dfrac{2c\sigma_2 C(0,\ 1)}{\sigma_1}$	

使用拟最大似然估计法来一致估计结构突变的位置参数以及突变前后的误差项方差。基于此，我们构造了中度偏离单位根自回归系数的 t 类检验（$\check{t}_{ME}$），并证明了 $\check{t}_{ME}$ 统计量具有渐近正态性。这一系列稳健的结果无疑具有重要的理论意义和应用价值。

本章设计了一系列蒙特卡洛仿真实验来比较不同结构突变情形下中度偏离单位根检验的有限样本性质。对于自回归系数存在结构突变的情形，我们考虑了自回归系数由中度偏离单位根突变为另一个中度偏离单位根，以及由中度偏离单位根突变为单位根两种情形，并讨论了不同偏离程度的中度偏离单位根所对应的结果。对于随机误差项方差存在结构突变的情形，我们考虑了误差项方差向着更大和更小两个方向突变对中度偏离单位根检验的有限样本性质所带来的影响。结果表明，基于自回归系数的 t 类检验均具有精确的、几乎不受结构突变形式和位置影响的有限样本检验尺度，因而证明了本书的理论结果：不论何种情形的结构突变、不论结构突变位置发生何处、不论随机误差项是否存在自相关或条件异方差，基于自回归系数的 t 检验统计量均具有渐近稳健性。

第四章的附录

引理 4-1 的证明

引理 4-1（a）的证明需要应用到式（4-8）。我们有：

$$(k_{1,T}^{3/2} \rho_{1,T}^{2\delta i})^{-1} \sum_{t=1}^{\delta T+1} \sum_{j=t}^{\delta T+1} \rho_{1,T}^{2(t-1)-j} \varepsilon_j$$

$$= (k_{1,T}^{3/2} \rho_{1,T}^{2\delta T})^{-1} \sum_{j=1}^{\delta T+1} \left(\sum_{t=1}^{j} \rho_{1,T}^{2(t-t)-j} \right) \varepsilon_j = (k_{1,T}^{3/2} \rho_{1,T}^{2\delta T})^{-1} \sum_{j=1}^{\delta T+1} \frac{\rho_{1,T}^{2j}-1}{\rho_{1,T}^{j}(\rho_{1,T}^{2}-1)} \varepsilon_j$$

$$= \frac{1}{2c_1} (k_{1,T}^{1/2} \rho_{1,T}^{2\delta T})^{-1} \sum_{j=1}^{\delta T+1} \rho_{1,T}^{j} \varepsilon_j - \frac{1}{2c_1} (k_{1,T}^{1/2} \rho_{1,T}^{2\delta T})^{-1} \sum_{j=1}^{\delta T+1} \rho_{1,T}^{-j} \varepsilon_j$$

$$= O_p(\rho_{1,T}^{-\delta T}) + O_p(\rho_{1,T}^{-2\delta T}) = o_p(1)$$

因此引理 4-1（a）成立。

引理 4-1（b）的证明需要应用到引理 2-1、式（4-8）和中心极限定理。我们有：

$$(k_{1,T}^{3/2} \rho_{1,T}^{\delta T})^{-1} \sum_{t=1}^{\delta T+1} \sum_{j=t}^{\delta T+1} \rho_{1,T}^{t-1-j} \varepsilon_j$$

$$= (k_{1,T}^{3/2} \rho_{1,T}^{\delta T})^{-1} \sum_{j=1}^{\delta T+1} \left(\sum_{t=1}^{j} \rho_{1,T}^{(t-1)-j} \right) \varepsilon_j = (k_{1,T}^{3/2} \rho_{1,T}^{\delta T})^{-1} \sum_{j=1}^{\delta T+1} \frac{\rho_{1,T}^{j}-1}{\rho_{1,T}^{j}(\rho_{1,T}-1)} \varepsilon_j$$

$$= \frac{1}{c_1} (k_{1,T}^{1/2} \rho_{1,T}^{\delta T})^{-1} \sum_{j=1}^{\delta T+1} \varepsilon_j - \frac{1}{c_1} (k_{1,T}^{1/2} \rho_{1,T}^{\delta T})^{-1} \sum_{j=1}^{\delta T+1} \rho_{1,T}^{-j} \varepsilon_j$$

$$= O_p(\rho_{1,T}^{-\delta T} \sqrt{T/k_{1,T}}) + O_p(\rho_{1,T}^{-\delta T}) = o_p(1)$$

因此引理 4-1（b）成立。

最后证明引理 4-1（c）。我们有：

$$E\left|(k_{1,T}\rho_{1,T}^{\delta T})^{-1}\sum_{t=1}^{\delta T+1}\sum_{j=t}^{\delta T+1}\rho_{1,T}^{t-1-j}\varepsilon_j\varepsilon_t\right| \leqslant (k_{1,T}\rho_{1,T}^{\delta T})^{-1}\sum_{t=1}^{\delta T+1}\sum_{j=t}^{\delta T+1}\rho_{1,T}^{t-1-j}E|\varepsilon_j\varepsilon_t|$$

$$\leqslant (k_{1,T}\rho_{1,T}^{\delta T})^{-1}\sum_{t=1}^{\delta T+1}\sum_{j=t}^{\delta T+1}\rho_{1,T}^{t-1-j}E(\varepsilon_j^2)^{1/2}E(\varepsilon_t^2)^{1/2}=\sigma^2(k_{1,T}\rho_{1,T}^{\delta T})^{-1}\sum_{t=1}^{\delta T+1}\sum_{j=t}^{\delta T+1}\rho_{1,T}^{t-1-j}$$

$$=\sigma^2(k_{1,T}\rho_{1,T}^{\delta T})^{-1}\sum_{j=1}^{\delta T+1}\left(\sum_{t=1}^{j}\rho_{1,T}^{(t-1)-j}\right)=\sigma^2(k_{1,T}\rho_{1,T}^{\delta T})^{-1}\sum_{j=1}^{\delta T+1}\frac{\rho_{1,T}^j-1}{\rho_{1,T}^j(\rho_{1,T}-1)}$$

$$=\frac{\sigma^2}{c_1}\rho_{1,T}^{-\delta T}\sum_{j=1}^{\delta T+1}\frac{\rho_{1,T}^j-1}{\rho_{1,T}^j}=O(T\rho_{1,T}^{-\delta T})=o(1)$$

因此，$(k_{1,T}\rho_{1,T}^{\delta T})^{-1}\sum_{t=1}^{\delta T+1}\sum_{j=t}^{\delta T+1}\rho_{1,T}^{t-1-j}\varepsilon_j\varepsilon_t$ 依 L^1 收敛到零，这意味着它依概率收敛到零。故引理 4-1（c）成立。

定理 4-1 的证明

首先证明定理 4-1（a）。根据模型定义，我们有：

$$\sum_{t=1}^{T}y_{t-1}^2=\sum_{t=1}^{\delta T+1}y_{t-1}^2+\sum_{t=\delta T+2}^{T}y_{t-1}^2$$

$$=\sum_{t=1}^{\delta T+1}\left(\rho_{1,T}^{t-1}y_0+\sum_{j=1}^{t-1}\rho_{1,T}^{t-1-j}\varepsilon_j+\frac{1}{c_1}\mu_T k_{1,T}\rho_{1,T}^{t-1}-\frac{1}{c_1}\mu_T k_{1,T}\right)^2$$

$$+\sum_{t=\delta T+2}^{T}\left\{(\rho_{1,T}/\rho_{2,T})^{\delta T}\rho_{2,T}^{t-1}y_0+\left[(\rho_{1,T}/\rho_{2,T})^{\delta T}\sum_{j=1}^{\delta T}\rho_{1,T}^{-j}\varepsilon_j\right]\rho_{2,T}^{t-1}\right.$$

$$\left.+\sum_{j=\delta T+1}^{t-1}\rho_{2,T}^{t-1-j}\varepsilon_j+\left(\frac{1}{c_1}k_{1,T}\rho_{1,T}^{\delta T}-\frac{1}{c_1}k_{1,T}+\frac{1}{c_2}k_{2,T}\right)\rho_{2,T}^{-\delta T}\mu_T\rho_{2,T}^{t-1}-\frac{1}{c_2}\mu_T k_{2,T}\right\}^2$$

$$=(1+o_p(1))\sum_{t=1}^{\delta T+1}\left(\sum_{j=1}^{t-1}\rho_{1,T}^{t-1-j}\varepsilon_j+\frac{1}{c_1}\mu_T k_{1,T}\rho_{1,T}^{t-1}\right)^2$$

$$+(1+o_p(1))\sum_{t=\delta T+2}^{T}\left\{\left[(\rho_{1,T}/\rho_{2,T})^{\delta T}\sum_{j=1}^{\delta T}\rho_{1,T}^{-j}\varepsilon_j\right]\rho_{2,T}^{t-1}+\frac{1}{c_1}k_{1,T}\rho_{1,T}^{\delta T}\rho_{2,T}^{-\delta T}\mu_T\rho_{2,T}^{t-1}\right\}^2$$

$$=(\widetilde{G}_1+\widetilde{G}_2)(1+o_p(1))$$

其中：

$$\widetilde{G}_1 := \sum_{t=1}^{\delta T+1} \left(\sum_{j=1}^{t-1} \rho_{1,T}^{t-1-j} \varepsilon_j + \frac{1}{c_1} \mu_T k_{1,T} \rho_{1,T}^{t-1} \right)^2$$

$$= \sum_{t=1}^{\delta T+1} \left[\left(\sum_{j=1}^{t-1} \rho_{1,T}^{t-1-j} \varepsilon_j \right)^2 + \frac{1}{c_1^2} \mu_T^2 k_{1,T}^2 \rho_{1,T}^{2(t-1)} + \frac{2}{c_1} \mu_T k_{1,T} \sum_{j=1}^{t-1} \rho_{1,T}^{2(t-1)-j} \varepsilon_j \right]$$

$$\widetilde{G}_2 := \sum_{t=\delta T+2}^{T} \left\{ \left[(\rho_{1,T}/\rho_{2,T})^{\delta T} \sum_{j=1}^{\delta T} \rho_{1,T}^{-j} \varepsilon_j \right] \rho_{2,T}^{t-1} + \frac{1}{c_1} k_{1,T} \rho_{1,T}^{\delta T} \rho_{2,T}^{-\delta T} \mu_T \rho_{2,T}^{t-1} \right\}^2$$

$$= \sum_{t=\delta T+2}^{T} \left[(\rho_{1,T}/\rho_{2,T})^{\delta T} \sum_{j=1}^{\delta T} \rho_{1,T}^{-j} \varepsilon_j \right]^2 \rho_{2,T}^{2(t-1)} + \sum_{t=\delta T+2}^{T} \frac{1}{c_1^2} k_{1,T}^2 \rho_{1,T}^{2\delta T} \rho_{2,T}^{-2\delta T} \mu_T^2 \rho_{2,T}^{2(t-1)}$$

$$+ 2 \sum_{t=\delta T+2}^{T} \left[(\rho_{1,T}/\rho_{2,T})^{\delta T} \sum_{j=1}^{\delta T} \rho_{1,T}^{-j} \varepsilon_j \right] \frac{1}{c_1} k_{1,T} \rho_{1,T}^{\delta T} \rho_{2,T}^{-\delta T} \mu_T \rho_{2,T}^{2(t-1)}$$

对于 $\widetilde{G}_1$ 项，根据式（2-7）和引理 4-1（a），我们可以推出：

$$\widetilde{G}_1 = \sum_{t=1}^{\delta T+1} \left(\sum_{j=1}^{t-1} \rho_{1,T}^{t-1-j} \varepsilon_j \right)^2 + \frac{1}{c_1^2} \mu_T^2 k_{1,T}^2 \sum_{t=1}^{\delta T+1} \rho_{1,T}^{2(t-1)} + \frac{2}{c_1} \mu_T k_{1,T} \sum_{t=1}^{\delta T+1} \sum_{j=1}^{t-1} \rho_{1,T}^{2(t-1)-j} \varepsilon_j$$

$$= \sum_{t=1}^{\delta T+1} \left(\sum_{j=1}^{t-1} \rho_{1,T}^{t-1-j} \varepsilon_j \right)^2 + \frac{1}{c_1^2} \mu_T^2 k_{1,T}^2 \sum_{t=1}^{\delta T+1} \rho_{1,T}^{2(t-1)}$$

$$+ \frac{2}{c_1} \mu_T k_{1,T} \sum_{t=1}^{\delta T+1} \sum_{j=1}^{\delta T+1} \rho_{1,T}^{2(t-t)-j} \varepsilon_j - \frac{2}{c_1} \mu_T k_{1,T} \sum_{t=1}^{\delta T+1} \sum_{j=t}^{\delta T+1} \rho_{1,T}^{2(t-t)-j} \varepsilon_j$$

$$= \frac{1}{2c_1} k_{1,T}^2 \rho_{1,T}^{2\delta T} Y_1^2 + \frac{1}{2c_1^3} \mu_T^2 k_{1,T}^3 \rho_{1,T}^{2\delta T} + \frac{1}{c_1^2} \mu_T k_{1,T}^{5/2} \rho_{1,T}^{2\delta T} Y_1 + o_p \left(k_{1,T}^2 + \rho_{1,T}^{2\delta T} \right)$$

$$+ o_p \left(\mu_T k_{1,T}^{5/2} \rho_{1,T}^{2\delta T} \right)$$

$$= \left(\frac{1}{2c_1} k_{1,T}^2 \rho_{1,T}^{2\delta T} Y_1^2 + \frac{1}{2c_1^3} \mu_T^2 k_{1,T}^3 \rho_{1,T}^{2\delta T} + \frac{1}{c_1^2} \mu_T k_{1,T}^{5/2} \rho_{1,T}^{2\delta T} Y_1 \right) \left(1 + o_p(1) \right)$$

其中我们用到了：

$$\sum_{t=1}^{\delta T+1} \left(\sum_{j=1}^{t-1} \rho_{1,T}^{t-1-j} \varepsilon_j \right)^2$$

$$= \sum_{t=1}^{\delta T+1} \left(\rho_{1,T}^{t-1} y_0 + \sum_{j=1}^{t-1} \rho_{1,T}^{t-1-j} \varepsilon_j \right)^2 \left(1 + o_p(1) \right)$$

$$= \frac{1}{2c_1} k_{1,T}^2 \rho_{1,T}^{2\delta T} Y_1^2 + o_p \left(k_{1,T}^2 \rho_{1,T}^{2\delta T} \right)$$

对于 $\widetilde{G}_2$ 项，我们可以推出：

$$\widetilde{G}_2 = \left[(\rho_{1,T}/\rho_{2,T})^{\delta T} \sum_{j=1}^{\delta T} \rho_{1,T}^{-j} \varepsilon_j \right]^2 \sum_{t=\delta T+2}^{T} \rho_{2,T}^{2(t-1)} + \frac{1}{c_1^2} \mu_T^2 k_{1,T}^2 (\rho_{1,T}/\rho_{2,T})^{2\delta T} \sum_{t=\delta T+2}^{T} \rho_{2,T}^{2(t-1)}$$

$$+ \frac{2}{c_1} \mu_T \left[(\rho_{1,T}/\rho_{2,T})^{\delta T} \sum_{j=1}^{\delta T} \rho_{1,T}^{-j} \varepsilon_j \right] k_{1,T} (\rho_{1,T}/\rho_{2,T})^{\delta T} \sum_{t=\delta T+2}^{T} \rho_{2,T}^{2(t-1)}$$

$$= \left[\frac{Y_1^2}{2c_2} k_{1,T} k_{2,T} \rho_{1,T}^{2\delta T} \rho_{2,T}^{2(1-\delta)T} + \frac{1}{2c_1^2 c_2} \mu_T^2 k_{1,T}^2 k_{2,T} \rho_{1,T}^{2\delta T} \rho_{2,T}^{2(1-\delta)T} \right.$$

$$\left. + \frac{Y_1}{c_1 c_2} \mu_T k_{1,T}^{3/2} k_{2,T} \rho_{1,T}^{2\delta T} \rho_{2,T}^{2(1-\delta)T} \right] (1 + o_p(1))$$

综上所述，我们可以得到：

$$\sum_{t=1}^{T} y_{t-1}^2 = (\widetilde{G}_1 + \widetilde{G}_2)(1 + o_p(1)) = \widetilde{G}_2(1 + o_p(1))$$

$$= \left[\frac{Y_1^2}{2c_2} k_{1,T} k_{2,T} \rho_{1,T}^{2\delta T} \rho_{2,T}^{2(1-\delta)T} + \frac{1}{2c_1^2 c_2} \mu_T^2 k_{1,T}^2 k_{2,T} \rho_{1,T}^{2\delta T} \rho_{2,T}^{2(1-\delta)T} \right.$$

$$\left. + \frac{Y_1}{c_1 c_2} \mu_T k_{1,T}^{3/2} k_{2,T} \rho_{1,T}^{2\delta T} \rho_{2,T}^{2(1-\delta)T} \right] (1 + o_p(1))$$

$$= \frac{1}{2c_2} \left(Y_1 + \frac{1}{c_1} \bar{\tau}_1 \right)^2 k_{1,T} k_{2,T} \rho_{1,T}^{2\delta T} \rho_{2,T}^{2(1-\delta)T} (1 + o_p(1))$$

因此，定理 4-1(a) 得证。

现在来证定理 4-1(b)。根据模型定义，我们有：

$$\sum_{t=1}^{T} y_{t-1} = \sum_{t=1}^{\delta T+1} y_{t-1} + \sum_{t=\delta T+2}^{T} y_{t-1}$$

$$= \sum_{t=1}^{\delta T+1} \left(\rho_{1,T}^{t-1} y_0 + \sum_{j=1}^{t-1} \rho_{1,T}^{t-1-j} \varepsilon_j + \frac{1}{c_1} \mu_T k_{1,T} \rho_{1,T}^{t-1} - \frac{1}{c_1} \mu_T k_{1,T} \right)$$

$$+ \sum_{t=\delta T+2}^{T} \left\{ (\rho_{1,T}/\rho_{2,T})^{\delta T} \rho_{2,T}^{t-1} y_0 + \left[(\rho_{1,T}/\rho_{2,T})^{\delta T} \sum_{j=1}^{\delta T} \rho_{1,T}^{-j} \varepsilon_j \right] \rho_{2,T}^{t-1} \right.$$

$$\left. + \sum_{j=\delta T+1}^{t-1} \rho_{2,T}^{t-1-j} \varepsilon_j + \left(\frac{1}{c_1} k_{1,T} \rho_{1,T}^{\delta T} - \frac{1}{c_1} k_{1,T} + \frac{1}{c_2} k_{2,T} \right) \rho_{2,T}^{-\delta T} \mu_T \rho_{2,T}^{t-1} - \frac{1}{c_2} \mu_T k_{2,T} \right\}$$

$$= (1 + o_p(1)) \sum_{t=1}^{\delta T+1} \left(\sum_{j=1}^{t-1} \rho_{1,T}^{t-1-j} \varepsilon_j + \frac{1}{c_1} \mu_T k_{1,T} \rho_{1,T}^{t-1} \right)$$

$$+ (1 + o_p(1)) \sum_{t=\delta T+2}^{T} \left\{ \left[(\rho_{1,T}/\rho_{2,T})^{\delta T} \sum_{j=1}^{\delta T} \rho_{1,T}^{-j} \varepsilon_j \right] \rho_{2,T}^{t-1} + \frac{1}{c_1} k_{1,T} \rho_{1,T}^{\delta T} \rho_{2,T}^{-\delta T} \mu_T \rho_{2,T}^{t-1} \right\}$$

$$= (\widetilde{H}_1 + \widetilde{H}_2)(1 + o_p(1))$$

其中：

$$\widetilde{H}_1 := \sum_{t=1}^{\delta T+1} \left(\sum_{j=1}^{t-1} \rho_{1,T}^{t-1-j} \varepsilon_j + \frac{1}{c_1} \mu_T k_{1,T} \rho_{1,T}^{t-1} \right)$$

$$\widetilde{H}_2 := \sum_{t=\delta T+2}^{T} \left\{ \left[(\rho_{1,T}/\rho_{2,T})^{\delta T} \sum_{j=1}^{\delta T} \rho_{1,T}^{-j} \varepsilon_j \right] \rho_{2,T}^{t-1} + \frac{1}{c_1} k_{1,T} \rho_{1,T}^{\delta T} \rho_{2,T}^{-\delta T} \mu_T \rho_{2,T}^{t-1} \right\}$$

对于 $\widetilde{H}_1$ 项，根据引理 4-1（b），我们可以推出：

$$\widetilde{H}_1 = \sum_{t=1}^{\delta T+1} \sum_{j=1}^{t-1} \rho_{1,T}^{t-1-j} \varepsilon_j + \sum_{t=1}^{\delta T+1} \frac{1}{c_1} \mu_T k_{1,T} \rho_{1,T}^{t-1}$$

$$= \sum_{t=1}^{\delta T+1} \sum_{j=1}^{\delta T+1} \rho_{1,T}^{t-1-j} \varepsilon_j - \sum_{t=1}^{\delta T+1} \sum_{j=t}^{\delta T+1} \rho_{1,T}^{t-1-j} \varepsilon_j + \frac{1}{c_1} \mu_T k_{1,T} \sum_{t=1}^{\delta T+1} \rho_{1,T}^{t-1}$$

$$= \frac{1}{c_1} k_{1,T}^{3/2} \rho_{1,T}^{\delta T} + \frac{1}{c_1^2} \mu_T k_{1,T}^2 \rho_{1,T}^{\delta T} + o_p(k_{1,T}^{3/2} \rho_{1,T}^{\delta T})$$

对于 $\widetilde{H}_2$ 项，我们可以推出：

$$\widetilde{H}_2 = \sum_{t=\delta T+2}^{T} \left[(\rho_{1,T}/\rho_{2,T})^{\delta T} \sum_{j=1}^{\delta T} \rho_{1,T}^{-j} \varepsilon_j \right] \rho_{2,T}^{t-1} + \sum_{t=\delta T+2}^{T} \frac{1}{c_1} k_{1,T} \rho_{1,T}^{\delta T} \rho_{2,T}^{-\delta T} \mu_T \rho_{2,T}^{t-1}$$

$$= \left[(\rho_{1,T}/\rho_{2,T})^{\delta T} \sum_{j=1}^{\delta T} \rho_{1,T}^{-j} \varepsilon_j \right] \sum_{t=\delta T+2}^{T} \rho_{2,T}^{t-1} + \frac{1}{c_1} k_{1,T} \rho_{1,T}^{\delta T} \rho_{2,T}^{-\delta T} \mu_T \sum_{t=\delta T+2}^{T} \rho_{2,T}^{t-1}$$

$$= \left[\frac{Y_1}{c_2} \sqrt{k_{1,T}} k_{2,T} \rho_{1,T}^{\delta T} \rho_{2,T}^{(1-\delta)T} + \frac{1}{c_1 c_2} \mu_T k_{1,T} k_{2,T} \rho_{1,T}^{\delta T} \rho_{2,T}^{(1-\delta)T} \right] (1 + o_p(1))$$

综上所述，我们可以得到：

$$\sum_{t=1}^{T} y_{t-1} = (\widetilde{H}_1 + \widetilde{H}_2)(1 + o_p(1)) = \widetilde{H}_2(1 + o_p(1))$$

$$= \left[\frac{Y_1}{c_2} \sqrt{k_{1,T}} \, k_{2,T} \rho_{1,T}^{\delta T} \rho_{2,T}^{(1-\delta)T} + \frac{1}{c_1 c_2} \mu_T k_{1,T} k_{2,T} \rho_{1,T}^{\delta T} \rho_{2,T}^{(1-\delta)T} \right] (1 + o_p(1))$$

$$= \frac{1}{c_2} \left(Y_1 + \frac{1}{c_1} \bar{\tau}_1 \right) \sqrt{k_{1,T}} \, k_{2,T} \rho_{1,T}^{\delta T} \rho_{2,T}^{(1-\delta)T} (1 + o_p(1))$$

因此，定理 4-1（b）得证。

最后证明定理 4-1（c）。根据模型定义，我们有：

$$\sum_{t=1}^{T} y_{t-1} \varepsilon_t = \sum_{t=1}^{\delta T+1} y_{t-1} \varepsilon_t + \sum_{t=\delta T+2}^{T} y_{t-1} \varepsilon_t$$

$$= \sum_{t=1}^{\delta T+1} \left(\rho_{1,T}^{t-1} y_0 + \sum_{j=1}^{t-1} \rho_{1,T}^{t-1-j} \varepsilon_j + \frac{1}{c_1} \mu_T k_{1,T} \rho_{1,T}^{t-1} - \frac{1}{c_1} \mu_T k_{1,T} \right) \varepsilon_t$$

$$+ \sum_{t=\delta T+2}^{T} \left\{ (\rho_{1,T}/\rho_{2,T})^{\delta T} \rho_{2,T}^{t-1} y_0 + \left[(\rho_{1,T}/\rho_{2,T})^{\delta T} \sum_{j=1}^{\delta T} \rho_{1,T}^{-j} \varepsilon_j \right] \rho_{2,T}^{t-1} \right.$$

$$\left. + \sum_{j=\delta T+1}^{t-1} \rho_{2,T}^{t-1-j} \varepsilon_j + \left(\frac{1}{c_1} k_{1,T} \rho_{1,T}^{\delta T} - \frac{1}{c_1} k_{1,T} + \frac{1}{c_2} k_{2,T} \right) \rho_{2,T}^{-\delta T} \mu_T \rho_{2,T}^{t-1} - \frac{1}{c_2} \mu_T k_{2,T} \right\} \varepsilon_t$$

$$= (1 + o_p(1)) \sum_{t=1}^{\delta T+1} \left(\sum_{j=1}^{t-1} \rho_{1,T}^{t-1-j} \varepsilon_j + \frac{1}{c_1} \mu_T k_{1,T} \rho_{1,T}^{t-1} \right) \varepsilon_t$$

$$+ (1 + o_p(1)) \sum_{t=\delta T+2}^{T} \left\{ \left[(\rho_{1,T}/\rho_{2,T})^{\delta T} \sum_{j=1}^{\delta T} \rho_{1,T}^{-j} \varepsilon_j \right] \rho_{2,T}^{t-1} + \frac{1}{c_1} k_{1,T} \rho_{1,T}^{\delta T} \rho_{2,T}^{-\delta T} \mu_T \rho_{2,T}^{t-1} \right\} \varepsilon_t$$

$$= (\tilde{J}_1 + \tilde{J}_2)(1 + o_p(1))$$

其中：

$$\tilde{J}_1 := \sum_{t=1}^{\delta T+1} \left(\sum_{j=1}^{t-1} \rho_{1,T}^{t-1-j} \varepsilon_j + \frac{1}{c_1} \mu_T k_{1,T} \rho_{1,T}^{t-1} \right) \varepsilon_t$$

$$\tilde{J}_2 := \sum_{t=\delta T+2}^{T} \left\{ \left[(\rho_{1,T}/\rho_{2,T})^{\delta T} \sum_{j=1}^{\delta T} \rho_{1,T}^{-j} \varepsilon_j \right] \rho_{2,T}^{t-1} + \frac{1}{c_1} k_{1,T} \rho_{1,T}^{\delta T} \rho_{2,T}^{-\delta T} \mu_T \rho_{2,T}^{t-1} \right\} \varepsilon_t$$

对于 $\tilde{J}_1$ 项，根据引理 4-1（c）和式（4-8），我们可以推出：

$$\tilde{J}_1 = \sum_{t=1}^{\delta T+1} \sum_{j=1}^{t-1} \rho_{1,T}^{t-1-j} \varepsilon_j \varepsilon_t + \sum_{t=1}^{\delta T+1} \frac{1}{c_1} \mu_T k_{1,T} \rho_{1,T}^{t-1} \varepsilon_t$$

$$= \sum_{t=1}^{\delta T+1} \sum_{j=1}^{\delta T+1} \rho_{1,T}^{t-1-j} \varepsilon_j \varepsilon_t - \sum_{t=1}^{\delta T+1} \sum_{j=t}^{\delta T+1} \rho_{1,T}^{t-1-j} \varepsilon_j \varepsilon_t + \frac{1}{c_1} \mu_T k_{1,T} \sum_{t=1}^{\delta T+1} \rho_{1,T}^{t-1} \varepsilon_t$$

$$= k_{1,T} \rho_{1,T}^{\delta T} X_1 Y_1 + \frac{1}{c_1} \mu_T k_{1,T} \sqrt{k_{1,T}} \rho_1^{\delta T} X_1 + o_p(k_{1,T} \rho_{1,T}^{\delta T})$$

对于 $\tilde{J}_2$ 项，根据式（4-8）和式（4-11），我们可以推出：

$$\tilde{J}_2 = \sum_{t=\delta T+2}^{T} \left[(\rho_{1,T}/\rho_{2,T})^{\delta T} \sum_{j=1}^{\delta T} \rho_{1,T}^{-j} \varepsilon_j \right] \rho_{2,T}^{t-1} \varepsilon_t + \sum_{t=\delta T+2}^{T} \frac{1}{c_1} k_{1,T} \rho_{1,T}^{\delta T} \rho_{2,T}^{-\delta T} \mu_T \rho_{2,T}^{t-1} \varepsilon_t$$

$$= \left[(\rho_{1,T}/\rho_{2,T})^{\delta T} \sum_{j=1}^{\delta T} \rho_{1,T}^{-j} \varepsilon_j \right] \sum_{t=\delta T+2}^{T} \rho_{2,T}^{t-1} \varepsilon_t + \frac{1}{c_1} k_{1,T} \rho_{1,T}^{\delta T} \rho_{2,T}^{\delta T} \mu_T \sum_{t=\delta T+2}^{T} \rho_{2,T}^{t-1} \varepsilon_t$$

$$= \left[X_2 Y_1 \sqrt{k_{1,T}} \sqrt{k_{2,T}} \rho_{1,T}^{\delta T} \rho_{2,T}^{(1-\delta)T} + \frac{X_2}{c_1} k_{1,T} \mu_T \sqrt{k_{1,T}} \rho_{1,T}^{\delta T} \rho_{2,T}^{(1-\delta)T} \right]$$

$$(1+o_p(1))$$

综上所述，我们可以得到：

$$\sum_{t=1}^{T} y_{t-1} \varepsilon_t = (\tilde{J}_1 + \tilde{J}_2)(1+o_p(1)) = \tilde{J}_2(1+o_p(1))$$

$$= \left[X_2 Y_1 \sqrt{k_{1,T}} \sqrt{k_{2,T}} \rho_{1,T}^{\delta T} \rho_{2,T}^{(1-\delta)T} + \frac{X_2}{c_1} \mu_T k_{1,T} \sqrt{k_{2,T}} \rho_{1,T}^{\delta T} \rho_{2,T}^{(1-\delta)T} \right]$$

$$(1+o_p(1))$$

$$= X_2 \left(Y_1 + \frac{1}{c_1} \bar{\tau}_1 \right) \sqrt{k_{1,T}} \sqrt{k_{2,T}} \rho_{1,T}^{\delta T} \rho_{2,T}^{(1-\delta)T} (1+o_p(1))$$

因此，定理 4-1（c）得证。

定理 4-5 的证明

首先证明定理 4-5（a）。根据模型定义，我们有：

$$\sum_{t=1}^{T} y_{t-1}^2 = \sum_{t=1}^{\delta T+1} y_{t-1}^2 + \sum_{t=\delta T+2}^{T} y_{t-1}^2$$

$$= \sum_{t=1}^{\delta T+1} \left(\rho_1^{t-1} y_0 + \sum_{j=1}^{t-1} \rho_T^{t-1-j} \varepsilon_j + \frac{1}{c} \mu_T k_T \rho_T^{t-1} - \frac{1}{c} \mu_T k_T \right)^2$$

$$+ \sum_{t=1}^{\delta T+1} \left[\rho_T^{\delta T} y_0 + \left(\sum_{j=1}^{\delta T} \rho_T^{\delta T-j} \varepsilon_j + \sum_{j=\delta T+1}^{t} \varepsilon_j \right) + \left(\mu_T t + \frac{1}{c} \mu_T k_T \rho_T^{\delta T} - \frac{1}{c} \mu_T k_T - \delta \mu_T T \right) \right]^2$$

$$= \left[\sum_{t=1}^{\delta T+1} \left(\sum_{j=1}^{t-1} \rho_T^{t-1-j} \varepsilon_j + \frac{1}{c} \mu_T k_T \rho_T^{t-1} \right)^2 + \sum_{t=1}^{\delta T+1} \left(\sum_{j=1}^{\delta T} \rho_T^{\delta T-j} \varepsilon_j + \frac{1}{c} \mu_T k_T \rho_T^{\delta T} \right)^2 \right]$$
$$(1 + o_p(1))$$

$$= (\check{G}_1 + \check{G}_2)(1 + o_p(1))$$

其中：

$$\check{G}_1 := \sum_{t=1}^{\delta T+1} \left(\sum_{j=1}^{t-1} \rho_T^{t-1-j} \varepsilon_j + \frac{1}{c} \mu_T k_T \rho_1^{t-1} \right)^2$$

$$\check{G}_2 := \sum_{t=1}^{\delta T+1} \left(\sum_{j=1}^{\delta T} \rho_T^{\delta T-j} \varepsilon_j + \frac{1}{c} \mu_T k_T \rho_T^{\delta T} \right)^2$$

对于 $\check{G}_1$ 项，根据式（2-7）和引理 4-1（a）[①]，我们可以推出：

$$\check{G}_1 = \sum_{t=1}^{\delta T+1} \left(\sum_{j=1}^{t-1} \rho_T^{t-1-j} \varepsilon_j \right)^2 + \frac{1}{c^2} \mu_T^2 k_T^2 \sum_{t=1}^{\delta T+1} \rho_T^{2(t-1)} + \frac{2}{c} \mu_T k_T \sum_{t=1}^{\delta T+1} \sum_{j=1}^{t-1} \rho_T^{2(t-1)-j} \varepsilon_j$$

$$= \sum_{t=1}^{\delta T+1} \left(\sum_{j=1}^{t-1} \rho_T^{t-1-j} \varepsilon_j \right)^2 + \frac{1}{c^2} \mu_T^2 k_T^2 \sum_{t=1}^{\delta T+1} \rho_T^{2(t-1)}$$

$$+ \frac{2}{c} \mu_T k_T \sum_{t=1}^{\delta T+1} \sum_{j=1}^{\delta T+1} \rho_T^{2(t-1)-j} \varepsilon_j - \frac{2}{c} \mu_T k_T \sum_{t=1}^{\delta T+1} \sum_{j=t}^{\delta T+1} \rho_T^{2(t-1)-j} \varepsilon_j$$

$$= \frac{1}{2c} k_T^2 \rho_T^{2\delta T} Y^2 + \frac{1}{2c^3} \mu_T^2 k_T^3 \rho_T^{2\delta T} + \frac{1}{c^2} \mu_T k_T^{5/2} \rho_T^{2\delta T} Y + o_p(k_T^2 \rho_T^{2\delta T}) + o_p(\mu_T k_T^{5/2} \rho_T^{2\delta T})$$

$$= \left(\frac{1}{2c} k_T^2 \rho_T^{2\delta T} Y^2 + \frac{1}{2c^3} \mu_T^2 k_T^3 \rho_T^{2\delta T} + \frac{1}{c^2} \mu_T k_T^{5/2} \rho_T^{2\delta T} Y \right) (1 + o_p(1))$$

其中我们用到了：

$$\sum_{t=1}^{\delta T+1} \left(\sum_{j=1}^{t-1} \rho_T^{t-1-j} \varepsilon_j \right)^2 = \sum_{t=1}^{\delta T+1} \left(\rho_T^{t-1} y_0 + \sum_{j=1}^{t-1} \rho_T^{t-1-j} \varepsilon_j \right)^2 (1 + o_p(1))$$

$$= \frac{1}{2c} k_T^2 \rho_T^{2\delta T} Y^2 + o_p(k_T^2 \rho_T^{2\delta T})$$

对于 $\check{G}_2$ 项，根据式（4-41），我们可以推出：

---

① 对引理 4-1 的应用只需要将 $\rho_{1,T}$ 替换为 ρ_T，下同。

$$\check{G}_2 = (\delta T + 1)\left(\sum_{j=1}^{\delta T} \rho_T^{\delta T - j} \varepsilon_j + \frac{1}{c}\mu_T k_T \rho_T^{\delta T}\right)^2$$

$$= (\delta T + 1)\left[\left(\sum_{j=1}^{\delta T} \rho_T^{\delta T - j} \varepsilon_j\right)^2 + \frac{1}{c^2}\mu_T^2 k_1^2 \rho_T^{2\delta T} + \frac{2}{c}\mu_T k_T \rho_T^{\delta T}\sum_{j=1}^{\delta T} \rho_T^{\delta T - i} \varepsilon_j\right]$$

$$= (\delta T + 1)\left[\left(\sum_{j=1}^{\delta T} \rho_T^{-j} \varepsilon_j\right)^2 \rho_T^{2\delta T} + \frac{1}{c^2}\mu_T^2 k_T^2 \rho_T^{2\delta T} + \frac{2}{c}\mu_T k_T \rho_T^{2\delta T}\sum_{j=1}^{\delta T} \rho_T^{-j} \varepsilon_j\right]$$

$$= \delta T\left(k_T \rho_T^{2\delta T} Y^2 + \frac{1}{c^2}\mu_T^2 k_T^2 \rho_T^{2\delta T} + \frac{2}{c}\mu_T k_T^{3/2} \rho_T^{2\delta T} Y\right)(1 + o_p(1))$$

综上所述，我们可以得到：

$$\sum_{t=1}^{T} y_{t-1}^2 = (\check{G}_1 + \check{G}_2)(1 + o_p(1)) = \check{G}_2(1 + o_p(1))$$

$$= \delta T\left(k_T \rho_T^{2\delta T} Y^2 + \frac{1}{c^2}\mu_T^2 k_T^2 \rho_T^{2\delta T} + \frac{2}{c}\mu_T k_T^{3/2} \rho_T^{2\delta T} Y\right)(1 + o_p(1))$$

$$= \delta\left(Y + \frac{1}{c}\tau\right)^2 T k_T \rho_T^{2\delta T}(1 + o_p(1))$$

因此，定理 4-5（a）得证。

现在来证定理 4-5（b）。根据模型定义，我们有：

$$\sum_{t=1}^{T} y_{t-1} = \sum_{t=1}^{\delta T+1} y_{t-1} + \sum_{t=\delta T+2}^{T} y_{t-1}$$

$$= \sum_{t=1}^{\delta T+1}\left(\rho_T^{t-1} y_0 + \sum_{j=1}^{t-1} \rho_T^{t-1-j} \varepsilon_j + \frac{1}{c}\mu_T k_T \rho_T^{t-1} - \frac{1}{c}\mu_T k_T\right) +$$

$$\sum_{t=1}^{\delta T+1}\left[\rho_T^{\delta T} y_0 + \left(\sum_{j=1}^{\delta T} \rho_T^{\delta T - j} \varepsilon_j + \sum_{j=\delta T+1}^{t} \varepsilon_j\right) + \left(\mu_T t + \frac{1}{c}\mu_T k_T \rho_T^{\delta T} - \frac{1}{c}\mu_T k_T - \delta\mu_T T\right)\right]$$

$$= \left[\sum_{t=1}^{\delta T+1}\left(\sum_{j=1}^{t-1} \rho_T^{t-1-j} \varepsilon_j + \frac{1}{c}\mu_T k_T \rho_T^{t-1}\right) + \sum_{t=1}^{\delta T+1}\left(\sum_{j=1}^{\delta T} \rho_T^{\delta T - j} \varepsilon_j + \frac{1}{c}\mu_T k_T \rho_T^{\delta T}\right)\right]$$

$$(1 + o_p(1))$$

$$= (\check{H}_1 + \check{H}_2)(1 + o_p(1))$$

其中：

$$\check{H}_1 := \sum_{t=1}^{\delta T+1} \left(\sum_{j=1}^{t-1} \rho_T^{t-1-j} \varepsilon_j + \frac{1}{c} \mu_T k_T \rho_T^{t-1} \right)$$

$$\check{H}_2 := \sum_{t=1}^{\delta T+1} \left(\sum_{j=1}^{\delta T} \rho_T^{\delta T-j} \varepsilon_j + \frac{1}{c} \mu_T k_T \rho_T^{\delta T} \right)$$

对于 $\check{H}_1$ 项，根据式（4-41）和引理 4-1（b），我们可以推出：

$$\check{H}_1 = \sum_{t=1}^{\delta T+1} \sum_{j=1}^{t-1} \rho_T^{t-1-j} \varepsilon_j + \frac{1}{c} \mu_T k_T \sum_{t=1}^{\delta T+1} \rho_T^{t-1}$$

$$= \sum_{t=1}^{\delta T+1} \sum_{j=1}^{\delta T+1} \rho_T^{t-1-j} \varepsilon_j - \sum_{t=1}^{\delta T+1} \sum_{j=t}^{\delta T+1} \rho_T^{t-1-j} \varepsilon_j + \frac{1}{c} \mu_T k_T \sum_{t=1}^{\delta T+1} \rho_T^{t-1}$$

$$= \sum_{t=1}^{\delta T+1} \rho_T^{t-1} \sum_{j=1}^{\delta T+1} \rho_T^{-j} \varepsilon_j - \frac{1}{c^2} \mu_T k_T^2 \rho_T^{\delta T} + o_p \left(k_T^{3/2} \rho_T^{\delta T} \right) + o \left(\mu_T k_T^2 \rho_T^{\delta T} \right)$$

$$= \frac{1}{c} k_T^{3/2} \rho_T^{\delta T} Y + \frac{1}{c^2} \mu_T k_T^2 \rho_T^{\delta T} + o_p \left(k_T^{3/2} \rho_T^{\delta T} \right) + o \left(\mu_T k_T^2 \rho_T^{\delta T} \right)$$

对于 $\check{H}_2$ 项，根据式（4-41），我们可以推出：

$$\check{H}_2 = (\delta T+1) \left(\sum_{j=1}^{\delta T} \rho_T^{\delta T-j} \varepsilon_j + \frac{1}{c} \mu_T k_T \rho_T^{\delta T} \right)$$

$$= \delta T \sqrt{k_T} \rho_T^{\delta T} Y + \frac{\delta}{c} T \mu_T k_T \rho_T^{\delta T} + o_p \left(T \sqrt{k_T} \rho_T^{\delta T} \right) + o \left(T \mu_T k_T \rho_T^{\delta T} \right)$$

综上所述，我们可以得到：

$$\sum_{t=1}^{T} y_{t-1} = (\check{H}_1 + \check{H}_2)(1 + o_p(1)) = \check{H}_2 (1 + o_p(1))$$

$$= \left(\delta T \sqrt{k_T} \rho_T^{\delta T} Y + \frac{\delta}{c} T \mu_T k_T \rho_T^{\delta T} \right) (1 + o_p(1))$$

$$= \delta \left(Y + \frac{1}{c} \tau \right) T \sqrt{k_T} \rho_T^{\delta T} (1 + o_p(1))$$

因此，定理 4-5（b）得证。

最后证明定理 4-5（c）。根据模型定义，我们有：

$$\sum_{t=1}^{T} y_{t-1}\varepsilon_t = \sum_{t=1}^{\delta T+1} y_{t-1}\varepsilon_t + \sum_{t=\delta T+2}^{T} y_{t-1}\varepsilon_t$$

$$= \sum_{t=1}^{\delta T+1}\left(\rho_T^{t-1}y_0 + \sum_{j=1}^{t-1}\rho_T^{t-1-j}\varepsilon_j + \frac{1}{c}\mu_T k_T\rho_T^{t-1} - \frac{1}{c}\mu_T k_T\right)\varepsilon_t$$

$$+ \sum_{t=1}^{\delta T+1}\left[\rho_T^{\delta T}y_0 + \left(\sum_{j=1}^{\delta T}\rho_T^{\delta T-j}\varepsilon_j + \sum_{j=\delta T+1}^{t}\varepsilon_j\right) + \left(\mu_T t + \frac{1}{c}\mu_T k_T\rho_T^{\delta T} - \frac{1}{c}\mu_T k_T - \delta\mu_T T\right)\right]\varepsilon_t$$

$$= \left[\sum_{t=1}^{\delta T+1}\left(\sum_{j=1}^{t-1}\rho_T^{t-1-j}\varepsilon_j + \frac{1}{c}\mu_T k_T\rho_T^{t-1}\right)\varepsilon_t + \sum_{t=1}^{\delta T+1}\left(\sum_{j=1}^{\delta T}\rho_T^{\delta T-j}\varepsilon_j + \frac{1}{c}\mu_T k_T\rho_T^{\delta T}\right)\varepsilon_t\right]$$

$$(1+o_p(1))$$

$$= (\breve{J}_1 + \breve{J}_2)(1+o_p(1))$$

其中：

$$\breve{J}_1 := \sum_{t=1}^{\delta T+1}\left(\sum_{j=1}^{t-1}\rho_T^{t-1-j}\varepsilon_j + \frac{1}{c}\mu_T k_T\rho_T^{t-1}\right)\varepsilon_t$$

$$\breve{J}_2 := \sum_{t=1}^{\delta T+1}\left(\sum_{j=1}^{\delta T}\rho_T^{\delta T-j}\varepsilon_j + \frac{1}{c}\mu_T k_T\rho_T^{\delta T}\right)\varepsilon_t$$

对于 $\breve{J}_1$ 项，根据式（4-41）和引理 4-1（c），我们可以推出：

$$\breve{J}_1 = \sum_{t=1}^{\delta T+1}\sum_{j=1}^{t-1}\rho_T^{t-1-j}\varepsilon_j\varepsilon_t + \frac{1}{c}\mu_T k_T\sum_{t=1}^{\delta T+1}\rho_T^{t-1}\varepsilon_t$$

$$= \sum_{t=1}^{\delta T+1}\sum_{j=1}^{\delta T+1}\rho_T^{t-1-j}\varepsilon_j\varepsilon_t - \sum_{t=1}^{\delta T+1}\sum_{j=t}^{\delta T+1}\rho_T^{t-1-j}\varepsilon_j\varepsilon_t + \frac{1}{c}\mu_T k_T\sum_{t=1}^{\delta T+1}\rho_T^{t-1}\varepsilon_t$$

$$= \sum_{t=1}^{\delta T+1}\rho_T^{t-1}\varepsilon_t\sum_{j=1}^{\delta T+1}\rho_T^{-j}\varepsilon_j + \frac{1}{c}\mu_T k_T^{3/2}\rho_T^{\delta T} + o_p(k_T\rho_T^{\delta T}) + o(\mu_T k_T^{3/2}\rho_T^{\delta T})$$

$$= k_T\rho_T^{\delta T}XY + \frac{1}{c}\mu_T k_T^{3/2}\rho_T^{\delta T} + o_p(k_T\rho_T^{\delta T}) + o(\mu_T k_T^{3/2}\rho_T^{\delta T})$$

对于 $\breve{J}_2$ 项，根据式（4-41）和中心极限定理，我们可以推出：

$$\breve{J}_2 = \sum_{t=1}^{\delta T+1}\left(\sum_{j=1}^{\delta T}\rho_T^{\delta T-j}\varepsilon_j + \frac{1}{c}\mu_T k_T\rho_T^{\delta T}\right)\varepsilon_t = \left(\sum_{j=1}^{\delta T}\rho_T^{\delta T-j}\varepsilon_j + \frac{1}{c}\mu_T k_T\rho_T^{\delta T}\right)\sum_{t=1}^{\delta T+1}\varepsilon_t$$

$$= \sqrt{\delta T} \, Z \left(\sqrt{k_T} \, \rho_T^{\delta T} Y + \frac{1}{c} \mu_T k_T \rho_T^{\delta T} \right) (1 + o_p(1))$$

综上所述，我们可以得到：

$$\sum_{t=1}^{T} y_{t-1} \varepsilon_t = (\check{J}_1 + \check{J}_2)(1 + o_p(1)) = \check{J}_2(1 + o_p(1))$$

$$= \sqrt{\delta T} \, Z \left(\sqrt{k_T} \, \rho_T^{\delta T} Y + \frac{1}{c} \mu_T k_T \rho_T^{\delta T} \right) (1 + o_p(1))$$

$$= \sqrt{\delta} \, Z \left(Y + \frac{1}{c} \tau \right) \sqrt{T k_T} \, \rho_T^{\delta T} (1 + o_p(1))$$

因此，定理 4-5（c）得证。

定理 4-9 的证明

参照式（A3-1）的定义，我们定义：

$$\bar{y}_t = \rho_T^t y_0 + \sum_{j=1}^{t} \rho_T^{t-j} e_j \tag{A4-1}$$

且 $\bar{y}_0 = y_0$。根据 Xu 和 Pang（2018）的结果，我们有：

$$(k_T \rho_T^T)^{-2} \sum_{t=1}^{T} \bar{y}_{t-1} e_t = \frac{1}{2c} \bar{Y}_T^2 + o_p(1) \tag{A4-2}$$

$$(k_T^{3/2} \rho_T^T)^{-1} \sum_{t=1}^{T} \bar{y}_{t-1} = \frac{1}{c} \bar{Y}_T + o_p(1) \tag{A4-3}$$

$$(k_T \rho_T^T)^{-1} \sum_{t=1}^{T} \bar{y}_{t-1} e_t = \bar{X}_T \bar{Y}_T + o_p(1) \tag{A4-4}$$

现在来证定理 4-9（a）。根据式（A4-2）和式（A4-3），我们有：

$$\sum_{t=1}^{T} y_{t-1}^2 = \sum_{t=1}^{T} \left(\bar{y}_{t-1} + \frac{1}{c} \mu_T k_T \rho_T^{t-1} - \frac{1}{c} \mu_T k_T \right)^2$$

$$= \sum_{t=1}^{T} \bar{y}_{t-1}^2 + \frac{1}{c^2} \mu_T^2 k_T^2 \sum_{t=1}^{T} \rho_T^{2t-2} + \frac{2}{c} \mu_T k_T \sum_{t=1}^{T} \bar{y}_{t-1} \rho_T^{t-1}$$

$$+ \frac{1}{c^2} T \mu_T^2 k_T^2 - \frac{2}{c} \mu_T k_T \sum_{t=1}^{T} \bar{y}_{t-1} - \frac{2}{c^2} \mu_T^2 k_T^2 \sum_{t=1}^{T} \rho_T^{t-1}$$

$$= \frac{\overline{Y}_T^2}{2c} k_T^2 \rho_T^{2T} + \frac{1}{2c^3} \mu_T^2 k_T^3 \rho_T^{2T} + \frac{2}{c} \mu_T k_T \sum_{t=1}^{T} \overline{y}_{t-1} \rho_T^{t-1} + o_p(k_T^2 \rho_T^{2T})$$

$$= \frac{\overline{Y}_T^2}{2c} k_T^2 \rho_T^{2T} + \frac{\tau^2}{2c^3} k_T^2 \rho_T^{2T} + \frac{2}{c} \mu_T k_T \sum_{t=1}^{T} \overline{y}_{t-1} \rho_T^{t-1} + o_p(k_T^2 \rho_T^{2T})$$

应用初始值条件 $y_0 = o_p(\sqrt{k_T})$，可以推出：

$$\frac{2}{c} \mu_T k_T \sum_{t=1}^{T} \overline{y}_{t-1} \rho_T^{t-1} = \frac{2}{c} \mu_T k_T \sum_{t=1}^{T} \left(\rho_T^{t-1} y_0 + \sum_{j=1}^{t-1} \rho_T^{t-1-j} e_j \right) \rho_T^{t-1}$$

$$= \frac{2}{c} y_0 \mu_T k_T \sum_{t=1}^{T} \rho_T^{2t-2} + \frac{2}{c} \mu_T k_T \sum_{t=1}^{T} \sum_{j=1}^{t-1} \rho_T^{2(t-1)-i} e_j$$

$$= \frac{2}{c} \mu_1 k_T \sum_{t=1}^{T} \sum_{j=1}^{T} \rho_T^{2(t-1)-j} e_j - \frac{2}{c} \mu_T k_T \sum_{t=1}^{T} \sum_{j=t}^{T} \rho_T^{2(t-1)-j} \varepsilon_j + o_p(\mu_T k_T^{5/2} \rho_T^{2T})$$

$$= \frac{2}{c} \mu_T k_T \sum_{t=1}^{T} \sum_{j=1}^{T} \rho_T^{2(t-1)-j} e_j + o_p(\mu_T k_T^{5/2} \rho_T^{2T})$$

$$= \frac{2}{c} \mu_T k_T \frac{\rho_T^{2T} - 1}{\rho_T^2 - 1} k_T^{1/2} \overline{Y}_T + o_p(\mu_T k_T^{5/2} \rho_T^{2T})$$

$$= \frac{1}{c^2} \mu_T k_T^{5/2} \rho_T^{2T} \overline{Y}_T + o_p(\mu_T k_T^{5/2} \rho_T^{2T}) = \frac{\tau}{c^2} k_T^2 \rho_T^{2T} \overline{Y}_T + o_p(\tau k_T^2 \rho_T^{2T})$$

其中，我们用到了 $(k_T^{3/2} \rho_T^{2T})^{-1} \sum_{t=1}^{T} \sum_{j=t}^{T} \rho_T^{2(t-1)-j} e_j = o_p(1)$。它的证明可参照引理 3-1 的证明过程。

综上所述，我们有：

$$\sum_{t=1}^{T} y_{t-1}^2 = \frac{1}{2c} \left(\overline{Y}_T + \frac{\tau}{c} \right)^2 k_T^2 \rho_T^{2T} (1 + o_p(1)) = \frac{1}{2c} \left(\overline{Y} + \frac{\tau}{c} \right)^2 k_T^2 \rho_T^{2T} (1 + o_p(1))$$

因此定理 4-9(a) 得证。

定理 4-9(b) 的证明需要用到式 (A4-2)：

$$\sum_{t=1}^{T} y_{t-1} = \sum_{t=1}^{T} \left(\overline{y}_{t-1} + \frac{1}{c} \mu_T k_T \rho_T^{t-1} - \frac{1}{c} \mu_T k_T \right) = \sum_{t=1}^{T} \overline{y}_{t-1} + \frac{1}{c} \mu_T k_T \frac{\rho_T^T - 1}{\rho_T - 1} - \frac{1}{c} T \mu_T k_T$$

$$= \left(\frac{\overline{Y}_T}{c} k_T^{3/2} \rho_T^T + \frac{1}{c^2} \mu_T k_T^2 \rho_T^T \right) (1 + o_p(1)) = \frac{1}{c} \left(\overline{Y} + \frac{\tau}{c} \right) k_T^{3/2} \rho_T^T (1 + o_p(1))$$

因此定理 4-9（b）得证。

最后来看定理 4-9（c）的证明。根据式（A4-4）和式（4-58）以及中心极限定理，我们有：

$$\sum_{t=1}^T y_{t-1} e_t = \sum_{t=1}^T \left(\overline{y}_{t-1} + \frac{1}{c} \mu_T k_T \rho_T^{t-1} - \frac{1}{c} \mu_T k_T \right) e_t$$

$$= \sum_{t=1}^T \overline{y}_{t-1} e_t + \frac{1}{c} \mu_T k_T \sum_{t=1}^T \rho_T^{t-1} e_t - \frac{1}{c} \mu_T k_T \sum_{t=1}^T e_t$$

$$= \sum_{t=1}^T \overline{y}_{t-1} e_t + \frac{1}{c} \mu_T k_T \rho_T^T \sum_{t=1}^T \rho_T^{-(T-t)-1} e_t - \frac{1}{c} \mu_T k_T \sum_{t=1}^{\delta T} \sigma_1 \epsilon_t - \frac{1}{c} \mu_T k_T \sum_{t=\delta T}^T \sigma_2 \epsilon_t$$

$$= \overline{X}_T \overline{Y}_T k_T \rho_T^T + \frac{\tau}{c} \overline{X}_T k_T \rho_T^T - \frac{1}{c} \mu_T k_T \sum_{t=1}^{\delta T} \sigma_1 \epsilon_t - \frac{1}{c} \mu_T k_T \sum_{t=\delta T+1}^T \sigma_2 \epsilon_t +$$

$$o_p(k_T \rho_T^T + \tau k_T \rho_T^T)$$

$$= \overline{X} \left(\overline{Y} + \frac{\tau}{c} \right) k_T \rho_T^T (1 + o_p(1))$$

因此定理 4-9（c）得证。

第五章 总结与讨论

中度偏离单位根过程理论是计量经济学前沿文献对单位根右侧的爆炸区域进行研究和探索的代表性成果。其提出的理论基础正是基于现实经济中的非理性泡沫与弱有效市场的偏离。本书的贡献主要体现在理论和应用两个层面。一方面，本书系统地论述了中度偏离单位根过程相关理论，并在现有文献的基础上对这一时间序列前沿模型进行了实质性的扩展，从而形成计量经济学方法论创新。另一方面，本书有针对性地将所提出的检验方法应用于经济现实，从而形成应用创新。本书的主要内容与结论概述如下：

第一，本书提出了可行的中度偏离单位根检验，这大大提升了中度偏离单位根过程的应用价值，并为后文的进一步扩展打下了理论基础。对比 Phillips 和 Magdalinos（2007a，2007b）的渐近结果而言，我们所提出的中度偏离单位根检验不依赖于中度偏离单位根的偏离程度，也不依赖于随机误差项方差，这意味着我们不需要事先知道或者估计相关冗杂参数，避免了估计所带来的不确定性。同时，基于中度偏离单位根自回归系数的 t 检验具有不依赖于维纳过程的渐近正态性，因而我们极易获取检验所需的临界值。上述结果表明，不论偏离于鞅过程的中度偏离单位根过程的发散程度是轻度还是重度，我们都可以使用稳健的渐近正态检验来加以评估，进而有效地解决了 Evans（1991）所指出的"泡沫检验陷阱"。蒙特卡洛模拟结果表明，基于中度偏离单位根自回归系数的渐近柯西检验和渐近正态检验均具有精确的检验尺度和优良的检验功效，这证明了本书的理论结果。实际中，由于渐近柯西检验依赖于未知的冗杂参数，因而我们建议使用更为可行的渐近正态检验。

第二，本书定义了一种增广中度偏离单位根过程，并推导了相关样本统计量的渐近性质。推导思想即定义广义差分项继而将增广中度偏离单位根过程转化为误差项存在自相关的中度偏离单位根过程。结果表明，增广中度偏离单位根过程的样本统计量的渐近性质依赖于误差项的长期方差。为了检验增广中度偏离单位根过程，我们构建了基于线性约束的联合检验：Wald 检验、LM 检验和 LR 检验。结果表明，中度偏离单位根假设下，Wald 统计量、LM 统计量和 LR 统计量的渐近分布为标准卡方分布，并不依赖于维纳过程的泛函，也不依赖于随机误差项的长期方差。这意味着我们不需要事先知道或者估计长期方差。蒙特卡洛模拟结果显示，不论数据生成过程的随机误差项是否含有自相关偏误，Wald 检验、LM 检验和 LR 检验的有限样本检验尺度均接近于名义尺度。而其中，LM 检验因使用了最多的真实信息而体现出精确性，Wald 检验完全依据无约束模型构造，因而其检验尺度扭曲最大。为对本书提出的增广中度偏离单位根检验理论提供研究范例，我们将相关理论应用于我国一二线城市房地产市场的非理性泡沫研究。结果表明，2008 年金融危机后，我国一二线城市房地产市场经历了三轮泡沫：2010 年初到 2010 年下半年（由我国政府针对金融危机出台强刺激性财政政策后我国经济的触底反弹而催生）、2013 年年初到同年年底（源于住房刚性需求被释放以及市场预期的失效）、2016 年年初到次年下半年（体现了经济新常态下减速换挡所带来的结构性行情）。在这三轮泡沫中，我们发现，一线城市的房地产泡沫均领先于二线城市房地产泡沫，并且前者偏离于经济基本面的程度略高于后者；另外，第三轮泡沫相比前两轮而言表现更为坚挺和严重。因此，我们的建议是，在当前我国宏观经济面临结构转型和产业升级的背景下，政府有关部门需采取积极有效的调控措施，稳定房地产市场参与者预期，促进房地产市场泡沫的软着陆。

第三，本书进一步扩展中度偏离单位根过程、允许模型含有漂移项，继而将"随机累积趋势单驱动"的中度偏离单位根过程推广到"非线性确定性趋势和随机累积趋势双驱动"的中度偏离单位根过程。本书引入了弱漂移项研究的范式。当漂移项为强漂移项时，主导全样本增长的趋势是非线性确定性趋势；反之，当漂移项为弱漂移项时，主导全样本增长的趋势是随机累积趋势。经证明，在不同的漂移项强度下，中度偏离单位根自回归系数估计偏误具有不同的收敛速度和渐近分布。一般而言，强漂移项所对应的收敛速度要快于弱漂移项所对应的收敛速度。但是，基于中度偏离单位根自回归系数估计量的 t 检验具有不依赖于漂移项的标准分布。当随机误差项独立同分布时，这一标准分布为标准正态分布。当随机误差项存在自相关或条件异方差时，为消除残差项相关对检验的影响，我们应用 Sieve 思想下的固定平滑参数方法，选取傅里叶基函数的前若干个周期的简单平均，来构建长期方差的估计量，并基于此构造 t 检验。经证明，上述修正的 t 检验具有标准 t 分布。蒙特卡洛模拟结果从数值的角度表明，修正的 t 检验对于漂移项和随机误差项结构具有双重稳健性。以上述稳健的中度偏离单位根 t 检验为基础，我们提出了一套两步实证检验策略。两步检验策略的第一步在于检验自回归系数是否在单位根右侧。这一步预检验十分有必要，因为我们所提出的中度偏离单位根 t 检验无法识别自回归系数不在单位根右侧的自回归过程。本书将两步实证检验策略分别应用于2008 年金融危机前夕的非理性繁荣和 2020 年初新冠肺炎疫情暴发初期的爆炸式上涨两个典型且重要的窗口期。对 2008 年金融危机前夕非理性繁荣的实证结果表明，金融危机前夕美国道琼斯指数、巴西 IBOVESPA 指数、中国沪深 300 指数、中国香港恒生指数、德国 GDAXI 指数、埃及 CASE 指数和尼日利亚 NGSEINDX 指数这七大股指序列可以由中度偏离单位根过程所刻画，这七个股指序列偏离于经济基本面程度较轻且随着时间推移而衰减至消失；而澳大利亚 AS51 指数、法国 FCHI 指数和意大利 ITLMS 指数这三个股指序列只是差分平稳过程。这表明，2008 年金融危机前夕的非理性泡沫并没有想象中的那么剧烈。对新冠肺炎疫情暴发初期爆炸式上涨的实证结果表明，中国、日本、韩国等东亚国家暴发时间较早，这三个东亚国家在疫情暴发以后很快采取了强有力的防控措施，故而疫情持续暴发势头较早被控制；欧洲国家的疫情暴发上升期比东亚国家晚一个月左右，其中意大利、德国、法国均在 2020 年 2 月中下旬开始进入集中暴发期，属于疫情集中暴发的重灾区；美国、伊朗和印度这三个国家因疫情仍在持续蔓延中，这三个国家以轻度偏离的幅度偏离于基本面增长状态，但更长的蔓延期和更大规模的日新增确诊病例数也体现出美国、伊朗和印度疫情暴发的严峻性。

第四，本书进一步将结构突变理论引入中度偏离单位根过程从而允许主导中度偏离单位根过程的非线性确定性趋势和随机累积趋势存在结构性突变。我们从理论上推导了自回归系数由中度偏离单位根突变为另一中度偏离单位根、自回归系数由中度偏离单位根突变为单位根，以及随机误差项方差存在结构突变时自回归系数估计量的渐近结果，并介绍了一致估计内生结构突变点的方法和准则。结果表明，在三大类结构突变情形下，自回归系数估计偏误的收敛速度和极限分布均依赖于结构突变的形式、结构突变的位置以及等价模型的漂移项强度，但基于自回归系数估计量的 t 检验均具有不依赖于上述冗杂参数的渐近稳健性。特别地，当自回归系数由中度偏离单位根突变为单位根时，突变后的单位根自回归系数估计偏误并非收敛到一个基于维纳过程的泛函，而是收敛到标准分布。当随机误差项为独立同分布时，这一标准分布为标准正态分布；当随机误差项带有自相关或条件异方差时，这一标准分布为学生 t 分布。究其原因，在于自回归系数突变为单位根后，样本后半段的累积效应覆盖了前半段的累积效应。为证实上述结论，本书设计了一系列蒙特卡洛仿真实验。实验结果表明，在不同结构突变形式和不同结构突变位置下，基于自回归系数的 t 类检验均具有精确的检验尺度和优良的检验功效。

总结全书，本书以中度偏离单位根的前沿理论为着眼点，进行了一系列理论和实证研究，并得到了诸多有别于现有文献的、富有理论和现实意义的结论。但正如前文所言，中度偏离单位根理论是近十多年才发展起来的计量经济学前沿理论，仍然存在许多问题有待进一步研究与完善。例如，当主导中度偏离单位根模型的确定性趋势含有时间趋势项甚至含有高次时间趋势项时，中度偏离单位根检验具有什么样的渐近性质？又如，若真实数据生成过程同时存在自回归系数结构突变和随机误差项方差结构突变，那么，基于自回归系数的估计量和检验统计量会有什么样的渐近性质？进一步，若刻画结构突变位置的虚拟变量被推广到示性函数或者更为复杂的指数函数、逻辑函数等平滑函数，使之更能刻画实际数据中可能存在的非线性和非对称动态演变特征，那么，中度偏离单位根检验理论又会发生何种变化？这些问题将是我们未来进一步深入研究的主要课题。

参考文献

陈国进、刘金娥：《异质信念、通货幻觉和我国房地产价格泡沫》，《经济管理》2011 年第 2 期。

崔文学：《国内外股市价格泡沫检验方法的进展》，《财经政法资讯》2015 年第 4 期。

邓伟：《资产价格泡沫检验与我国货币政策调整》，博士学位论文，华中科技大学，2013 年。

邓伟、唐齐鸣：《基于指数平滑转移模型的价格泡沫检验方法》，《数量经济技术经济研究》2013 年第 4 期。

郭刚正：《中度偏离单位根过程：理论发展与比较》，《数量经济技术经济研究》2019 年第 9 期。

郭刚正：《中度偏离单位根过程前沿理论的扩展与应用》，博士学位论文，华中科技大学，2019 年。

黄鹤：《中国大中城市房地产泡沫的检验及成因分析》，博士学位论文，哈尔滨工业大学，2008 年。

黄鹏：《投机泡沫与 IPO 抑价》，博士学位论文，厦门大学，2009 年。

简志宏、向修海：《修正的倒向上确界 ADF 泡沫检验方法——来自上证综指的证据》，《数量经济技术经济研究》2012 年第 4 期。

况伟大：《利率对房价的影响》，《世界经济》2010a 年第 4 期。

况伟大：《预期、投机与中国城市房价波动》，《经济研究》2010b 年第 9 期。

李梦玄、曹阳：《我国房地产市场泡沫的测度及成因分析——基于行为金融理论的视角》，《宏观经济研究》2013 年第 9 期。

梁琪、滕建州：《中国宏观经济和金融总量结构变化及因果关系研究》，《经济研究》2006 年第 1 期。

陆铭、欧海军、陈斌开：《理性还是泡沫：对城市化、移民和房价的经验研究》，《世界经济》2014 年第 1 期。

孟庆斌、荣晨：《中国房地产价格泡沫研究——基于马氏域变模型的实证分析》，《金融研究》2017 年第 2 期。

聂巧平、张晓峒：《ADF 单位根检验中联合检验 F 统计量研究》，《统计研究》，2007 年第 2 期。

欧阳志刚、崔文学：《基于 GSADF 方法的房地产价格泡沫研究——以北京住宅市场为例》，《中南财经政法大学研究生学报》2015 年第 3 期。

欧阳志刚、史焕平：《中国经济增长与通胀的随机冲击效应》，《经济研究》2010 年第 7 期。

史兴杰、周勇：《房地产泡沫检验的 Switching AR 模型》，《系统工程理论与实践》2014 年第 3 期。

王宏磊、赵一夫：《中美大豆期货市场价格关系研究——基于结构突变视角》，《中国农业大学学报》2016 年第 9 期。

王少平、胡进：《中国 GDP 的趋势周期分解与随机冲击的持久效应》，《经济研究》2009 年第 4 期。

王少平、李子奈：《结构突变与人民币汇率的经验分析》，《世界经济》2003 年第 8 期。

王少平、孙晓涛：《中国通货膨胀的相依性周期》，《中国社会科学》2013 年第 5 期。

王少平、杨洋：《中国经济增长的长期趋势与经济新常态的数量描述》，《经济研究》2017 年第 6 期。

王天雨：《房地产价格泡沫水平的区域差异问题研究——来自中国 31 个省际单位的宏观数据》，《投资研究》2018 年第 3 期。

吴学锋、张晓峒：《近单位根过程脉冲响应函数的置信区间》，《统计研究》2012 年第 1 期。

于寄语：《时间序列的结构变化和单位根检验》，博士学位论文，华中科技大学，2017 年。

苑德宇、宋小宁：《中国区域房价泡沫测度及空间传染性研究——基于 2001~2005 年 35 个大中城市面板数据的实证分析》，《上海财经大学学报》2008 年第 3 期。

张凌翔、张晓峒：《单位根检验中的 Wald 统计量研究》，《数量经济技术经济研究》2009 年第 7 期。

张凌翔、张晓峒：《ADF 单位根检验中联合检验 LM 统计量研究》，《统计研究》2010 年第 9 期。

张阳：《内生结构突变理论与应用研究》，博士学位论文，南开大学，2013 年。

周爱民：《股市泡沫及其检验方法》，《经济科学》1998 年第 5 期。

周志永：《几类金融时间序列模型统计推断》，博士学位论文，浙江大学，2016 年。

左秀霞：《单位根检验的理论及应用研究》，博士学位论文，华中科技大学，2012 年。

左秀霞：《带高次趋势项的 ADF 单位根检验》，《数量经济技术经济研究》2019 年第 1 期。

Franklin Allen，Ana Babus and Elena Carletti，"Financial Crises：Theory and Evidence"，*Annual Review of Financial Economics*，Vol. 1，No. 1，2009，pp. 97–116.

Franklin Allen and Elena Carletti，"An Overview of the Crisis：Causes，Consequences，and Solutions"，*International Review of Finance*，Vol. 10，No. 1，2010，pp. 1–26.

Franklin Allen，Isaac Otchere and Lemma W. Senbet，"African Financial Systems：A Review"，*Review of Development Finance*，Vol. 1，No. 2，2011，pp. 79–113.

Theodore W. Anderson，"On Asymptotic Distributions of Estimates of Parameters of Stochastic Difference Equations"，*Annals of Mathematical Statistics*，

Vol. 30, No. 3, 1959, pp. 676–687.

Donald W.K. Andrews and Patrik Guggenberger, "Asymptotics for LS, GLS, and Feasible GLS Statistics in an AR (1) Model with Conditional Heteroskedasticity", *Journal of Econometrics*, Vol. 169, No. 2, 2012, pp. 196–210.

Stelios Arvanitis and Tassos Magdalinos, "Mildly Explosive Autoregression under Stationary Conditional Heteroskedasticity", *Journal of Time Series Analysis*, Vol. 39, No. 6, 2018, pp. 892–908.

Alexander Aue and Lajos Horváth, "A Limit Theorem for Mildly Explosive Autoregression with Stable Errors", *Econometric Theory*, Vol. 23, No. 2, 2007, pp. 201–220.

Jushan Bai and Pierre Perron, "Estimating and Testing Linear Models with Multiple Structural Changes", *Econometrica*, Vol. 66, No. 1, 1998, pp. 47–78.

Jushan Bai and Pierre Perron, "Computation and Analysis of Multiple Structural Change Models", *Journal of Applied Econometrics*, Vol. 18, No. 1, 2003, pp. 1–22.

Anindya Banerjee, Robin L. Lumsdaine and James H. Stock, "Recursive and Sequential Tests of the Unit–Root and Trend–Break Hypotheses: Theory and International Evidence", *Journal of Business & Economic Statistics*, Vol. 10, No. 3, 1992, pp. 271–287.

Ishwar V. Basawa and Lynne Billard, "Large–Sample Inference for a Regression Model with Autocorrelated Errors", *Biometrika*, Vol. 76, No. 2, 1989, pp. 283–288.

Ishwar V. Basawa and Peter J. Brockwell, "Asymptotic Conditional Inference for Regular Nonergodic Models with an Application to Autoregressive Processes", *Annals of Statistics*, Vol. 12, No. 1, 1984, pp. 161–171.

Olivier J. Blanchard and Mark W. Watson, "Bubbles, Rational Expectations and Financial Markets", in Paul Wachtel, ed. *Crises in the Economic and Financial Structure*, Lexington, MA: D.C. Heathand Company, 1982, pp.295–316.

Richard C.K. Burdekin and Pierre L. Siklos, "Exchange Rate Regimes and Shifts in Inflation Persistence: Does Nothing Else Matter?", *Journal of Money, Credit and Banking*, Vol. 31, No. 2, 1999, pp. 235–247.

John Y. Campbell and Robert J. Shiller, "The Dividend–Price Ratio and Expectations of Future Dividends and Discount Factors", *Review of Financial Studies*, Vol. 1, No. 3, 1989, pp. 195–228.

John Y. Campbell and Motohiro Yogo, "Efficient Tests of Stock Return Predictability", *Journal of Financial Economics*, Vol. 81, No. 1, 2006, pp. 27–60.

Giuseppe Cavaliere, Anders Rahbek and Robert A.M. Taylor, "Cointegration Rank Testing under Conditional Heteroskedasticity", *Econometric Theory*, Vol. 26, No. 6, 2010, pp. 1719–1760.

Giuseppe Cavaliere, Anders Rahbek and Robert A.M. Taylor, "Bootstrap Determination of the Co–integration Rank in Vector Autoregressive Models", *Econometrica*, Vol. 80, No. 4, 2012, pp. 1721–1740.

Giuseppe Cavaliere and Robert A.M. Taylor, "Testing for Unit Roots in Time Series Models with Non–stationary Volatility", *Journal of Econometrics*, Vol. 140, No. 2, 2007, pp. 919–947.

Christopher L. Cavanagh, Graham Elliott and James H. Stock, "Inference in Models with Nearly Integrated Regressors", *Econometric Theory*, Vol. 11, No. 5, 1995, pp. 1131–1147.

Ngai H. Chan and Ching Z. Wei, "Asymptotic Inference for Nearly Nonstationary AR(1) Processes", *Annals of Statistics*, Vol. 15, No. 3, 1987, pp. 1050–1063.

Hing L. Chan and Kai Y. Woo, "Testing for Stochastic Explosive Root Bubbles in Asian Emerging Stock Markets", *Economics Letters*, Vol. 99, No. 1, 2008, pp. 185-188.

Jasper F. Chan, Shuofeng Yuan, Kin-Hang Kok, et al., "A Familial Cluster of Pneumonia Associated with the 2019 Novel Coronavirus Indicating Person-to-Person Transmission: A Study of a Family Cluster", *The Lancet*, Vol. 395, No.10223, 2020, pp. 514-523.

Ye Chen, Peter C.B. Phillips and Jun Yu, "Inference in Continuous Systems with Mildly Explosive Regressors", *Journal of Econometrics*, Vol. 201, No. 2, 2017, pp. 400-416.

Matteo Chinazzi, Jessica T. Davis, Marco Ajelli, et al., "The Effect of Travel Restrictions on the Spread of the 2019 Novel Coronavirus (covid-19) Outbreak", *Science*, Vol. 368, No.6489, 2020, pp. 395-400.

Markus Demary, "The Interplay Between Output, Inflation, Interest Rates and House Prices: International Evidence", *Journal of Property Research*, Vol. 27, No. 1, 2010, pp. 1-17.

Behzad T. Diba and Herschel I. Grossman, "Explosive Rational Bubbles in Stock Prices?", *American Economic Review*, Vol. 78, No. 3, 1988, pp. 520-530.

David A. Dickey and Wayne A. Fuller, "Distribution of the Estimators for Autoregressive Time Series with a Unit Root", *Journal of the American Statistical Association*, Vol. 74, No. 366, 1979, pp. 427-431.

David A. Dickey and Wayne A. Fuller, "Likelihood Ratio Statistics for Autoregressive Time Series with a Unit Root", *Econometrica*, Vol. 49, No. 4, 1981, pp. 1057-1072.

Donald W.K. Andrews, "Heteroskedasticity and Autocorrelation Consistent Covariance Matrix Estimation", *Econometrica*, Vol. 59, No. 3, 1991, pp. 817-858.

Graham Elliott and James H. Stock, "Confidence Intervals for Autoregressive

Coefficients Near One", *Journal of Econometrics*, Vol. 103, No. 1, 2001, pp. 155–181.

George W. Evans, "Pitfalls in Testing for Explosive Bubbles in Asset Prices", *American Economic Review*, Vol. 81, No. 4, 1991, pp. 922–930.

Eugene F. Fama, "The Behavior of Stock–Market Prices", *Journal of Business*, Vol. 38, No. 1, 1965, pp. 34–105.

Luca Fanelli, "Present Value Relations, Granger Noncausality, and VAR Stability", *Econometric Theory*, Vol. 23, No. 6, 2007, pp. 1254–1260.

Hanming Fang, Long Wang and Yang Yang, "Human Mobility Restrictions and the Spread of the Novel Coronavirus (2019–nCov) in China", *Journal of Public Economics*, Vol. 191, 2020 (in progress).

Yijie Fei, "Limit Theory for Mildly Integrated Process with Intercept", *Economics Letters*, Vol. 163, 2018, pp. 98–101.

Marjorie A. Flavin, "Excess Volatility in the Financial Markets: A Reassessment of the Empirical Evidence", *Journal of Political Economy*, Vol. 91, No. 6, 1983, pp. 929–956.

Robert P. Flood, Peter M. Garber and Louis O. Scott, "Multi–Country Tests for Price Level Bubbles", *Journal of Economic Dynamics and Control*, Vol. 8, No. 3, 1984, pp. 329–340.

Kenneth A. Froot and Maurice Obstfeld, "Intrinsic Bubbles: The Case of Stock Prices", *American Economic Review*, Vol. 81, No. 5, 1991, pp. 1189–1214.

Yuichi Fukuta, "A Simple Discrete–Time Approximation of Continuous–Time Bubbles", *Journal of Economic Dynamics & Control*, Vol. 22, No. 6, 1998, pp. 937–954.

Sebastian Funk, Erez Gilad, Chris Watkins and Vincent A.A. Jansen, "The Spread of Awareness and Its Impact on Epidemic Outbreaks", *Proceedings of the National Academy of Sciences*, Vol. 106, No.16, 2009, pp. 6872–

6877.

Koichi Futagami and Akihisa Shibata, "Growth Effects of Bubbles in an Endogenous Growth Model", *Japanese Economic Review*, Vol. 51, No. 2, 2000, pp. 221–235.

Liudas Giraitis, Hira L. Koul and Donatas Surgailis, "Asymptotic Normality of Regression Estimators with Long Memory Errors", *Statistics & Probability Letters*, Vol. 29, No. 4, 1996, pp. 317–335.

Liudas Giraitis and Peter C.B. Phillips, "Uniform Limit Theory for Stationary Autoregression", *Journal of Time Series Analysis*, Vol. 27, No. 1, 2006, pp. 51–60.

William H. Greene, *Econometric Analysis*, New Jersey: Upper Saddle River, 2003.

Alan Greenspan, *The Age of Turbulence: Adventures in a New World*, New York: Penguin Press, 2008.

Gene M. Grossman and Noriyuki Yanagawa, "Asset Bubbles and Endogenous Growth", *Journal of Monetary Economics*, Vol. 31, No. 1, 1993, pp. 3–19.

Gangzheng Guo, Yixiao Sun and Shaoping Wang, "Testing for Moderate Explosiveness", *Econometrics Journal*, Vol. 22, No. 1, 2019, pp. 73–95.

Craig S. Hakkio and Mark Rush, "Is the Budget Deficit 'Too Large?'", *Economic Inquiry*, Vol. 29, No. 3, 1991, pp. 429–445.

James D. Hamilton, *Time Series Analysis*, Princeton: Princeton University Press, 1994.

Shigeyuki Hamori and Akira Tokihisa, "Testing for a Unit Root in the Presence of a Variance Shift", *Economics Letters*, Vol. 57, No. 3, 1997, pp. 245–253.

David I. Harvey, Stephen J. Leybourne and Paul Newbold, "Innovational Outlier Unit Root Tests with an Endogenously Determined Break in Level", *Oxford*

Bulletin of Economics and Statistics, Vol. 63, No. 5, 2001, pp. 559–575.

David I. Harvey, Stephen J. Leybourne and Robert Sollis, "Recursive Right–Tailed Unit Root Tests for an Explosive Asset Price Bubble", *Journal of Financial Econometrics*, Vol. 13, No. 1, 2015, pp. 166–187.

David I. Harvey, Stephen J. Leybourne and Robert A. M. Taylor, "Simple, Robust, and Powerful Tests of the Breaking Trend Hypothesis", *Econometric Theory*, Vol. 25, No. 4, 2009, pp. 995–1029.

David I. Harvey, Stephen J. Leybourne and Robert A. M. Taylor, "Testing for Unit Roots in the Possible Presence of Multiple Trend Breaks Using Minimum Dickey–Fuller Statistics", *Journal of Econometrics*, Vol. 177, No. 2, 2013, pp. 265–284.

David I. Harvey, Stephen J. Leybourne, Robert Sollis and Robert A.M. Taylor, "Tests for Explosive Financial Bubbles in the Presence of Non–stationary Volatility", *Journal of Empirical Finance*, Vol. 38, 2016, pp. 548–574.

Ulrich Homm and Jörg Breitung, "Testing for Speculative Bubbles in Stock Markets: A Comparison of Alternative Methods", *Journal of Financial Econometrics*, Vol. 10, No. 1, 2012, pp. 198–231.

Sai–Hua Huang, Tian–Xiao Pang and Chengguo Weng, "Limit Theory for Moderate Deviations from a Unit Root under Innovations with a Possibly Infinite Variance", *Methodology and Computing in Applied Probability*, Vol. 16, No. 1, 2014, pp. 187–206.

Andreas D. Hüsler, Didier Sornette and Cars H. Hommes, "Super–exponential Bubbles in Lab Experiments: Evidence for Anchoring Over–optimistic Expectations on Price", *Journal of Economic Behavior & Organization*, Vol. 92, 2013, pp. 304–316.

Jungbin Hwang and Yixiao Sun, "Asymptotic F And t Tests in an Efficient GMM Setting", *Journal of Econometrics*, Vol. 198, No. 2, 2017, pp.

277-295.

Ravi Jagannathan, Mudit Kapoor and Ernst Schaumburg, "Causes of the Great Recession of 2007-2009: The Financial Crisis was the Symptom Not the Disease!", *Journal of Financial Intermediation*, Vol. 22, No. 1, 2013, pp. 4-29.

Michael Jansson and Marcelo J. Moreira, "Optimal Inference in Regression Models with Nearly Integrated Regressors", *Econometrica*, Vol. 74, No. 3, 2006, pp. 681-714.

Liang Jiang, Peter C.B. Phillips and Jun Yu, "New Methodology for Constructing Real Estate Price Indices Applied to the Singapore Residential Market", *Journal of Banking & Finance*, Vol. 61, No. S2, 2015, pp. S121-S131.

Alejandro Justiniano and Giorgio E. Primiceri, "The Time-Varying Volatility of Macroeconomic Fluctuations", *American Economic Review*, Vol. 98, No. 3, 2008, pp. 604-641.

Chang-Jin Kim and Charles R. Nelson, "Has the U.S. Economy Become More Stable? A Bayesian Approach Based on a Markov-Switching Model of the Business Cycle", *Review of Economics and Statistics*, Vol. 81, No. 4, 1999, pp. 608-616.

Dukpa Kim and Pierre Perron, "Assessing the Relative Power of Structural Break Tests Using a Framework Based on the Approximate Bahadur Slope", *Journal of Econometrics*, Vol. 149, No. 1, 2009, pp. 26-51.

Tae-Hwan Kim, Stephen Leybourne and Paul Newbold, "Unit Root Tests with a Break in Innovation Variance", *Journal of Econometrics*, Vol. 109, No. 2, 2002, pp. 365-387.

Zisimos Koustas and Apostolos Serletis, "Rational Bubbles or Persistent Deviations from Market Fundamentals?", *Journal of Banking & Finance*, Vol. 29, No. 10, 2005, pp. 2523-2539.

Denis Kwiatkowski, Peter C.B. Phillips, Peter Schmidt and Yongcheol Shin, "Testing the Null Hypothesis of Stationarity Against the Alternative of a Unit Root: How Sure Are We that Economic Time Series Have a Unit Root?", *Journal of Econometrics*, Vol. 54, No. 1-3, 1992, pp. 159-178.

Ji H. Lee, "Limit Theory for Explosive Autoregression under Conditional Heteroskedasticity", *Journal of Statistical Planning and Inference*, Vol. 196, No.1, 2018, pp. 30-55.

Ji H. Lee and Peter C.B. Phillips, "Asset Pricing with Financial Bubble Risk", *Journal of Empirical Finance*, Vol. 38, 2016, pp. 590-622.

Stephen F. LeRoy and Richard D. Porter, "The Present-Value Relation: Tests Based on Implied Variance Bounds", *Econometrica*, Vol. 49, No. 3, 1981, pp. 555-574.

Stephen J. Leybourne, Terence C. Mills and Paul Newbold, "Spurious Rejections by Dickey–Fuller Tests in the Presence of a Break under the Null", *Journal of Econometrics*, Vol. 87, No. 1, 1998, pp. 191-203.

Stephen J. Leybourne and Paul Newbold, "Behaviour of the Standard and Symmetric Dickey–Fuller–Type Tests When There is a Break under the Null Hypothesis", *Econometrics Journal*, Vol. 3, No. 1, 2000, pp. 1-15.

Qing Liu and Xiaohui Liu, "Limit Theory for an AR (1) Model with Intercept and a Possible Infinite Variance", *Working Paper*, 2018.

Xiaohui Liu and Liang Peng, "Asymptotic Theory and Unified Confidence Region for an Autoregressive Model", *Journal of Time Series Analysis*, Vol. 40, No. 1, 2019, pp. 43-65.

James G. MacKinnon, "Numerical Distribution Functions for Unit Root and Cointegration Tests", *Journal of Applied Econometrics*, Vol. 11, No. 6, 1996, pp. 601-618.

Gangadharrao S. Maddala and In-Moo Kim, *Unit Roots, Cointegration, and*

Structural Change, Cambridge: Cambridge University Press, 1998.

Tassos Magdalinos, "Mildly Explosive Autoregression under Weak and Strong Dependence", *Journal of Econometrics*, Vol. 169, No. 2, 2012, pp. 179–187.

Tassos Magdalinos and Peter C.B. Phillips, "Limit Theory for Cointegrated Systems with Moderately Integrated and Moderately Explosive Regressors", *Econometric Theory*, Vol. 25, No. 2, 2009, pp. 482–526.

Gregory N. Mankiw, David Romer and Matthew D. Shapiro, "An Unbiased Re-examination of Stock Market Volatility", *Journal of Finance*, Vol. 40, No. 3, 1985, pp. 677–687.

Grant Mcqueen and Steven Thorley, "Bubbles, Stock Returns, and Duration Dependence", *Journal of Financial and Quantitative Analysis*, Vol. 29, No. 3, 1994, pp. 379–401.

Yu Miao, Yanling Wang and Guangyu Yang, "Moderate Deviation Principles for Empirical Covariance in the Neighbourhood of the Unit Root", *Scandinavian Journal of Statistics*, Vol. 42, No. 1, 2015, pp. 234–255.

Joop Mijnheer, "Asymptotic Inference for AR (1) Processes with (Nonnormal) Stable Errors", *Journal of Mathematical Sciences*, Vol. 83, No. 3, 1997, pp. 401–406.

Anna Mikusheva, "Uniform Inference in Autoregressive Models", *Econometrica*, Vol. 75, No. 5, 2007, pp. 1411–1452.

Hyungsik R. Moon and Peter C.B. Phillips, "Estimation of Autoregressive Roots Near Unity Using Panel Data", *Econometric Theory*, Vol. 16, No. 6, 2000, pp. 927–997.

Seongman Moon and Carlos Velasco, "On the Properties of Regression Tests of Stock Return Predictability Using Dividend–Price Ratios", *Journal of Financial Econometrics*, Vol. 12, No. 1, 2014, pp. 151–173.

John Muellbauer and Anthony Murphy, "Booms and Busts in the UK Housing

Market", *Economic Journal*, Vol. 107, No. 445, 1997, pp. 1701-1727.

Ulrich K. Müller, "A Theory of Robust Long-Run Variance Estimation", *Journal of Econometrics*, Vol. 141, No. 2, 2007, pp. 1331-1352.

Ulrich K. Müller, "HAC Corrections for Strongly Autocorrelated Time Series", *Journal of Business & Economic Statistics*, Vol. 32, No. 3, 2014, pp. 311-322.

Charles R. Nelson and Charles R. Plosser, "Trends and Random Walks in Macroeconmic Time Series: Some Evidence and Implications", *Journal of Monetary Economics*, Vol. 10, No. 2, 1982, pp. 139-162.

Bent Nielson, "Singular Vector Autoregressions with Deterministic Terms: Strong Consistency and Lag Order Determination", *Nuffield College Discussion Paper*, 2008, http://www.nuff.ox.ac.uk/economics/papers/2008/w14/Nielsen08VARexplosive.pdf.

Haejune Oh, Sangyeol Lee and Ngai H. Chan, "Mildly Explosive Autoregression with Mixing Innovations", *Journal of the Korean Statistical Society*, Vol. 47, No. 1, 2018, pp. 41-53.

Kosuke Oya and Hiro Toda, "Dickey-Fuller, Lagrange Multiplier and Combined Tests for a Unit Root in Autoregressive Time Series", *Journal of Time Series Analysis*, Vol. 19, No. 3, 1998, pp. 325-347.

Pierre Perron, "The Great Crash, the Oil Price Shock, and the Unit Root Hypothesis", *Econometrica*, Vol. 57, No. 6, 1989, pp. 1361-1401.

Pierre Perron, "Further Evidence on Breaking Trend Functions in Macroeconomic Variables", *Journal of Econometrics*, Vol. 80, No. 2, 1997, pp. 355-385.

Pierre Perron and Timothy J. Vogelsang, "Nonstationarity and Level Shifts with an Application to Purchasing Power Parity", *Journal of Business & Economic Statistics*, Vol. 10, No. 3, 1992, pp. 301-320.

Pierre Perron and Xiaokang Zhu, "Structural Breaks with Deterministic and

Stochastic Trends", *Journal of Econometrics*, Vol. 129, No. 1, 2005, pp. 65–119.

Peter C.B. Phillips, "Time Series Regression with a Unit Root", *Econometrica*, Vol. 55, No. 2, 1987, pp. 277–301.

Peter C.B. Phillips, "HAC Estimation by Automated Regression", *Econometric Theory*, Vol. 21, No. 1, 2005, pp. 116–142.

Peter C.B. Phillips and Ji H. Lee, "Limit Theory for VARs with Mixed Roots Near Unity", *Econometric Reviews*, Vol. 34, No. 6–10, 2015, pp. 1035–1056.

Peter C.B. Phillips and Tassos Magdalinos, "Limit Theory for Moderate Deviations from a Unit Root", *Journal of Econometrics*, Vol. 136, No. 1, 2007a, pp. 115–130.

Peter C.B. Phillips and Tassos Magdalinos, "Limit Theory for Moderate Deviations from a Unit Root under Weak Dependence", in Garry D.A. Phillips and Elias Tzavalis, eds. *The Refinement of Econometric Estimation and Test Procedures: Finite Sample and Asymptotic Analysis*, Cambridge: Cambridge University Press, 2007b, pp. 123–162.

Peter C.B. Phillips and Tassos Magdalinos, "Limit Theory for Explosively Cointegrated Systems", *Econometric Theory*, Vol. 24, No. 4, 2008, pp. 865–887.

Peter C.B. Phillips and Tassos Magdalinos, "Inconsistent VAR Regression with Common Explosive Roots", *Econometric Theory*, Vol. 29, No. 4, 2013, pp. 808–837.

Peter C.B. Phillips, Tassos Magdalinos and Liudas Giraitis, "Smoothing Local–to–Moderate Unit Root Theory", *Journal of Econometrics*, Vol. 158, No. 2, 2010, pp. 274–279.

Peter C.B. Phillips, Hyungsik R. Moon and Zhijie Xiao, "How to Estimate Autoregressive Roots Near Unity", *Econometric Theory*, Vol. 17, No.

1, 2001, pp. 29–69.

Peter C.B. Phillips and Pierre Perron, "Testing for a Unit Root in Time Series Regression", *Biometrika*, Vol. 75, No. 2, 1988, pp. 335–346.

Peter C.B. Phillips and Shuping Shi, "Financial Bubble Implosion and Reverse Regression", *Econometric Theory*, Vol. 34, No. 4, 2018, pp. 705–753.

Peter C.B. Phillips, Shuping Shi and Jun Yu, "Specification Sensitivity in Right–Tailed Unit Root Testing for Explosive Behaviour", *Oxford Bulletin of Economics and Statistics*, Vol. 76, No. 3, 2014, pp. 315–333.

Peter C.B. Phillips, Shuping Shi and Jun Yu, "Testing for Multiple Bubbles: Historical Episodes of Exuberance and Collapse in the S&P 500", *International Economic Review*, Vol. 56, No. 4, 2015a, pp. 1043–1078.

Peter C.B. Phillips, Shuping Shi and Jun Yu, "Testing for Multiple Bubbles: Limit Theory of Real–Time Detectors", *International Economic Review*, Vol. 56, No. 4, 2015b, pp. 1079–1134.

Peter C.B. Phillips and Victor Solo, "Asymptotics for Linear Processes", *Annals of Statistics*, Vol. 20, No. 2, 1992, pp. 971–1001.

Peter C.B. Phillips, Yangru Wu and Jun Yu, "Explosive Behavior in the 1990s NASDAQ: When Did Exuberance Escalate Asset Values?", *International Economic Review*, Vol. 52, No. 1, 2011, pp. 201–226.

Peter C.B. Phillips and Zhijie Xiao, "A Primer on Unit Root Testing", *Journal of Economic Surveys*, Vol. 12, No. 5, 1998, pp. 423–470.

Peter C.B. Phillips and Jun Yu, "Dating the Timeline of Financial Bubbles During the Subprime Crisis", *Quantitative Economics*, Vol. 2, No. 3, 2011, pp. 455–491.

Alberto Plazzi, Walter Torous and Rossen Valkanov, "Expected Returns and Expected Growth in Rents of Commercial Real Estate", *Review of Financial Studies*, Vol. 23, No. 9, 2010, pp. 3469–3519.

Barbara Rossi, "Confidence Intervals for Half–Life Deviations from Purchasing

Power Parity", *Journal of Business & Economic Statistics*, Vol. 23, No. 4, 2005, pp. 432–442.

Peter Schmidt and Peter C.B. Phillips, "LM Tests for a Unit Root in the Presence of Deterministic Trends", *Oxford Bulletin of Economics and Statistics*, Vol. 54, No. 3, 1992, pp. 257–287.

Amit Sen, "Joint Hypothesis Tests for a Unit Root When There is a Break in the Innovation Variance", *Journal of Time Series Analysis*, Vol. 28, No. 5, 2007, pp. 686–700.

Sankar Sethuraman and Ishwar V. Basawa, "Large Sample Estimation in Nonstationary Autoregressive Processes with Multiple Observations", *Stochastic Processes and their Applications*, Vol. 54, No. 2, 1994, pp. 331–354.

Robert J. Shiller, "Do Stock Prices Move Too Much to be Justified by Subsequent Changes in Dividends?", *American Economic Review*, Vol. 71, No. 3, 1981, pp. 421–436.

Robert J. Shiller, *The Subprime Solution: How Today's Global Financial Crisis Happened, and What to Do About It*, New Jersey: Princeton University Press, 2008.

Joseph E. Stiglitz, "Symposium on Bubbles", *Journal of Economic Perspectives*, Vol. 4, No. 2, 1990, pp. 13–18.

Joseph E. Stiglitz, "Robust Growth or Anemic Recovery in the U.S. and the Global Economy", *Journal of Policy Modeling*, Vol. 32, No. 5, 2010, pp. 632–636.

James H. Stock, "Confidence Intervals for the Largest Autoregressive Root in U.S. Macroeconomic Time Series", *Journal of Monetary Economics*, Vol. 28, No. 3, 1991, pp. 435–459.

James H. Stock and Mark W. Watson, "Evidence on Structural Instability in Macroeconomic Time Series Relations", *Journal of Business & Economic Statistics*, Vol. 14, No. 1, 1996, pp. 11–30.

James H. Stock and Mark W. Watson, "Forecasting Inflation", *Journal of Monetary Economics*, Vol. 44, No. 2, 1999, pp. 293–335.

James H. Stock and Mark W. Watson, "Understanding Changes in International Business Cycle Dynamics", *Journal of the European Economic Association*, Vol. 3, No. 5, 2005, pp. 968–1006.

Yixiao Sun, "Robust Trend Inference with Series Variance Estimator and Testing-Optimal Smoothing Parameter", *Journal of Econometrics*, Vol. 164, No. 2, 2011, pp. 345–366.

Yixiao Sun, "A Heteroskedasticity and Autocorrelation Robust F Test Using an Orthonormal Series Variance Estimator", *Econometrics Journal*, Vol. 16, No. 1, 2013, pp. 1–26.

Yixiao Sun, "Fixed-Smoothing Asymptotics in a Two-Step Generalized Method of Moments Framework", *Econometrica*, Vol. 82, No. 6, 2014, pp. 2327–2370.

Anders R. Swensen, "Bootstrap Algorithms for Testing and Determining the Cointegration Rank in VAR Models", *Econometrica*, Vol. 74, No. 6, 2006, pp. 1699–1714.

John B. Taylor, "Economic Policy and the Financial Crisis: An Empirical Analysis of What Went Wrong", *Critical Review*, Vol. 21, No. 2–3, 2009, pp. 341–364.

Su-Ling Tsai, Hsien-Hung Kung and Kai-yin A. Haga, "Testing for Multiple Bubbles in the 35 Large and Medium Cities of Real Estate Price in China", *Theoretical & Applied Economics*, Vol. 22, No. 4, 2015, pp. 275–290.

Timothy J. Vogelsang and Pierre Perron, "Additional Tests for a Unit Root Allowing for a Break in the Trend Function at an Unknown Time", *International Economic Review*, Vol. 39, No. 4, 1998, pp. 1073–1100.

Xiaohu Wang and Jun Yu, "Limit Theory for an Explosive Autoregressive

Process", *Economics Letters*, Vol. 126, 2015, pp. 176–180.

Xiaohu Wang and Jun Yu, "Double Asymptotics for Explosive Continuous Time Models", *Journal of Econometrics*, Vol. 193, No. 1, 2016, pp. 35–53.

Kenneth D. West, "A Specification Test for Speculative Bubbles", *Quarterly Journal of Economics*, Vol. 102, No. 3, 1987, pp. 553–580.

Barry C. White, "What P/E Will the US Stock Market Support?", *Financial Analysts Journal*, Vol. 56, No. 6, 2000, pp. 30–38.

John S. White, "The Limiting Distribution of the Serial Correlation Coefficient in the Explosive Case", *Annals of Mathematical Statistics*, Vol. 29, No. 4, 1958, pp. 1188–1197.

Kar-Yiu Wong, "Housing Market Bubbles and the Currency Crisis: The Case of Thailand", *Japanese Economic Review*, Vol. 52, No. 4, 2001, pp. 382–404.

Wing T. Woo, Ross Garnaut and Ligang Song, *China's New Place in a World in Crisis: Economic, Geopolitical and Environmental Dimensions*, Canberra: ANU Press, 2013.

Wei B. Wu and Wanli Min, "On Linear Processes with Dependent Innovations", *Stochastic Processes and their Applications*, Vol. 115, No. 6, 2005, pp. 939–958.

Cheng Xu and Tianxiao Pang, "Limit Theory for Moderate Deviations from a Unit Root with a Break in Variance", *Communications in Statistics–Theory and Methods*, Vol. 47, No. 24, 2018, pp. 6125–6143.

Matthew S. Yiu, Jun Yu and Lu Jin, "Detecting Bubbles in Hong Kong Residential Property Market", *Journal of Asian Economics*, Vol. 28, 2013, pp. 115–124.

Zhiyong Zhou and Zhengyan Lin, "Asymptotic Theory for LAD Estimation of Moderate Deviations from a Unit Root", *Statistics & Probability Letters*, Vol. 90, 2014, pp. 25–32.

Zhiyong Zhou and Zhengyan Lin, "Quantile Inference for Moderate Deviations from a Unit Root Model with Infinite Variance", *Journal of the Korean Statistical Society*, Vol. 44, No. 2, 2015, pp. 280-294.

Eric Zivot and Donald W.K. Andrews, "Further Evidence on the Great Crash, the Oil-Price Shock, and the Unit-Root Hypothesis", *Journal of Business & Economic Statistics*, Vol. 10, No. 3, 1992, pp. 251-270.

索　引

后　记

　　中度偏离单位根过程相关理论是本人自博士阶段起就一直持续学习和研究的领域，能够进入这一领域得益于我的博士导师王少平教授的指引和教导，而我在博士后期间依然一直研究和跟踪这一领域发展，并形成了相关工作论文。正如正文所述，中度偏离单位根过程是一个尚未得到充分开垦的计量经济学前沿理论，这一过程因其特殊的模型设定和近乎完美的渐近结果而具有广阔的理论和应用空间。与此同时，中度偏离单位根过程可以与诸多计量经济学模型进行交叉融合（例如协整模型、因子模型、面板数据模型等），亦可被应用于诸多金融经济学问题，尤其是资产价格的定价和泡沫问题。本书试图做出一些探索，以期在发展中度偏离单位根过程方法论的同时，应用该理论讲述经济故事、分析实际问题。但是鉴于作者水平有限以及现有可参考的文献书籍尚少，本书难免存在一些不足之处和局限性。本人也将在今后的研究中进一步加强学习，力争能做出新的突破。

　　中度偏离单位根过程的研究刚刚开始，中度偏离单位根检验及其应用将丰富多彩。期待更多的同行能够对这一领域产生兴趣，共同推动该领域的学术发展。

　　由衷感谢为本书予以推荐的王少平教授和杨继生教授，两位老师都是我无比敬仰的恩师！由衷感谢《中国社会科学博士后文库》管理单位的老师！由衷感谢经济管理出版社的编辑老师！

　　谨以此书向每一位帮助过我的人致以最真诚的感谢！

郭刚正

2020 年 8 月于北京

专家推荐表

第九批《中国社会科学博士后文库》专家推荐表 1

《中国社会科学博士后文库》由中国社会科学院与全国博士后管理委员会共同设立，旨在集中推出选题立意高、成果质量高、真正反映当前我国哲学社会科学领域博士后研究最高学术水准的创新成果，充分发挥哲学社会科学优秀博士后科研成果和优秀博士后人才的引领示范作用，让《文库》著作真正成为时代的符号、学术的示范。

推荐专家姓名	王少平	电　话	
专业技术职务	一级教授、博士生导师	研究专长	计量经济学、中国经济问题
工作单位	华中科技大学经济学院	行政职务	中国数量经济学会常务理事、华中科技大学经济学院数量经济研究所所长
推荐成果名称	中度偏离单位根过程前沿理论研究		
成果作者姓名	郭刚正		

（对书稿的学术创新、理论价值、现实意义、政治理论倾向及是否具有出版价值等方面做出全面评价，并指出其不足之处）

　　郭刚正博士的专著《中度偏离单位根过程前沿理论研究》深入系统地研究了中度偏离单位根过程的理论，将中度偏离单位根过程实质性地发展为系列计量经济学检验，从而为精确认识资产价格的泡沫性质（是否随着时间而衰减）、准确判断市场运行状态、重新审视金融危机等，提供计量证据。这一研究代表了非平稳时间序列计量经济学近年来最为重要的发展方向之一，具有广泛的实证应用价值，其成果具有引领这一方向后续研究的重要意义。

　　基于上述，我认为该书值得出版并予以推荐。

签字：

2019 年 12 月 20 日

说明：该推荐表须由具有正高级专业技术职务的同行专家填写，并由推荐人亲自签字，一旦推荐，须承担个人信誉责任。如推荐书稿入选《文库》，推荐专家姓名及推荐意见将印入著作。

第九批《中国社会科学博士后文库》专家推荐表 2

《中国社会科学博士后文库》由中国社会科学院与全国博士后管理委员会共同设立，旨在集中推出选题立意高、成果质量高、真正反映当前我国哲学社会科学领域博士后研究最高学术水准的创新成果，充分发挥哲学社会科学优秀博士后科研成果和优秀博士后人才的引领示范作用，让《文库》著作真正成为时代的符号、学术的示范。

推荐专家姓名	杨继生	电　话	
专业技术职务	二级教授、博士生导师	研究专长	计量经济学、宏观经济与政策测度
工作单位	华中科技大学经济学院	行政职务	
推荐成果名称	中度偏离单位根过程前沿理论研究		
成果作者姓名	郭刚正		

（对书稿的学术创新、理论价值、现实意义、政治理论倾向及是否具有出版价值等方面做出全面评价，并指出其不足之处）

　　我认为：郭刚正的专著《中度偏离单位根过程前沿理论研究》系统性地对中度偏离单位根过程这一时间序列与金融计量前沿课题进行研究，代表了近若干年相关文献在爆炸侧时间序列过程领域的新方向。

　　一、该专著的理论贡献与创新。其一，定义了增广中度偏离单位根过程，所提出的中度偏离联合检验是对经典计量经济学三大联合检验（Wald 检验、LM 检验、LR 检验）的重要发展。其二，将需求冲击单驱动的中度偏离单位根过程扩展为需求侧和供给侧双驱动，并推导了相关大样本性质和渐近分布。通过长期方差估计量调整 t 检验，使中度偏离单位根过程的 t 检验对残差项相关具有稳健性。其三，将结构突变研究引入中度偏离单位根理论。

　　二、该专著所提出的系列计量经济学检验既是对经典计量经济学理论的发展，又为分析实际经济问题提供了重要的工具和方法，因而具有广阔的应用前景。

　　　　　　　　　　　　　　　　　　　　　　　　　　签字：杨继生

　　　　　　　　　　　　　　　　　　　　　　　　　　2019 年 12 月 21 日

说明： 该推荐表须由具有正高级专业技术职务的同行专家填写，并由推荐人亲自签字，一旦推荐，须承担个人信誉责任。如推荐书稿入选《文库》，推荐专家姓名及推荐意见将印入著作。

经济管理出版社
《中国社会科学博士后文库》
成果目录

第一批《中国社会科学博士后文库》（2012 年出版）

序号	书　名	作　者
1	《"中国式"分权的一个理论探索》	汤玉刚
2	《独立审计信用监管机制研究》	王　慧
3	《对冲基金监管制度研究》	丄　刚
4	《公开与透明．国有人企业信息披露制度研究》	郭媛媛
5	《公司转型：中国公司制度改革的新视角》	安青松
6	《基于社会资本视角的创业研究》	刘兴国
7	《金融效率与中国产业发展问题研究》	余　剑
8	《进入方式、内部贸易与外资企业绩效研究》	王进猛
9	《旅游生态位理论、方法与应用研究》	向延平
10	《农村经济管理研究的新视角》	孟　涛
11	《生产性服务业与中国产业结构演变关系的量化研究》	沈家文
12	《提升企业创新能力及其组织绩效研究》	王　涛
13	《体制转轨视角下的企业家精神及其对经济增长的影响》	董　昀
14	《刑事经济性处分研究》	向　燕
15	《中国行业收入差距问题研究》	武　鹏
16	《中国土地法体系构建与制度创新研究》	吴春岐
17	《转型经济条件下中国自然垄断产业的有效竞争研究》	胡德宝

第二批《中国社会科学博士后文库》（2013 年出版）

序号	书 名	作 者
1	《国有大型企业制度改造的理论与实践》	董仕军
2	《后福特制生产方式下的流通组织理论研究》	宋宪萍
3	《基于场景理论的我国城市择居行为及房价空间差异问题研究》	吴 迪
4	《基于能力方法的福利经济学》	汪毅霖
5	《金融发展与企业家创业》	张龙耀
6	《金融危机、影子银行与中国银行业发展研究》	郭春松
7	《经济周期、经济转型与商业银行系统性风险管理》	李关政
8	《境内企业境外上市监管问题研究》	刘 轶
9	《生态维度下土地规划管理及其法制考量》	胡耘通
10	《市场预期、利率期限结构与间接货币政策转型》	李宏瑾
11	《直线幕僚体系、异常管理决策与企业动态能力》	杜长征
12	《中国产业转移的区域福利效应研究》	孙浩进
13	《中国低碳经济发展与低碳金融机制研究》	乔海曙
14	《中国地方政府绩效管理研究》	朱衍强
15	《中国工业经济运行效益分析与评价》	张航燕
16	《中国经济增长：一个"破坏性创造"的内生增长模型》	韩忠亮
17	《中国老年收入保障体系研究》	梅 哲
18	《中国农民工的住房问题研究》	董 昕
19	《中美高管薪酬制度比较研究》	胡 玲
20	《转型与整合：跨国物流集团业务升级战略研究》	杜培枫

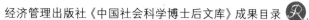

第三批《中国社会科学博士后文库》（2014年出版）

序号	书　名	作　者
1	《程序正义与人的存在》	朱　丹
2	《高技术服务业外商直接投资对东道国制造业效率影响的研究》	华广敏
3	《国际货币体系多元化与人民币汇率动态研究》	林　楠
4	《基于经常项目失衡的金融危机研究》	匡可可
5	《金融创新与监管及其宏观效应研究》	薛昊旸
6	《金融服务县域经济发展研究》	郭兴平
7	《军事供应链集成》	曾　勇
8	《科技型中小企业金融服务研究》	刘　飞
9	《农村基层医疗卫生机构运行机制研究》	张奎力
10	《农村信贷风险研究》	高雄伟
11	《评级与监管》	武　钰
12	《企业吸收能力与技术创新关系实证研究》	孙　婧
13	《统筹城乡发展背景下的农民工返乡创业研究》	唐　杰
14	《我国购买美国国债策略研究》	王　立
15	《我国行业反垄断和公共行政改革研究》	谢国旺
16	《我国农村剩余劳动力向城镇转移的制度约束研究》	王海全
17	《我国吸引和有效发挥高端人才作用的对策研究》	张　瑾
18	《系统重要性金融机构的识别与监管研究》	钟　震
19	《中国地区经济发展差距与地区生产率差距研究》	李晓萍
20	《中国国有企业对外直接投资的微观效应研究》	常玉春
21	《中国可再生能源决策支持系统中的数据、方法与模型研究》	代春艳
22	《中国劳动力素质提升对产业升级的促进作用分析》	梁泳梅
23	《中国少数民族犯罪及其对策研究》	吴大华
24	《中国西部地区优势产业发展与促进政策》	赵果庆
25	《主权财富基金监管研究》	李　虹
26	《专家对第三人责任论》	周友军

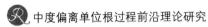

第四批《中国社会科学博士后文库》（2015 年出版）

序号	书　名	作　者
1	《地方政府行为与中国经济波动研究》	李　猛
2	《东亚区域生产网络与全球经济失衡》	刘德伟
3	《互联网金融竞争力研究》	李继尊
4	《开放经济视角下中国环境污染的影响因素分析研究》	谢　锐
5	《矿业权政策性整合法律问题研究》	郗伟明
6	《老年长期照护：制度选择与国际比较》	张盈华
7	《农地征用冲突：形成机理与调适化解机制研究》	孟宏斌
8	《品牌原产地虚假对消费者购买意愿的影响研究》	南剑飞
9	《清朝旗民法律关系研究》	高中华
10	《人口结构与经济增长》	巩勋洲
11	《食用农产品战略供应关系治理研究》	陈　梅
12	《我国低碳发展的激励问题研究》	宋　蕾
13	《我国战略性海洋新兴产业发展政策研究》	仲雯雯
14	《银行集团并表管理与监管问题研究》	毛竹青
15	《中国村镇银行可持续发展研究》	常　戈
16	《中国地方政府规模与结构优化：理论、模型与实证研究》	罗　植
17	《中国服务外包发展战略及政策选择》	霍景东
18	《转变中的美联储》	黄胤英

第五批《中国社会科学博士后文库》（2016 年出版）

序号	书　名	作　者
1	《财务灵活性对上市公司财务政策的影响机制研究》	张玮婷
2	《财政分权、地方政府行为与经济发展》	杨志宏
3	《城市化进程中的劳动力流动与犯罪：实证研究与公共政策》	陈春良
4	《公司债券融资需求、工具选择和机制设计》	李　湛
5	《互补营销研究》	周　沛
6	《基于拍卖与金融契约的地方政府自行发债机制设计研究》	王治国
7	《经济学能够成为硬科学吗？》	汪毅霖
8	《科学知识网络理论与实践》	吕鹏辉
9	《欧盟社会养老保险开放性协调机制研究》	王美桃
10	《司法体制改革进程中的控权机制研究》	武晓慧
11	《我国商业银行资产管理业务的发展趋势与生态环境研究》	姚　良
12	《异质性企业国际化路径选择研究》	李春顶
13	《中国大学技术转移与知识产权制度关系演进的案例研究》	张　寒
14	《中国垄断性行业的政府管制体系研究》	陈　林

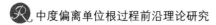

第六批《中国社会科学博士后文库》（2017 年出版）

序号	书　名	作　者
1	《城市化进程中土地资源配置的效率与平等》	戴媛媛
2	《高技术服务业进口对制造业效率影响研究》	华广敏
3	《环境监管中的"数字减排"困局及其成因机理研究》	董　阳
4	《基于竞争情报的战略联盟关系风险管理研究》	张　超
5	《基于劳动力迁移的城市规模增长研究》	王　宁
6	《金融支持战略性新兴产业发展研究》	余　剑
7	《粮食流通与市场整合——以乾隆时期长江中游为中心的考察》	赵伟洪
8	《文物保护绩效管理研究》	满　莉
9	《我国开放式基金绩效研究》	苏　辛
10	《医疗市场、医疗组织与激励动机研究》	方　燕
11	《中国的影子银行与股票市场：内在关联与作用机理》	李锦成
12	《中国应急预算管理与改革》	陈建华
13	《资本账户开放的金融风险及管理研究》	陈创练
14	《组织超越——企业如何克服组织惰性与实现持续成长》	白景坤

第七批《中国社会科学博士后文库》（2018年出版）

序号	书　名	作　者
1	《行为金融视角下的人民币汇率形成机理及最优波动区间研究》	陈　华
2	《设计、制造与互联网"三业"融合创新与制造业转型升级研究》	赖红波
3	《复杂投资行为与资本市场异象——计算实验金融研究》	隆云滔
4	《长期经济增长的趋势与动力研究：国际比较与中国实证》	楠　玉
5	《流动性过剩与宏观资产负债表研究：基于流量存量一致性框架》	邵　宇
6	《绩效视角下我国政府执行力提升研究》	王福波
7	《互联网消费信贷：模式、风险与证券化》	王晋之
8	《农业低碳生产综合评价与技术采用研究——以施肥和保护性耕作为例》	王珊珊
9	《数字金融产业创新发展、传导效应与风险监管研究》	姚　博
10	《"互联网+"时代互联网产业相关市场界定研究》	占　佳
11	《我国面向西南开放的图书馆联盟战略研究》	赵益民
12	《全球价值链背景下中国服务外包产业竞争力测算及溢出效应研究》	朱福林
13	《债务、风险与监管——实体经济债务变化与金融系统性风险监管研究》	朱太辉

第八批《中国社会科学博士后文库》（2019 年出版）

序号	书　名	作　者
1	《分配正义的实证之维——实证社会选择的中国应用》	汪毅霖
2	《金融网络视角下的系统风险与宏观审慎政策》	贾彦东
3	《基于大数据的人口流动流量、流向新变化研究》	周晓津
4	《我国电力产业成本监管的机制设计——防范规制合谋视角》	杨菲菲
5	《货币政策、债务期限结构与企业投资行为研究》	钟　凯
6	《基层政区改革视野下的社区治理优化路径研究：以上海为例》	熊　竞
7	《大国版图：中国工业化 70 年空间格局演变》	胡　伟
8	《国家审计与预算绩效研究——基于服务国家治理的视角》	谢柳芳
9	《包容型领导对下属创造力的影响机制研究》	古银华
10	《国际传播范式的中国探索与策略重构——基于会展国际传播的研究》	郭　立
11	《唐代东都职官制度研究》	王　苗

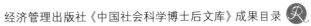

第九批《中国社会科学博士后文库》（2020 年出版）

序号	书　名	作　者
1	《中度偏离单位根过程前沿理论研究》	郭刚正
2	《金融监管权"三维配置"体系研究》	钟　震
3	《大股东违规减持及其治理机制研究》	吴先聪
4	《阶段性技术进步细分与技术创新效率随机变动研究》	王必好
5	《养老金融发展及政策支持研究》	娄飞鹏
6	《中等收入转型特征与路径：基于新结构经济学的理论与实证分析》	朱　兰
7	《空间视角下产业平衡充分发展：理论探索与经验分析》	董亚宁
8	《中国城市住房金融化论》	李　嘉
9	《实验宏观经济学的理论框架与政策应用研究》	付婷婷

《中国社会科学博士后文库》
征稿通知

  为繁荣发展我国哲学社会科学领域博士后事业，打造集中展示哲学社会科学领域博士后优秀研究成果的学术平台，全国博士后管理委员会和中国社会科学院共同设立了《中国社会科学博士后文库》（以下简称《文库》），计划每年在全国范围内择优出版博士后成果。凡入选成果，将由《文库》设立单位予以资助出版，入选者同时将获得全国博士后管理委员会（省部级）颁发的"优秀博士后学术成果"证书。

  《文库》现面向全国哲学社会科学领域的博士后科研流动站、工作站及广大博士后，征集代表博士后人员最高学术研究水平的相关学术著作。征稿长期有效，随时投稿，每年集中评选。征稿范围及具体要求参见《文库》征稿函。

联系人：宋 娜
电子邮箱：epostdoctoral@126.com
通讯地址：北京市海淀区北蜂窝 8 号中雅大厦 A 座 11 层经济管理出版社掌尚文化分社
邮编：100038

经济管理出版社